江苏省高等教育教改研究重中之重项目（项目编号：2023JSJG017）成果

新文科建设教材
管理科学与工程系列

EMERGENCY LOGISTICS PLANNING

THEORY AND METHODS

应急物流规划

理论与方法

朱莉　曹杰　杨耀星◎编著

清华大学出版社

北京

内 容 简 介

本书基于应急规划理论，对作为规划核心的应急预案体系展开详述，进一步聚焦从应急准备、响应至恢复重建的全过程应急物流规划，包括应急需求预测、选址—储备—调配规划，以及综合评价等。全书结构清晰、设计科学、逻辑严谨、内容翔实，从理论体系到方法实践，助力读者扎实掌握应急物流规划基础理论与方法前沿，从而全面提升应急规划能力。

本书配有教学课件、即测即练、案例与知识拓展，既可作为高等院校物流管理类专业本科高年级学生的教材，也可作为应急管理、管理科学与工程、安全科学与工程、物流工程与管理等相关专业研究生的教学参考书，同时还可作为政府部门、物流企业管理层和从业人员进行应急物流规划、应急管理相关的岗位培训时的用书或自学用书。

图书在版编目（CIP）数据

应急物流规划：理论与方法 / 朱莉，曹杰，杨耀星编著. -- 北京：清华大学出版社，2025.8.
(新文科建设教材). -- ISBN 978-7-302-70134-7

Ⅰ. F253

中国国家版本馆 CIP 数据核字第 202505MK70 号

责任编辑：徐永杰
封面设计：李召霞
责任校对：王荣静
责任印制：丛怀宇
出版发行：清华大学出版社
      网　　　址：https://www.tup.com.cn，https://www.wqxuetang.com
      地　　　址：北京清华大学学研大厦 A 座　　　　邮　　编：100084
      社 总 机：010-83470000　　　　　　　　　邮　　购：010-62786544
      投稿与读者服务：010-62776969，c-service@tup.tsinghua.edu.cn
      质 量 反 馈：010-62772015，zhiliang@tup.tsinghua.edu.cn
      课 件 下 载：https://www.tup.com.cn，010-83470332
印 装 者：涿州汇美亿浓印刷有限公司
经　　　销：全国新华书店
开　　　本：185mm×260mm　　　印　　张：13.75　　　字　　数：322 千字
版　　　次：2025 年 8 月第 1 版　　　　　　　　印　　次：2025 年 8 月第 1 次印刷
定　　　价：52.00 元

产品编号：095598-01

前　言

在当今复杂多变的环境中，自然灾害、事故灾难、公共卫生事件以及社会安全事件等各类突发事件频发，对人类生命财产安全构成重大威胁，同时也为全球应急管理体系带来了前所未有的严峻挑战。为有效应对这些突发事件，构建高效的应急规划体系尤为迫切。其中，应急物流规划作为应急规划中的核心要素，其战略地位和作用愈发显著。

实际上，随着科技的进步和社会的发展，应急物流的范畴早已不再仅局限于单纯的物资运输和调配，而是涵盖了需求预测、资源筹措、运输调度、物资分配及发放等一系列复杂且紧密关联的环节。鉴于这些相互交织的复杂性和突发事件本身的高度不确定性，应急物流的规划与实施面临着巨大挑战。如何在极其有限的时间窗口内，以尽可能低的资源消耗，确保应急物资能够迅速且准确地送达目的地，已成为应急物流管理领域亟待解决的重要问题。

在此背景下，《应急物流规划：理论与方法》应运而生。本书在系统梳理应急规划理论基础及应急预案建设框架的基础上，全面深入地介绍了应急物流规划的基本原理，并详细阐述了涵盖灾前预防准备与灾后响应恢复的应急物流全过程规划方法。通过深入浅出的理论讲解和丰富实用的方法应用，结合翔实的案例分析和知识拓展，本书旨在帮助读者深刻理解并掌握应急物流规划的核心内容，力求通过推广科学的应急物流规划理念与实践，全面提升社会各界面对突发事件的应急应对能力。

本书的知识体系框架可分为理论和方法两大板块：第 1~3 章是理论部分的核心，第 4~5 章则专注于方法部分的探讨。为提供一个具体的教学规划参考，下以 32 学时的教学安排为例展示。理论部分：第 1 章（3 学时）、第 2 章（6 学时）、第 3 章（3 学时）。方法部分：第 4 章（共 8 学时，其中需求预测 4 学时、应急选址 4 学时）、第 5 章（共 12 学时，其中应急库存管理 4 学时、应急调配规划 4 学时、恢复重建中的应急物流规划 4 学时）。

此学时分配方案旨在实现理论知识吸收与实践方法应用技能培养的平衡，为学习者提供一条全面、系统的习得路径。同时，本书也适用于 16 学时或 48 学时的计划安排，具体教学实施中，应根据教学目标、学生背景及课程要求灵活调整内容的深度和广度，以满足不同学习场景下对学时要求的压缩与扩展需求。

本书由朱莉、曹杰和杨耀星合作完成，具体分工如下：第 1~2 章的内容由曹杰承担；第 3~5 章由朱莉承担，且朱莉还负责了全书的统稿以及多次校对工作；杨耀星则主要负责全书的习题设计和课件制作。

　　本书的出版得到了国家社会科学基金一般项目"协同增韧驱动下跨区域应急资源调配机制研究"（项目编号：22BGL242）的资助，也得益于清华大学出版社的鼎力支持，在此深表感谢！同时特别感谢博士研究生康跃迪，硕士研究生杨潇、李雯亚、张昊亮、路垚、胡晨可、贾祥静和陈洁，他们参与了本书中部分案例与知识拓展的搜集与整理，协助设计了部分习题并配套完成了详尽的答案解析，全面审阅了本书初稿，细致校对了书中部分章节的文字，并为部分章节精心绘制了图表。此外，本书在完成过程中还广泛参考了众多专家学者的著作与文献资料，衷心向所有相关著作与文献的作者致以最诚挚的谢意！

　　最后，竭诚希望广大读者对本书提出宝贵的意见和建议，以促使我们不断改进。由于时间和编者水平有限，书中难免存在一些疏漏和不足之处，敬请广大读者批评指正。

朱莉　曹杰　杨耀星

2024 年 12 月

目　　录

第 1 章　应急规划理论基础

🔍 【学习目标】

1. 掌握规划的概念、编制过程。
2. 了解规划的原则、特点及种类。
3. 掌握应急规划的概念。
4. 理解应急规划的作用及流程。
5. 掌握应急预案的概念与类型。
6. 熟悉应急预案的内容。

🔍 【本章知识脉络图】

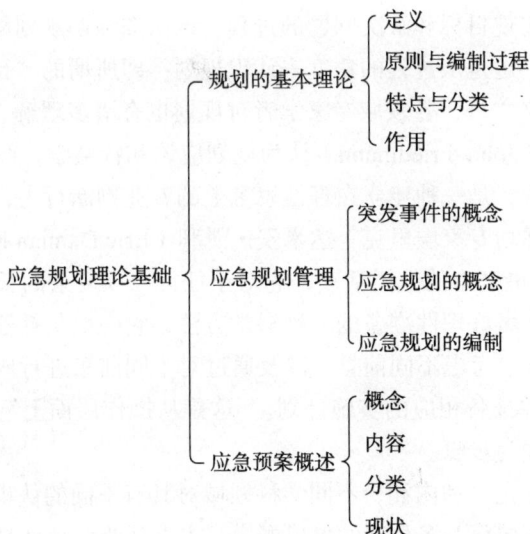

```
                                        ┌ 定义
                        规划的基本理论 ┤ 原则与编制过程
                                        │ 特点与分类
                                        └ 作用

                                        ┌ 突发事件的概念
应急规划理论基础 ┤ 应急规划管理 ┤ 应急规划的概念
                                        └ 应急规划的编制

                                        ┌ 概念
                        应急预案概述 ┤ 内容
                                        │ 分类
                                        └ 现状
```

　　规划是日常生活中经常使用的词语，如城市规划、土地规划、园林规划、职业规划、物流规划等耳熟能详的名词实际上代表了规划在各行各业的广泛应用。在当今社会，无论从事什么工作，都需要进行合理规划，以便为确认工作重点、科学履行各自职责以及进一步把握未来指明方向。随着各类突发事件频发，应急规划逐渐进入大众视野，应急规划在突发事件应对中的地位和作用越来越重要。本章从规划相关基础理论入手，进而介绍应急规划的概念、作用和基本流程。

1.1 规划的基本理论

在经济社会发展过程中，多学科交叉融合造成了各行各业规划种类的多样性，各领域学者对于规划概念的理解也不尽相同。虽然规划在不同行业的定义有些许差别，不过规划编制的基本原则及编制过程大体相似。本节主要介绍规划的基本内涵、原则、编制流程、特点及作用。

1.1.1 规划的定义

所谓规划，1983年商务印书馆出版的《词源》一书中将其解释为：计划、谋划，比较全面的、长远的发展计划。传统理念对"规划"的理解偏于狭义，基本与"计划"为同一解释，并无严格的区分，大多情形可凭习惯用法来予以选择。

从广义上来讲，规划是个人或组织综合多种因素后对于某一特定情况或工作进行的预见性的活动，也可认为是一种理性的、适应性的、可应用于未来事物发展的方案与措施。事实上，规划在广义层面的含义可被分解为"知"与"行"两方面，这充分体现了从不同角度探究"规划"所获得的不同内涵：一种理论认为"规划"意味着对社会多元化和权力不均衡的认知，其目标是实现土地、资源、设施和服务等的平等，综合协调社会、经济、文化等多样化差异之间的关系，这是对于规划内容的实质解析，即所谓的"知"；另一种理论认为"规划"是一项有意识的系统分析过程，是一个通过寻找社会、经济和生态系统负面代价最小方案来实现目标和解决问题的过程，该认知强调规划面对的是目标与问题，而不是一种计划安排，这是从过程的角度来认识规划，即所谓的"行"。

除狭义和广义定义之外，各领域专家学者对规划也有诸多理解。例如，美国城市规划学家约翰·弗里德曼（John Friedmann）认为规划应该和社会学、政治学联系在一起，规划是个理性决策的过程，是一种建立在理性思考上的专业判断行为，是知识和行为相联系的过程。再如，美国规划专家埃里克·达米安·凯利（Eric Damian Kelly）在《社区规划》中指出："规划是一项最基本的人类活动，它对于任何一项复杂的长期工作来说都是必不可少的。规划是对未来做好理性准备的一种科学方法，它一般包括资料的收集和分析、考察未来发展的可能倾向、考虑不同前景，以及通过对不同前景进行成本效益分析来最终选择一个最佳发展前景并准备相应的实施计划。"这是从操作层面上解释规划的内涵，其中包括了阐释规划的方法与步骤。

综上，有关规划的定义和内涵，不同学科领域对其有不同的认识，究其原因，"规划"是一个源于多学科、多层面、多角度的集成概念。本书认为：规划是个人或组织制定的较为全面长远的发展计划，是对未来整体性、长期性、基本性问题的思考以及对未来整套行动方案的设计。换句话说，规划是总体目标确定后的行动，是实现总体目标的重要手段，总体目标只有通过具体规划加以推进实施才能达到预期效果。

1.1.2　规划的原则与编制过程

1. 规划的原则

1）全局性原则

规划过程是一个复杂的系统工程。依据系统论观点，子系统不能背离母系统赋予的任务，否则就会破坏整个系统的有效运转。规划亦如此，故在规划过程中必须坚持全局性原则，要以整体利益为主、以大局为重。若规划过程中出现分歧，需妥善处理整体与局部间的关系，一般应遵循下级规划服从上级规划的原则，做到从大处着眼、从小处着手，尽量确保局部与全局规划的步调相一致，以保障规划的全局性。

2）点面结合原则

在规划过程中要遵循点面结合原则，不仅要从全局出发，注重保障整体利益，关注各方面综合平衡，面面俱到；也要强调重点突出，要将力量放在需着重发展的方向。最忌讳的做法是将各方面目标做简单加法运算，直接拼成一个规划。例如在编制经济规划时，需考虑技术、资金、原料、能源、人力等，还要考虑与之相关的教育、科技、环境规划等方面，这些综合平衡就是"面"；而如何促进经济高速发展是经济规划的重点问题，这就是所谓的"点"。经济规划只有做到点面结合，才能高效促进国民经济协调发展，有效满足国家建设和人民日益增长的物质文化生活需要。

3）以人为本原则

规划作为人类社会的一门科学，是为人类经济社会发展服务的。在经济社会领域中，"人"是主体，人的需求是第一位的，所以在规划中必须重点考虑人们生产和生活的需要，要始终以人的发展为中心。生产在发展、生活水平在提高，人的需求不仅停留在物质层面，更多的是精神层面。有些规划一味追求效益，不顾及人们的基本需求与心理感受，导致这些规划在建设过程中存在诸多困难。值得注意的是，人们的需求是多维的，规划的思维也要转向"多维空间"，要注重在规划中加入人的发展需求，规划建设要按照人的发展需求做出适宜的调整和改变，才能使人、自然与社会实现可持续发展。

4）统筹兼顾原则

统筹兼顾原则是指在规划过程中要正确处理各相关方之间的利益关系，使各方利益都能得到合理的安排。例如在企业规划中，应坚持统筹兼顾，正确处理上下级及各部门间利益关系，力求做到各方协调发展、各得其所。事实上，规划的重点也在于落实协调各方利益的具体措施，如果这些协调措施不能做到统筹兼顾，不能照顾到方方面面的利益，势必导致规划缺乏可行性和权威性。

5）效益平衡原则

在经济社会发展过程中，经济、社会和生态三大效益一直是人们追求的目标，规划编制时也应注重三大效益的平衡。以区域规划为例，其目的是实现区域内经济、社会、生态三大效益的最佳组合，即要求基于区域实际情况对经济效益、社会效益和生态效益做综合权衡，绝不能为了某一项效益的最大化去忽略或牺牲其他两种效益。此外，每个区域都有自身特点，三大效益之间究竟应达成怎样的平衡比例，也要因地制宜、具体问题具体分析，不提倡进行统一比例和统一模式的教条式规划。

2. 规划的编制过程

规划编制是规划工作的重点内容，规划编制是否科学合理将直接决定后续规划能否顺利实施。故在规划编制过程中，需注重提高编制工作的科学性、透明度和社会参与度，要充分发挥相关领域专家咨询委员会的作用，针对规划编制过程中出现的各种问题提供及时、有效的指导。面对不同领域的各种规划，其编制过程基本相似，通常包括七大步骤，如图 1-1 所示。

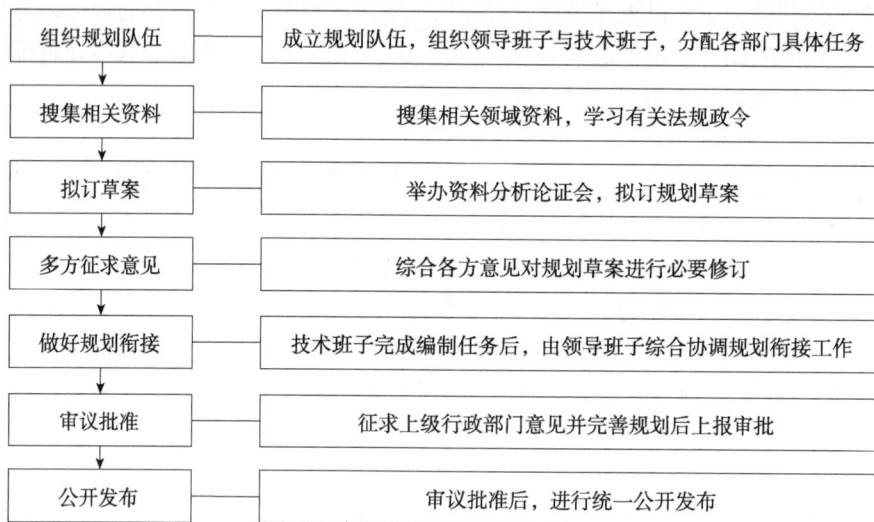

组织规划队伍	成立规划队伍，组织领导班子与技术班子，分配各部门具体任务
搜集相关资料	搜集相关领域资料，学习有关法规政令
拟订草案	举办资料分析论证会，拟订规划草案
多方征求意见	综合各方意见对规划草案进行必要修订
做好规划衔接	技术班子完成编制任务后，由领导班子综合协调规划衔接工作
审议批准	征求上级行政部门意见并完善规划后上报审批
公开发布	审议批准后，进行统一公开发布

图 1-1　规划的编制过程

1）组织规划队伍

要使规划编制工作有序开展，需注意发挥全体相关人员的主观能动性，仅凭个人想法编制出的规划很可能存在局限性。故负责编制规划的单位需从各部门抽取相关人员成立专门的规划队伍，要做到广泛吸收各部门意见，有条件的单位还可邀请相关领域专家进行技术业务上的专业指导，使编制出的规划更加科学合理。整体而言，规划队伍可细分为以相关上级部门为核心的领导班子和由业务骨干组成的技术班子，领导班子负责规划的整体协调与平衡，技术班子则负责规划编制的各项具体任务。

案例 1-1

2）搜集相关资料

所谓"兵马未动，粮草先行"，在真正开始规划编制工作前，应充分搜集相关资料。资料的搜集需根据规划所涉领域以及规划主体具体要求进行，如土地规划就要收集自然、技术与人力等资源分布配置的相关情况。除了基本资料搜集外，规划队伍中各成员还要注重学习有关法规政令，并结合广泛动员来调动各成员参与规划编制的积极性，以使规划队伍中每个成员都切实了解规划编制工作的意义、目的与任务。

3）拟订草案

拟订草案是规划编制工作的核心。规划编制单位在前期资料搜集的基础上可进一步提出需要补充完善的资料需求，结合已搜集到的和待补充的资料，规划单位可召集有关部门进行磋商并举办相关资料分析论证会。资料的分析论证可通过召开座谈会或抽取部门单独调研的形式来开展，其目的主要是对现有资料进行梳理汇总，以提炼出规划中需重点讨论的问题，为拟订初步规划方案提供推动力。初步规划方案形成后，还需经多次修改，完成规划草案并提交领域专家和规划负责人审定。

4）多方征求意见

面向规划队伍中各成员广泛征求意见，如面向一定范围内的多个部门和多类专家，以召开座谈会的形式对已形成的较完整的规划草案进行专题讨论，采取专家打分等多种方式对规划草案进行综合评价。为了确保后续规划方案实施的合理性和可行性，必须综合各方意见对规划草案进行必要的修订，以切实提升规划草案的有效性。

5）做好规划衔接

规划队伍中技术班子里的各成员完成具体编制任务后，需交由领导班子综合协调规划衔接工作。具体操作为：①技术班子成员在初步规划方案的基础上深入论证并修改完善，必要时可向上一级主管部门征求意见。②基于上一级主管部门的批复对初步规划方案再次进行修改完善，并适时召开方案咨询会，咨询会后再次征求意见并完善。③着手编制评审方案，针对前几轮中发现的一些重大问题修改后召开专家评审会。④依照规划领导班子要求将各规划草案按规划目标进行合理衔接，使分散的草案有效衔接在一起形成一套完整的规划方案。

6）审议批准

在专家评审会的基础上对规划方案深化完善，准备行政评议，并基于上级行政部门的意见进一步完善规划方案后上报审批。需注意的是，待上级行政部门批准之日起，便可开始按照已批复的规划进行规划的实施；而未经论证的规划不得报请批准或公布实施。

7）公开发布

规划编制的最后一步是规划的公开发布。在规划方案经过审议批准之后，要进行统一的公开发布，同时还需对公众做好规划信息公开和宣传解读工作。

1.1.3　规划的特点与分类

1. 规划的特点

规划既是人类经济社会发展的一个特定阶段，也是一个连续性和反馈性的过程，其主要目的是面向未来设计具体问题解决方案以实现预定目标。需对规划的发展规律以及相关理论进行不断研究，使其成为经济社会管理和人类社会发展的一项科学有效工具。规划的内涵和定义决定了其具有综合性、长远性和系统性等特点。

1）综合性

我国著名的城市规划大师吴良镛先生认为："无论城市规划的教学还是城市研究的开展，就规划工作而言，其核心在于综合整体的思想。"的确，规划是一个复杂的决策行为，规划中所需要的相关知识涉及多学科领域，规划的综合性贯穿始终。具体来讲，从规划开始、规划探讨、形成决策到规划最终实施，整个过程所涉规划的内容、设定的目标、使用的方法以及形成的方案等均展现出全方位的综合性：规划通常是对多方面内容的统筹规划；规划大多不是为了追求某单一目标，而常涉及多个目标；规划方法往往采用综合调查、综合分析、综合权衡等综合性方法；规划方案最终是综合协调多方意见后的结果与行为。

2）长远性

规划是对未来一段时间内经济社会发展工作的相关安排，规划决策者不仅需做好科学的长期预测，还要注意当前利益与长远利益相结合。①规划的长远性强调"规划期限"是规划中必须要注明的基本内容。②规划的长远性强调规划内容也需根据各个时段的特点做出不同的安排，通过对不同时段实施差异化特点的内容规划，各相关部门才能得以协调发展，整体竞争力才能得以逐步提升。

3）系统性

如前述，规划是一个复杂的系统工程，它涉及自然、经济、社会、科学技术等各方面，其重点是探究这些相关方面的内在规律及其关联性。一个规划就像是由多种零件组成的一部大机器，规划的关键在于整个机器各零件间的"协调"。换句话说，某系统内部各个组成部分相互联系、相互作用、相互制约，需要通过规划使该系统尽可能地减少内耗并得以协调发展。此外，规划的系统性也体现在所涉多学科属性方面，如经济学、社会学、生态学、市政工程、环境工程、信息技术等诸多学科相互交织共同决定了规划的系统性。

2. 规划的种类

在我国现有的存量规划中，其分类原则大多按照部门进行分类，总体上形成了目标规划和空间规划两大系统以及诸多部门的九大系列（包含 100 多种规划）。不同系列的规划之间有时存在相互掣肘、相互冲突和相互制约的现象，故常出现"多规合一"的现实需求。鉴于规划的分类存在一定交叉和关联，这里仅介绍常见的规划类别，如图 1-2 所示。

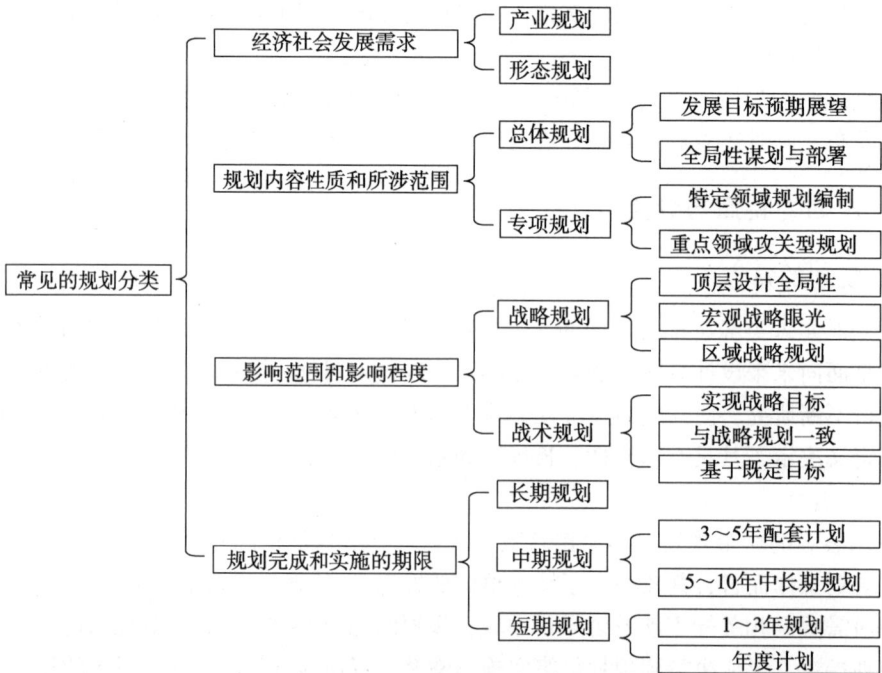

图 1-2　常见的规划类别

1）按经济社会发展需求分为产业规划和形态规划

（1）产业规划是形态规划的前提和基础。产业规划是指综合运用各种理论分析工具，从当地实际状况出发，充分考虑国内外及区域经济发展态势，对当地产业发展定位、产业体系、产业结构、产业链、空间布局、经济社会环境影响、实施方案等做出一年以上的科学计划。以区域经济社会发展为例，其核心不是厂房、道路、绿地与景观等系统的工程建设，而是如何从当地资源能源禀赋和经济发展基础条件出发，设计主导产业、优势产业以及特色产业，研究产业链条，并从时间和空间两方面对区域产业发展做出科学、合理且可操作性强的产业发展规划。只有切实做好产业规划，区域经济才有可能获得健康快速的发展，才会有需要形成与产业规划相配套的形态规划。

（2）形态规划对产业规划有重要影响。形态规划是指国家所投入的科学技术、基础设施以及具体建设等项目，多数情形可直观理解为平面建设规划。形态规划与产业规划两者关系相辅相成，若将产业规划看作人的内在修养和知识，形态规划就如人的外衣。正如好的衣服可以增加人的整体表现一样，一个好的形态规划能显著促进产业规划的有效实施，反之也会限制或制约产业规划的作用。例如，早年间有些省（自治区、直辖市）盲目从形态规划入手，不做充分调研就投入较多资金建设开发区和高新区，最终造成有楼无市、有房无人的恶果。因此，合理的形态规划编制需要从客观实际出发并建立在充分科学论证的基础上。

2）按规划内容性质和所涉范围分为总体规划和专项规划

（1）总体规划是指为了实现某种发展目标，对规划对象在未来一段时期内的发展变化状况具有全局性的预期展望、谋划和重大部署，例如国民经济和社会发展规划、城市建设总体规划、主体功能区规划和土地利用规划等。

（2）专项规划是国务院有关部门、各地方人民政府及其相关部门，以国民经济和社会发展某一特定领域为对象来组织编制的规划，包括工业、农业、畜牧业、林业、能源、水利、交通、城市建设、旅游以及自然资源开发等领域的专项规划，也包括各部门规划、行业规划、重点项目建设规划等（如《福建省"十四五"深化医药卫生体制改革专项规划》《上海市生态环境保护"十四五"规划》）。换言之，专项规划是针对国民经济和社会发展中的重点领域、薄弱环节和关系全局的重大问题编制的攻关型规划，是总体规划在特定领域及若干主要方面的展开、深化和细化，也是政府在特定领域审批重大项目、安排政府投资和财政支出预算、制定相关政策以指导该领域发展的重要依据。专项规划必须符合总体规划的总体要求，并与总体规划相衔接。

3）按影响范围和影响程度分为战略规划和战术规划

（1）战略规划，又称决策规划，是顶层设计，是指对重大的未来目标、方针和任务的全局性谋划。战略规划事关各单位部门的重大问题，属于大政方针的制定，它所规划的范围常涉及大方向、总目标、关键步骤及重大措施等。这就要求在战略规划制定中必须用总揽全局的战略眼光和战略思维，从宏观上考虑问题，在全面把握事物发展规律的基础上对事物发展总体趋势和方向做出战略判断。以区域战略规划为例，是指在一定区域范围内根据当地的自然、经济和社会条件，按照国民经济与社会发展总目标所制定出的有关区域内协调发展的具备综合性、整体性和战略性的长期规划。

（2）战术规划是落实战略规划的具体工作，也可被视为是在战略规划的指导下为实现战略规划中某一目标所编制的具体行动规划。换言之，战术规划来源于战略规划且被要求与战略规划保持高度一致，它是实施战略规划的一系列有组织的步骤。战略规划是战术规划的依据，战术规划是战略规划的落实；战略规划的一个重要任务是设立目标，而战术规划则是基于既定目标提供一种可按一定程序来实现该目标的方案。以土地利用战略规划为例，为有效实现对土地开发和治理的战略性布局和统筹安排，须相应制定一系列具体战术性规划，如出台基本农田保护规划。

4）按规划完成和实施的期限分为长期规划、中期规划和短期规划

（1）长期规划一般指 10 年以上的规划。我国国家级，省、自治区、直辖市级的区域规划以及跨省（自治区、直辖市）的区域规划都属于长期规划，如国民经济与社会发展规划、土地利用总体规划、城市发展总体规划、生态建设与环境保护规划等。

（2）中期规划一般为 3～10 年，其中 5～10 年又称为中长期规划。通常长期规划都需要相应编制 3～5 年的配套中期规划，如全国及各地编制的国民经济与社会发展规划，一般均为五年中期规划。

（3）短期规划通常年限为 1～3 年，1 年期的规划也被称作年度计划。一些短周期的建设项目就多采用年度计划。年度计划常需要各职能部门根据具体工作内容来制定，如采购部门的年度计划往往侧重于按照年度预算合理明确采购数量和种类，而销售部门的年度计划则会结合当年经济形势重点考虑怎样才能实现销售额的最大化。

知识拓展 1-1

1.1.4 规划的作用

规划在经济社会发展中占据重要地位，是指导经济社会可持续发展的重要保障，特别是在全球化和信息化不断深入发展的时代背景下，规划的地位和作用更加突出。习近平总书记在北京规划展览馆考察时曾指出："规划科学是最大的效益，规划失误是最大的浪费，规划折腾是最大的忌讳。"《中国城市规划广州宣言》中也强调"以科学规划促和谐发展"。的确，大至国家、小至某个单位部门，相关组织的领导者都必须抓好合理制定规划的工作。一个有效的规划应发挥如下作用：

1. 组织作用

规划的基本功能之一在于组织，规划对经济社会的组织作用是不可替代的。通过有效组织才能使规划得以顺利实施、才能达成规划预期的发展目标，必须认真组织落实各项具体规划。规划的组织作用体现在：①国家制定的一系列法律法规与政策，不可能一步到位落实到各层面，需要通过规划逐步分层落实，这充分体现了规划是法律法规与政策实施的过渡层次，是组织各类经济社会活动有效开展的重要载体。②规划的基本目标就是实现社会的公平公正，实现经济效益、社会效益和生态效益的协调发展，若规划不切实发挥必需的组织作用，上述这些目标均较难实现。

2. 保障作用

规划的另一基本功能是保障。合理的规划促使人们更加理智地进行经济社会活动，在

经济社会高质量发展的道路上发挥重要保障作用。具体来讲，规划的保障作用体现在三方面：①正确的规划才能减少人类在经济社会发展中的失误、才能有效保障经济社会目标的实现，促进人类社会和谐发展。②通过不断调整规划来适应环境的改变或不同问题的出现，从而实现降低风险和保障经济社会活动顺利开展的目的。③只有在各领域制定明确规划，才能做好各项具体保护措施的实施，如对自然风景区出台生态环境保护规划。

3. 优化作用

规划还有一个基本功能是优化选择。规划的确是一个优化选择的过程，经济社会的发展走什么样的道路、坚持什么样的发展方针，这些都需要进行优化选择，正确的规划能够趋利避害，促进经济社会朝着持续、稳定、快速的方向发展。规划的优化作用具体表现在两方面：①编制规划本身就需要对不同的规划方案进行评价与筛选，以确定最优规划。②规划的最终目标大多是为了实现经济、社会和生态三大效益的平衡，三大效益哪种结构比最合理、怎样才能实现三大效益的最佳组合，这些均需经过分析评价和优化选择来确定。

4. 协调作用

规划的另一个鲜明特征在于其对各种矛盾的协调作用。可以说，协调存在于规划的全过程，具体体现在：①规划是一种公共政策，其本身承担着协调社会各阶层利益的职责，尤其在规划时需统筹兼顾国家、集体和个人等多方利益。②规划的编制常需要多个部门间共同协作，只有协调好各部门间以及部门上下级之间的诸多利益与矛盾，才能使各方在规划合作时达到和谐与默契，从而提高规划效率。③规划既要有长远目标、又要有近期安排，为实现规划的可持续发展，在处理长远利益与短期目标时必须进行有效协调。

1.2　应急规划管理

"天下之势不盛则衰，天下之治不进则退。"随着世界多极化、社会信息化，以及生态环境的快速变化，各领域突发事件给政府社会管理带来前所未有的挑战，这相应给应急规划工作提出了更高的要求。因此，在各单位组织日常管理活动中需要全面加强对面向突发事件的规划管理，时刻做好充分的应急准备，以切实提高对突发事件的快速应对能力。

1.2.1　突发事件的概念

应急规划管理工作面对的客观对象是突发事件，故在阐述应急规划管理基本内容之前，有必要对突发事件做简要介绍。

1. 突发事件的定义

"突发事件"是一个使用频率较高的词语，社会上各行各业都会在不同专业范围内诠释和使用这一概念，虽然至今仍未有一个统一的定义表述，但其相关内涵一直受到国内外业界和学术界的广泛关注。下面将各方关于突发事件的定义汇总整理，见表1-1。

在我国，对包括自然灾害和安全事故等危机的界定究竟是用"突发公共事件"还是"突发事件"曾有一段较长时间的争论。现阶段，表1-1中《中华人民共和国突发事件应对法》

对于"突发事件"的定义相对应用广泛，本书选择采用此概念。

表 1-1　各方对突发事件的定义

各 方 组 织	定 义
欧洲人权法院	突发事件是一种特别的、迫在眉睫的危机或危险局势，影响全体公民并对整个社会的正常生活构成危险
澳大利亚在 1999 年颁布的《紧急事件管理法》	"紧急事件"是指已经发生或即将来临的，需要做出重大决策、协调一致的事件
美国学术界	突发事件是由美国总统宣布的，在任何场合任何背景下，在美国的任何地方发生的需联邦政府介入提供补偿性援助，以协调州和地方政府挽救生命、确保公共卫生及财产安全、减轻或转移灾难所带来威胁的重大事件
2006 年 1 月 8 日我国颁布并实施的《国家突发公共事件总体应急预案》	突发公共事件是指突然发生，造成或者可能造成重大人员伤亡、财产损失、生态环境破坏和严重社会危害，危及公共安全的紧急事件
我国 2007 年 11 月 1 日起施行的《中华人民共和国突发事件应对法》	突发事件是指突然发生，造成或者可能造成严重社会危害，需要采取应急处置措施予以应对的自然灾害、事故灾难、公共卫生事件和社会安全事件

2. 突发事件的总体特征

1）突发性

突发事件的首要特征就是突发性。按照事物的发展规律，任何事件的出现大都要经历从量变到质变的萌芽、形成和发展过程，但人们对突发事件的起因、规模、发展趋势、影响深度和广度等都难以准确把握。且突发事件的突发性极易使其在较短时间内迅速成为社会关注的焦点和热点，进而产生巨大的震撼力和影响力，这就要求应急管理人员在较高心理压力状态却又尽量短的时间里，迅速调动相关人力、物力和财力进行积极应对，以有效控制事态的发展。

2）破坏性

突发事件的另一特征是破坏性。突发事件常造成人员伤亡和财产损失，不论什么性质及规模的突发事件，多在不同程度上影响经济社会建设发展、扰乱人们正常工作与生活秩序。突发事件造成的破坏有直接破坏和间接破坏：直接破坏体现为人员的伤亡、财产的损失和环境的破坏等；间接破坏体现在突发事件对社会和个人心理造成的破坏性冲击，这种冲击有时甚至会随之渗透到社会生活的各个层面。突发事件越严重，其危害范围和破坏力就越大，所造成的直接和间接损失也就越严重。

3）持续性

突发事件还有一个特征是持续性。突发事件的持续性表面上似乎与突发性相矛盾，实际上可以从两个方面来理解：①就单个突发事件而言，任何突发事件都不会像它突然来临一样突然消失，突发事件一旦爆发，总会持续一段时间。②纵观整个人类文明进程，突发事件从未停止过，即自地球上有人类以来，突发事件一直伴随着人类，还将永远伴随着人类。无论国度如何、人种如何、意识形态如何、经济与社会发展程度如何，要想完全避免突发事件的发生几乎是不可能的，至少是非常困难的。当然，这并不是说人类完全无法控制和预防突发事件，而是强调在持续性突发事件的背后都存在某种必然性，只有通过科学的应急管理方法才能最大限度地降低突发事件发生的频率、减轻突发事件的危害程度以及对人类社会造成的负面影响。

3. 突发事件的分类

根据突发事件发生原因、机理、过程、性质和危害对象的不同，我国将突发事件划分为自然灾害、事故灾难、公共卫生和社会安全四大类事件，见表 1-2。

表 1-2　四大类突发事件及示例

类　型	具　体　示　例
自然灾害事件	水旱灾害、台风、冰雹、沙尘暴、火山、地震、山体崩塌、滑坡、泥石流、风暴潮、海啸、森林草原火灾、农作物病虫害等
事故灾难事件	工矿商贸等企业的各类安全生产事故、铁路行车事故、民用航空器飞行事故、电网事故、核电厂事故、水污染等
公共卫生事件	传染病疫情、群体性不明原因疾病、食物和职业中毒、动物疫情等
社会安全事件	恐怖袭击、经济安全事件、群体性事件、涉外突发事件等

1）自然灾害事件

自然灾害是指由于自然因素所引发的危害人类生存及生活环境的公共突发事件。实际上，诱发自然灾害的原因并非只有自然因素，特殊情况下人为因素也可能引发自然灾害，例如，未熄灭的烟头所引发的森林火灾、过度开采山石所引起的滑坡和泥石流等。我国《国家自然灾害救助应急预案》对自然灾害的类型做了总体概括，一般包括：水旱灾害、台风、冰雹、雪和沙尘暴等气象灾害，火山、地震，山体崩塌、滑坡和泥石流等地质灾害，风暴潮、海啸和赤潮等海洋灾害，森林草原火灾，农作物病虫害等生物灾害。

案例 1-2

由于所处自然地理环境和特有地质构造条件的不同，我国是世界上遭受自然灾害侵袭最为严重的国家之一。特大自然灾害频发，给社会生活造成了巨大的损失。据应急管理部发布的灾害数据显示，我国 2022 年受自然灾害影响的人口约为 1.12 亿人次，造成的直接经济损失约为 2386.5 亿元。

2）事故灾难事件

事故灾难是指人们在生产、生活过程中由于故意或过失行为，迫使活动暂时或永久停止，造成大量人员伤亡、经济损失或环境污染，并在一定程度上对社会居民治安秩序及公共安全造成危害的意外事件。根据《国家突发公共事件总体应急预案》的定义，事故灾难主要包括工矿商贸等企业的各类安全生产事故、交通运输事故、公共设施和设备事故、环境污染和生态破坏事件等。

由于我国经济发展正处于转变发展方式、优化经济结构、转换增长动力的攻关期，各类安全生产形势严峻，煤矿、交通等重特大事故频发，影响人民群众的生命财产安全。具体而言，我国常见的事故灾难有：

（1）安全生产事故，即各种工矿商贸企业在其生产过程中发生的事故。

（2）交通运输事故，包括铁路行车事故、民用航空器飞行事故、海上突发事故、城市地铁事故等。

（3）公共设施与设备事故，包括电网事故、通信事故、核电厂事故、互联网事故等。

（4）环境污染与生态破坏事件，包括水污染、大气污染事故等。

3）公共卫生事件

根据《突发公共卫生事件应急条例》的规定，公共卫生事件是指"突然发生，造成或者可能造成社会公众健康严重损害的重大传染病疫情、群体性不明原因疾病、重大食物或职业中毒以及其他严重影响公众健康的事件"，集中表现为对人类或者动物生命和健康造成危害的各种疾病。

（1）重大传染病疫情是指某种传染病在短时间内发生且迅速传播，其波及范围广泛，并导致大量患者和死亡病例出现的事件。一般而言，重大传染病疫情下的发病率远远超过常年发病率水平。近年来，全球新发的 30 种传染病中，有一半已在我国被发现，重大传染病和慢性流行病情况较为严重，对国家生产贸易活动及社会安全秩序产生了巨大影响。

（2）群体性不明原因疾病是指短时间内在相对集中区域里存在部分患者同时或相继出现共同的临床表现，且波及范围不断扩大、病例不断增加但暂时不能明确诊断的疾病。

（3）食物或职业中毒是指由于食品污染或职业危害而导致人数众多或伤亡较重的中毒事件。

4）社会安全事件

除自然灾害、事故灾难和公共卫生事件之外，对国家和社会稳定、发展造成巨大影响的涉及政治、经济、生活等各方面的突发事件都可被认为是社会安全事件。例如，恐怖袭击事件、经济安全事件、民族宗教事件、重大刑事案件、群体性事件、涉外突发事件等。

社会安全事件的诱因大多是人为因素且在主观上多出于故意。事实上，引发不同性质社会安全事件的人在主观恶性的程度上不完全相同：对于恐怖袭击事件而言，袭击者常具有严重的主观恶性，其多数抱着与政府、社会和人类相对抗的心理来破坏整个社会秩序；对于经济安全事件（如粮食危机、金融危机和能源危机）而言，引发此类事件的人多以故意囤积居奇者、哄抬物价者、投机炒作者以及不明真相的盲从者为主。

当前，我国正面临众多非传统安全因素的挑战，故对社会安全事件的防范与处置绝不能有丝毫麻痹懈怠和侥幸心理，尤其要建立健全化解社会矛盾的利益协调机制，做到标本兼治，以根除社会安全事件滋生的"土壤"。

4. 突发事件的分级

根据不同类型突发事件的性质、严重程度、可控性和影响范围等因素，《中华人民共和国突发事件应对法》将各类突发事件划分为特别重大、重大、较大和一般四个级别。同时，根据突发事件可能造成的危害程度、紧急程度和发展趋势，将可预警的突发事件的预警级别也相应划分为四个等级，并依次用不同颜色标明。突发事件分级及响应情况见表 1-3。

1）红色预警（Ⅰ级）

预计将要发生特别重大的突发事件，事件随时会发生，事态在迅速蔓延。

2）橙色预警（Ⅱ级）

预计将要发生重大以上的突发事件，事件即将临近，事态正在逐步扩大。

表 1-3　突发事件分级及响应情况

突发事件等级	预警颜色	最高响应主体
Ⅰ级（特别重大）	红	国务院
Ⅱ级（重大）	橙	省政府
Ⅲ级（较大）	黄	地级市政府
Ⅳ级（一般）	蓝	县级市政府

3）黄色预警（Ⅲ级）

预计将要发生较大以上的突发事件，事件即将临近，事态有扩大的趋势。

4）蓝色预警（Ⅳ级）

预计将要发生一般以上的突发事件，事件即将临近，事态可能会扩大。

1.2.2　应急规划的概念

应急规划是应急准备的重要基础。古人云："先谋后事者昌，先事后谋者亡。"只有事先制定好完备的应急规划，才可在面对突发事件时能以最快的速度做出有效响应，才可从容应对应急救援过程中出现的各种突发状况，并能够有针对性地采取积极的处理措施。

1. 应急规划的定义与基本要素

只有清楚了解应急规划所面对的客观对象突发事件之后，才能深入剖析应急规划的内涵。事实上，应急规划既是一项认识工作，也是一项统筹工作：作为认识工作，应急规划不仅要求相关人员对突发事件应急管理有深刻的理解，还要求其能对影响突发事件应对的各项因素做出积极、主动和正确的反应；作为统筹工作，应急规划要求对整个应急管理活动及应急相关组织中各单位（部门、岗位）工作实施精确且高效的合理安排，尽可能对各项可用资源给予最优配置和最高效的利用。

应急规划是依据各类突发事件具体要求，以突发事件应急管理目标为核心，在全面分析事件现状和充分预计事件未来发展的基础上，对突发事件应急管理活动做出的战略部署，以及为实现应急目标所制定的各种战略方案和实施策略。简而言之，应急规划是为有效应对各类危机和灾害事件而准备的各种规划的总和，具体包括减灾规划、应急响应规划、灾区恢复重建规划以及增强应急能力的建设规划等。一个完整的应急规划，一般由宗旨、目标、定位、战略、任务、计划、行动和资源八大基本要素组成。

1）宗旨

应急规划的宗旨是面向突发事件的应急规划理念、态度及价值观的体现。由于地域文化、经济发展水平的不同，面向各类突发事件的应急规划宗旨虽不尽相同，但都要体现保护公民生命及利益、维持社会稳定、减少社会财产损失的总体思想。需注意的是，应急规划的其他要素也均要紧紧围绕其宗旨展开。

2）目标

应急规划的目标是其宗旨的具体化。应急规划目标的制定应与各地区文化、生活水平、经济基础、人口结构等因素相匹配，须尽量避免制定空洞且不切实际的应急规划目标。

3）定位

应急规划的定位是指在宗旨和目标确定之后，结合各类突发事件的具体情况，明确所遇事件在应急规划中的重要程度。由于各地区发展存在差异，故即使同一突发事件在不同应急规划中的重要程度也可能有所不同。

4）战略

应急规划的战略是指为实现应急目标对拟采取应急行动和可利用应急资源的总体筹划，可称得上是应急规划由抽象概念向具体行动过渡的桥梁。

5）任务

应急规划的任务是指在已确立应急规划战略思想的指导下，依据应急规划定位，对应急规划内容的部署与安排。简单来说，就是为了实现既定的应急规划目标所必须完成的事情。

6）计划

应急规划所涉及的计划要素是较为狭义的，仅指为了完成应急规划任务的各种安排。在应急计划执行过程中，有时可按时间顺序对应急规划任务进行排序。

7）行动

应急规划的行动要素指的是应急方案，即完成应急规划任务和计划所需的步骤与方法。

8）资源

应急规划的资源要素主要指根据应急规划任务、计划和行动的内容所部署和配置的人力、物力、财力等资源，这些资源为应急规划的开展提供保障。

2. 应急规划的作用

美国《国家应急准备指南》指出："良好的应急规划有利于缩短控制突发事件的时间，有利于快速提供突发事件现场相关信息，还可以帮助各级政府有效利用各种资源，减少突发事件初期的不确定性，提高应急响应速度。"

具体而言，好的应急规划能够发挥以下几方面的作用：

1）有效指导应急管理工作的顺利开展

早期应急管理活动对突发事件的应对大多是"被动反应式"，即在突发事件发生后才相应采取行动，应对效果往往不太理想。人们通过总结经验教训，逐渐认识到应急管理活动迫切需要具有预防思维的应急规划。因为应急规划能从科学的角度权衡合适的目标、定位、战略和任务等要素，能对应急管理内容进行统筹安排和统一部署。相关单位组织、部门和公众可依照应急规划内容制订具体的应急活动计划，进而有效开展相应的应急管理工作。

2）有效协调应急管理全过程

为了实现应急管理目标，必然要进行大量的应急预防、准备、响应、善后和改进等管理工作，然而应急管理这一过程是由多个部门在不同时空范围里共同协作进行的，为确保各部门之间能配合默契、步调一致、协调作战，更高效地实现共同目标，需要对各部门的活动与资源等进行有效协调。因此，必须有统一的规划和整体的安排，应急规划恰恰能充当这一角色。

3）有效缓解突发事件未来变化带来的冲击

随着全球经济一体化和政治多元化，人类面临突发事件的威胁与日俱增，所面对的各类潜在风险也越来越大。事实上，应急规划既是规划也是应对措施。通过提前做好应对未来突发事件的预防和准备工作，不仅可以有效避免在应急管理过程中的盲目性和主观随意性，更能避免、消除或减少突发事件及其未来变化所造成的巨大损失和各种负面影响，从而降低突发事件对社会可能带来的冲击，维护经济社会持续稳定的发展。

4）有效实现应急资源配置的优化

为使应急管理工作高效地进行，需要配置大量的人力、物力、财力和其他资源，这些资源是应急管理工作得以正常进行所必需的基本保障。①如果不能及时、足量提供所需资源，意味着应急管理力度不够，可能导致不可挽回的损失。②如果资源配置过剩，又会造成应急资源的积压与浪费。合理的应急规划能够统筹协调政府和社会组织之间的应急资源，通过建立有效的资源协作机制最大限度避免应急管理中资源不足或资源浪费等情形，以实现应急资源的有效配置，从而提高应急管理工作效率。

3. 应急规划的基本思想和评价准则

1）应急规划的基本思想

应急规划的基本思想是指导应急规划制定的根本理念和思维方法。从国内外相关领域的实践和研究发展趋势来看，应急规划的编制需要基于风险的准备，始终贯彻以人为本的根本理念，坚持面向全灾种、全过程的综合性思维方法来进行。

具体而言，"以人为本"就是要把保护人们的生命安全和身体健康作为各项应急管理工作的根本目标：在应急响应阶段，把抢救人民的生命放在首位，全力救治受灾人员；在恢复重建过程中，注重灾民的身心健康和全面发展。"基于风险的准备"是通过对各类突发事件风险的识别、评估、沟通和管理，使社会各主体充分了解各种威胁和危险源，进而采取积极主动的风险防范策略，并接受、避免、减少或转移风险的操作。"全灾种"的应急准备方法强调针对所有类型的突发事件开展综合规划，编制综合应急预案，培养适用于多种突发事件的应急能力，从而优化和高效利用应急资源。此外，应急规划需涵盖突发事件的"全过程"，包括应急预防、减灾、准备、监测预警、应急响应和恢复重建等。

2）应急规划的评价准则

评价一个应急规划是否成功、应急规划方案是否有效，可采用以下准则进行衡量：

（1）可接受度。如果一个应急规划能够满足预期应急情境的要求，能够在应急决策领导和社会公众愿意支持的成本与时间框架内实施，并与相关法律、法规及政策相一致，那么它就是可接受的。

（2）完整性。一个完整的应急规划不仅需包含重大行动、目标和任务等必要元素，还应涉及所需人员与资源的招募和部署，以及衡量目标成功实现的标准。

（3）可行性。可行性主要考虑规划中的应急资源是否充足。如果一个应急规划的关键任务可以利用内部现有的或通过协调可获得的资源来完成，则认为该应急规划是可行的。需要注意的是，对需要从其他来源（上下级政府、相邻社区、社会组织等）获取的额外资源应作详细识别和预先协调，并制定相关调配程序。

案例 1-3

4. 我国应急规划现状

是否具有比较成熟的应急规划理论是衡量一个国家对应急规划工作重视和规范化程度的重要标准。我国目前对于应急规划理论的研究主要包括：应急体系建设与应急预案编制、城市减灾规划理论、城市公共安全规划研究、应急准备体系构成及其评估理论与方法。总体而言，我国在应急规划建设方面还存在以下两点不足：

（1）缺少内容翔实、实用性强的应急规划指南。目前，国家已发布的一些相关指南和导则等文件主要出于普适性、通用性的考虑，大多高度概括且文字较为简略，无法给应急规划人员提供详细操作方法上的指导，且由于多以上级或其他地区的规划文件为蓝本，导致整体实操性不强。

（2）缺少信息化支持工具。应急规划离不开大量基础数据的支撑，如各种突发事件的历史数据、应急资源数据、规划文件等，尤其对于复杂的风险评估、应急能力评估、应急资源规划等，切实需要有专门的应用软件系统予以支持。目前，我国应急规划领域还较为缺少这类信息化支持工具。

1.2.3 应急规划的编制

1. 应急规划编制中的注意事项

编制应急规划应坚持统筹规划、突出重点，以推动我国应急管理事业改革发展为纲要，力争突破制约当前应急管理体系和能力建设的关键性、基础性问题。在编制应急规划时，需注意以下事项：

1）统筹规划、合理布局

国家制定的是总体性应急规划，对全国应急体系建设做出部署，从总体上把握应急资源的合理布局。各地区、各有关部门需结合实际，制定相应的应急体系建设规划，以加强预防和应急准备、监测预警、应急处置、恢复重建及应急保障等方面的能力建设。

2）整合资源、突出重点

充分利用存量应急资源，实现应急资源共享，避免重复建设，促进各地区和各行业应急信息、队伍、装备、物资等方面的有机整合，提高综合应急能力。重点加强应急体系薄弱环节的建设，如可基于完善的应急准备，优先解决"应急响应时效"的问题，增强第一时间快速应急响应能力。

3）先进适用、规范标准

在应急规划时，可考虑采用国内外成熟的应急技术，兼顾先进性和适用性，以确保整个应急体系的高效、可靠运行。还需建立健全应急管理标准化体系，以实现应急体系建设与运行的规范化。

4）分级负责、分步实施

应急规划中需合理细分各级政府和相关部门的应急任务，使其各司其职。根据实际需求和能力确定应急防范项目，分级分步实施，可有针对性地开展示范应急防范项目建设。需注意充分发挥政策导向作用，适当引入市场机制，将政府应急和社会参与有机结合，以提高应急管理工作的社会化协同程度。

2. 应急规划的流程

在制定应急规划过程中，要充分调动相关力量参与应急规划编制的积极性，努力汇集各方智慧进行合理规划，以提高应急规划的前瞻性和科学性。且需对参与编制应急规划的人员进行专题培训，使其能准确把握国家和当地有关应急管理的政策导向，学习了解新时期应急管理工作的新形势、新特点和新要求，为高质量编制应急规划提供保障。这期间，坚持科学的应急规划流程对于形成有效的应急规划尤为重要，应急规划的一般流程如图 1-3 所示。

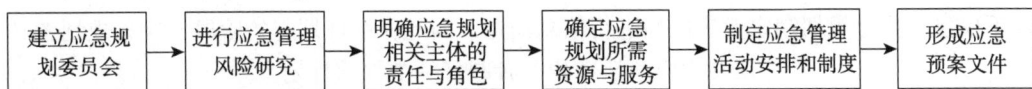

图 1-3　应急规划的流程

1）建立应急规划委员会

该委员会应由相关部门的权威人士（政府应急决策者、技术专家、管理专家、法律顾问、社会公众代表等）组成，确定应急规划编制的目的，并全程以风险管理理念为指导来负责应急规划编制工作。

2）进行应急管理风险研究

应急规划面对的对象通常是某单个风险或某些风险组合，如洪水风险、风暴/海啸风险、危险品（化学、生物、放射性物质）风险、交通事故风险、流行病风险等。这就要求在应急规划中需进行充分的应急管理风险分析及相应的风险评估，以便决策者在应急准备时可针对各类突发事件风险进行科学风险管控。

应急管理风险研究的主要内容包括：建立突发事件风险管理的框架，确定问题的性质、范围与社会可接受风险的水平；描述危险源的性质、范畴及社会环境，识别潜在风险；分析风险，确定社会及环境的脆弱性；评估风险，将风险进行排序，判断风险是否可以接受；处置风险，制定减轻风险的系列措施。

3）明确应急规划相关主体的责任与角色

在应急管理活动中，多部门之间需要形成协调联动的态势，故应急规划的重要任务之一就是理顺各相关主体间责任与角色的关系，合理的应急角色划分和应急责任分配对于有效应对和处理突发事件至关重要。应急规划委员会成员需基于对规划任务书的理解，将应急规划任务进行分解和细化，事先明确界定各相关主体的具体责任与角色，避免在实际应急救援过程中出现现场混乱和互相推卸责任等现象。

4）确定应急规划所需资源与服务

确定应急规划所需资源与服务的主要内容包括：确定所需应急资源与服务的类型；确定可调度应急资源与服务的来源；分析重点应急资源与服务的缺口；指定具体部门提供应急资源与服务，与之签订协议并进行财政支持；定期监督应急资源与服务采购协议的执行。值得注意的是，应急规划的评估也要强调资源管理的可行性和高效性问题。

5）制定应急管理活动安排和制度

制定应急管理活动安排和制度主要涉及：各相关组织单位与应急部门之间的沟通机

制；应急指挥中心的协调制度；应急准备机制与发布预警信息流程；应急疏散管理、应急资源保障、应急响应管理以及应急恢复管理机制。

6）形成应急预案文件

基于上述五个步骤，最终形成科学有效的应急预案文件。值得一提的是，所有的应急预案都必须向使用者说明风险概况并解释相关部门的角色及其应急责任关系。

当然，整个应急规划的过程是动态的，需要根据对各种风险及风险组合的确认、分析和评估情况来适时对所制定应急规划加以调整。需要强调的是，在应急规划的每一步骤中，沟通与协商都至关重要。例如，与应急活动相关者进行沟通，这是一个双向互动的过程，而不仅仅是应急规划制定者单向地进行信息输送。因此，在规划起始阶段，应急规划者必须要为应急活动相关者制订一个沟通计划。

如何在准确评估当前国家所面临重大风险的基础上，结合应急管理体系建设和实际运行情况，切实提高规划编制的前瞻性、科学性和可操作性，用规划的力量全面推进我国应急管理体系和能力的现代化建设，对于未来有效应对我国面临的重大风险挑战具有重要意义。

知识拓展 1-2

1.3 应急预案概述

在应急规划过程中，应急预案是整个规划的重要及核心组成部分。习近平总书记在主持中央政治局第十九次集体学习时强调，要加强应急预案管理，健全应急预案体系，落实各环节责任和措施。一个好的应急预案是成功处置突发事件的重要保障，一个有效的应急预案可以切实提高决策者对各类突发事件的认知及应对能力。加强应急预案建设对整个应急规划管理有着至关重要的作用，应急预案建设的关键是加强应急预案的可操作性和有效性，需要在预案编制的过程中明确各项分工、考虑可能出现的各类突发状况等，以确保制定的预案在后续应急管理过程中能够高效实施。本节介绍应急预案的基本概念、内容、分类和发展现状。

1.3.1 应急预案的概念

应急预案针对的是在某辖区内未来可能发生或过去曾经发生的事件，这类事件往往具有突发性强、规模大、难以预见、需调度的资源和人员广泛等复杂特点，即使是从事突发事件应对处置的专业人士往往也会因缺乏相关准备和演练经验而导致危机来临时不知所措。苏辙在《颍滨遗老传上》中云："无事则深忧，有事则不惧。"有了应急预案，才能有备无患，才可以做到胸有成竹、从容应对。

1. 应急预案的定义

应急预案是应急规划工作中的核心内容，也常被直接称为应急计划，美国《综合应急计划编制指南》中就有这样的定义："辖区的应急计划是一个文件，它明确了组织和个人的有关责任，当紧急情况超越了某个组织（如消防部门）的能力或常规职责时，需要协调自身与各组织间的行动，需要明确辖区内可供使用的人员、设施设备、物资以及其他相关资源在预定的时间和地点如何采取特定的行动，以确保当紧急情况或灾难发生时能有效保护公众生命和财产安全。且作为公共文件，应急计划还应明确应急响应和恢复行动过程中实施抢险救灾的步骤，有时也需要援引相关法律依据说明应急计划的任务和目标。"

本书选用《应急管理通论》中给出的定义：应急预案，是指各级政府及其部门、基层组织、企事业单位等为了科学、迅速、有序应对突发事件，最大限度减轻、控制突发事件所引起的严重社会危害而预先制定的工作方案。

具体来讲，应急预案就是在辨识和评估潜在重大危险、突发事件类型、突发事件发生可能性及事件发生后影响程度的基础上，对各应急组织的人员及其职责、物资、技术、装备设施、救援行动、指挥与协调等方面预先做出具体安排，以明确在突发事件发生之前、发生过程中以及事件结束后谁负责做什么、何时做以及相应的应急资源准备和应急处置方法等。总而言之，应急预案是应急规划的重要组成部分，也是应急规划工作的主线，其总目标是有效控制紧急情况的扩散并尽可能消除危机，将突发事件对人、财产和环境的危害降到最低限度。

应急预案是根据国家和各级政府的相关法律法规，如《突发事件应急预案管理办法》等制定的，预案本身是具有一定法规效力的文件，建立健全在突发事件预防和应对中全面、权威以及具备各项应急功能的行动方案，是应急规划工作系统化和具体化的表现。应急预案的内涵主要体现在以下两个方面：

（1）预防。常态下，可根据应急预案相关要求，强化落实各种应急保障措施，以达到预防突发事件的目的。具体来讲，可利用应急预案进行危险辨识和风险分析，采用科学技术和管理手段降低突发事件发生的可能性或将突发事件可能造成的损失减缓在一定可控范围内，并预防次生衍生事件的发生。此外，也可通过编制应急预案并开展相应演练或培训，进一步提高应急相关人员和社会公众的安全意识和风险防范能力。

（2）应对。突发事件一旦发生，常态转为紧急状态，这就要求政府和相关应急组织可参考应急预案及时采取有效的处置与救援活动，按照预案中的相关规定和职责开展应急响应和恢复重建等工作，妥善应对突发事件并消除其带来的不良影响。要求所制定的应急预案具备良好的针对性、科学性、实用性和可操作性，才能有效推进应急救援的成功进行，最终实现应急救援目标。

2. 应急预案的意义

编制突发事件应急预案是应急救援准备工作的重要内容，是及时、有序、有效开展应急救援工作的重要保障。总结来看，应急预案在应急救援工作中的意义体现在以下三个方面：

（1）预案让应急准备和救援有章可循。应急预案确定了应急救援的范围和框架体系，是开展应急管理的"底线"，使应急准备和应急救援不再是无据可依、无章可循的活动，尤其是应急培训和应急演练，它们依赖于应急预案。应急培训可以让应急响应人员熟悉各自的责任，并具备完成指定任务所需的相应技能；应急演练是检测应急预案的行动程序，通过演练能够评估应急人员的实操技能和协调性。

（2）应急预案有利于快速响应和恢复。制定科学的应急预案有利于决策者面对突发事件时及时做出应急响应，有利于减轻突发事件带来的损失，也有利于尽快进行恢复重建工作。应急救援工作对时间要求十分敏感，不允许有任何拖延，应急预案事先明确了各应急组织的职责和响应流程，同时在应急救援力量和应急资源配置等方面做了诸多准备，可以起到基本的应急指导参考作用，便于指导应急救援工作迅速、高效、有序地开展，能够最大可能地将突发事件下的人员伤亡、财产损失和环境破坏降到最低。

（3）应急预案有利于增强社会风险防范意识。应急预案的编制过程，实际上就是应急决策者辨识重大风险和做相应防御决策的过程，要提倡社会各方的共同参与。应急预案的编制、评审和发布，有利于社会各方深入了解可能面临的重大风险以及可能相应采取的应急措施，有利于提高全社会的居安思危、积极防范社会风险的意识和能力。

1.3.2 应急预案的内容

一个规范、完备的应急预案需涵盖哪些内容？首先需要了解一个应急预案包含哪些构成要素，然后需要知道一个应急预案的基本结构。

1. 应急预案的构成要素

一般来说，应急预案的内容是围绕其基本要素展开的，依据《国务院有关部门和单位制定和修订突发公共事件应急预案框架指南》，应急预案的构成主要包括以下八个方面：总则、组织指挥体系及职责、预警和预防机制、应急响应、后期处置、保障措施、附则和附录内容。这些部分的详细构成如图 1-4 所示。

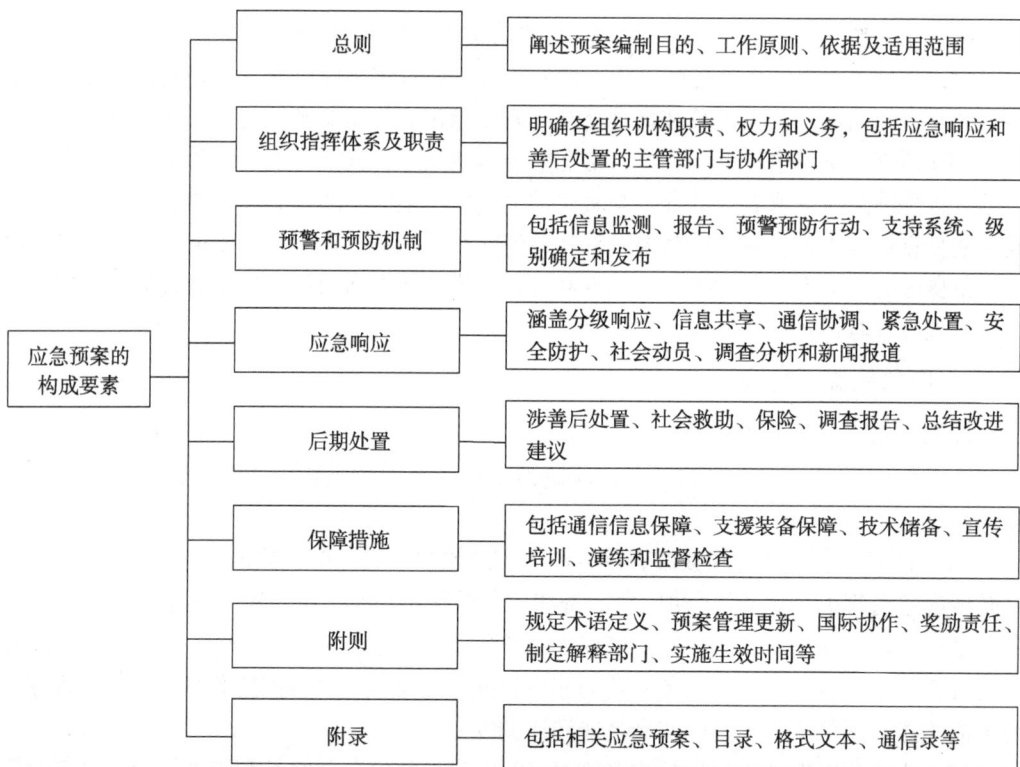

图 1-4 应急预案的构成要素

2. 应急预案的基本结构

不同的预案由于各自所处层次和适用范围不同，因而在内容详略程度和侧重点上会有所不同，但大体都可采用相似的基本结构，如图 1-5 所示。

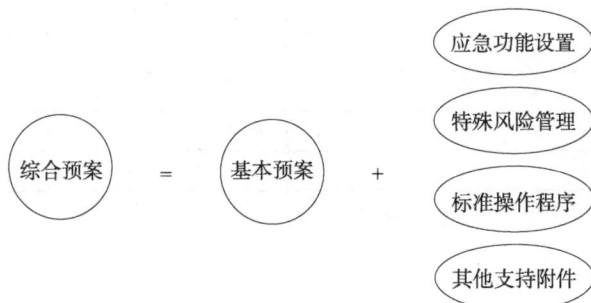

图 1-5　应急预案的基本结构

1）基本预案

基本预案也称"领导预案"，是对应急预案的总体描述。主要阐述预案所需要解决的紧急情况、应急组织体系和方针、应急资源、应急总体思路、各应急组织在应急准备和应急行动中的职责、应急预案的演练和管理等规定。

2）应急功能设置

应急功能设置要紧紧围绕每个部门的应急功能而编制，需明确从应急准备到应急恢复全过程中每个应急活动的相关部门应承担的责任和目标，可采取部门间签署协议的方式来具体落实各部门应急功能。可以用功能矩阵表的方式来表示应急功能分类条目和相应单位，见表 1-4。

表 1-4　应急功能矩阵表

应急机构	应急功能													
	接警与通知	指挥与控制	警报和紧急公告	通信	事态监测与评估	警戒与管制	人群疏散	人群安置	医疗与卫生	公共关系	应急人员安全	消防与抢救	泄漏物控制	现场恢复
应急中心	R	S	R	R	S					S				
安监部门		R			S						R	R	S	S
公安部门	S	S	S	S	S	R	R	S	S	S	S	S	R	R
卫生部门	S		S		S				R		S			
环保部门	S		S		R				S	S		S	S	R
民政部门								R	S		S			
广电部门			S				S	S	S					
交通部门	S						S	S				S		
铁路部门	S						S	S						
教育部门							S	S		S				
建设部门	S				S				S			S	S	S
财政部门	S						S	S	S	S	S	S	S	S

续表

应急机构	应急功能													
	接警与通知	指挥与控制	警报和紧急公告	通信	事态监测与评估	警戒与管制	人群疏散	人群安置	医疗与卫生	公共关系	应急人员安全	消防与抢救	泄漏物控制	现场恢复
科技部门					S				S		S	S		S
气象部门			S		S									
电监部门	S		S		S		S					S		S
军队武警			S	S	S		S	S	S		S	S		
红十字会									S	S	S			

注：R——负责部门，S——支持部门应急功能设置。

3）特殊风险管理

特殊风险管理建立在公共安全风险评价基础上，按照自然灾害、事故灾难、公共卫生和社会安全事件进行分类，提出若干种不可接受风险，并根据这些风险的特点，针对每一项特殊风险中的应急活动，界定其相关部门的主要职责和次要职责。

4）标准操作程序

由于基本预案和应急功能设置并不阐释各项应急功能的实施细节，各应急功能的主要责任部门必须组织制定相应的标准化操作程序，即规定各应急活动执行部门在进行某几项或某一项具体应急活动时的操作标准。这种操作标准包括操作指令检查表和对检查表的说明，一旦应急预案启动，相关人员可按照操作指令检查表逐项落实应急行动。

具体而言，编制标准操作程序应符合下述基本要求：

（1）应由该应急功能的责任部门组织编制，并由应急预案管理部门组织评审并备案。

（2）应通过简洁的语言说明操作程序的目的、执行主体、时间、地点、任务、步骤和方式，并提供所需的检查表和相关图表。

（3）应采用统一格式编制各项应急功能的标准操作程序。

（4）应按照应急准备、应急响应和应急恢复三阶段来描述程序中规定的各项任务。

（5）应与应急功能设置中相关部门职责和任务的内容一致。

（6）应规定相关部门执行程序时应保存的记录，包括保存样式和期限。

5）其他支持附件

其他支持附件主要包括危险分析附件、通信与联络附件、法律法规附件、应急资源附件、培训演练附件、技术支持附件和协议附件等。

知识拓展 1-3

1.3.3 应急预案的分类

1. 按应急预案功能划分

按照应急预案的功能分类，可将其分为三类：总体预案、专项预案和现场预案。总体预案是应急工作的基础，体现了应急救援工作的共性，而通过编制专项预案和现场预案能够使应急救援措施更具体化、更具有针对性，实现了共性与个性的结合。三者之间的关系如图 1-6 所示。

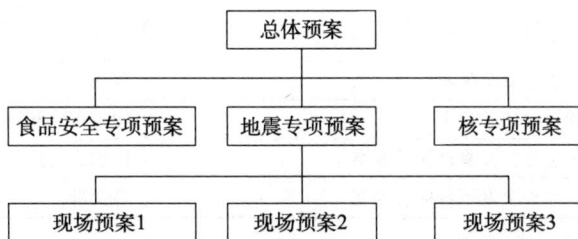

图 1-6　总体预案、专项预案和现场预案的层次关系

1）总体预案

总体预案一般指一个国家或一个地区的总预案，从总体上阐述处理各类突发事件的应急方针、政策、应急行动总体思路、应急组织结构及其相应的职责等。通过总体预案可以清晰地了解所面临突发事件的风险程度和应急应对体系等。总体预案是应急救援工作的基础和"底线"，即使面对那些完全未预料到的突发事件，往往也能起到一般性的应急指导作用。

2）专项预案

专项预案是针对某种具体的突发事件（如危险化学品泄漏、地震、食品安全事故等）或危险源而制定的应对方案。专项预案在总体预案基础上充分考虑了某一具体突发事件或具体危险源的特点，对应急形势、组织机构、应急资源与应急活动等进行更详细的阐述，具有较强的针对性。目前，我国已经发布了国家突发事件专项应急预案 21 件，见表 1-5。

表 1-5　国家突发公共事件专项应急预案汇总

序号	事故类型	专项应急预案名称	牵头部门
1	自然灾害	国家自然灾害救助应急预案	国家防灾减灾救灾委员会
2		国家防汛抗旱应急预案	应急管理部
3		国家地震应急预案	应急管理部
4		国家突发地质灾害应急预案	应急管理部
5		国家森林草原火灾应急预案	国家森林草原防灭火指挥部办公室
6	事故灾害	国家安全生产事故灾难应急预案	应急管理部
7		国家处置铁路行车事故应急预案	交通运输部
8		国家处置民用航空器飞行事故应急预案	交通运输部
9		国家海上搜救应急预案	交通运输部
10		国家城市轨道交通运营突发事件应急预案	交通运输部
11		国家大面积停电事件应急预案	国家能源局
12		国家核应急预案	国防科工委
13		国家突发环境事件应急预案	生态环境部
14		国家通信保障应急预案	工业和信息化部
15	公共卫生事件	国家突发公共卫生事件应急预案	国家卫生健康委员会
16		国家突发公共事件医疗卫生救援应急预案	国家卫生健康委员会

序号	事故类型	专项应急预案名称	牵头部门
17	公共卫生事件	国家突发重大动物疫情应急预案	农业农村部
18		国家食品安全事故应急预案	国家市场监督管理总局
19	社会安全事件	国家粮食应急预案	国家粮食和物资储备局
20		国家金融突发事件应急预案	国家金融监督管理总局
21		国家涉外突发事件应急预案	外交部

这些专项应急预案基于各类突发事件特点，对应急救援时的组织体系和相关机构的职责、预警预防机制、应急响应机制、应急处理和后期处置机制、应急保障机制等制定了详细的行动程序。

3）现场预案

现场预案也称"现场处置方案"，是基于专项预案以现场、设施、岗位等为具体目标所制定和实施的应急预案。所针对的具体场所通常是突发事件风险较大的地区或重要防护区域，如根据危险化学品事故专项预案编制的某重大危险源应急预案、根据防洪专项预案编制的某洪区防洪预案等。

知识拓展 1-4

现场应急预案的特点是基于对某一具体现场的特殊风险及周边环境的详细分析，对应急救援所涉各个方面做具体、周密而细致的安排，因而现场预案对各现场具体的救援活动往往具有更强的针对性和指导性。

2. 按行政区域划分

依照行政区域可分为国家级、省级、市地级、县区级和企业级五个层次的应急预案。

1）国家级应急预案

针对突发事件后果超过省、自治区、直辖市边界的应急应对活动以及列为国家级事故隐患、重大危险源的设施或场所，应制定国家级应急预案。我国国家级应急预案已建立了较为完善的框架，国家级应急预案又可进一步细分为突发事件总体应急预案、专项应急预案和部门应急预案。

目前，我国已经发布的部门应急预案超过 80 件。国务院有关部门应急预案的主要内容包括以下 8 个方面：

（1）适应范围和响应分级标准，包括预案编制的工作原则。

（2）应急组织机构和职责，包括现场应急指挥机构、专家组的建立和主要职责的分配。

（3）事故监测与预警，包括重大危险源管理和预警的建立。

（4）信息报告处理，包括信息报告程序、处理原则和新闻发布流程。

（5）应急处理，包括先期处置、分级负责、指挥与协调、现场救助和应急结束。

（6）应急保障措施，包括人力资源、财力保障、医疗卫生、交通运输、通信与信息、公共设施、社会治安技术和各种应急物资的储备与调用等。

（7）恢复与重建，包括及时由非常态转为常态、善后处置、调查评估和恢复工作。

（8）应急预案监督与管理，包括预案演练、培训教育及其预案更新。

2）省级应急预案

针对突发事件后果超过城市或地区边界的应急应对活动以及列为省级事故隐患、重大危险源的设施或场所，应制定省级应急预案。省级应急预案由地方人民政府及应急管理办事机构进行管理实施，其主要工作内容包括以下 4 点：

（1）负责地方总体应急预案的制定、批准、宣传、演练和修订。

（2）确定地方专项应急预案种类、牵头制定机关和参加部门，负责组织和批准地方专项应急预案的制定、宣传、演练和修订。

（3）指导、协调和监督地方部门应急预案和下一级人民政府应急预案管理工作。

（4）负责地方部门应急预案、下一级人民政府总体应急预案和专项应急预案的备案工作。

3）市地级应急预案

针对城市或地区潜在的重大突发事件，以及发生在两个县或县级市管辖区边界上且需要协调市地级应急资源和力量的突发事件，应制定市地级应急预案。市地级应急预案管理同省级应急预案。

4）县区级应急预案

对县区潜在的重大突发事件，应制定县区级应急预案。由乡（镇）、街道基层政权组织结合本区域实际情况，制定本级政府或落实上一级政府总体应急预案、专项应急预案、部门应急预案和其他类型应急预案的行动方案。

5）企业级应急预案

企业级应急预案指企事业单位根据所处地理环境、气象和自身生产经营活动中可能发生的重大突发事件以及相关法律法规要求而制定的针对本企业的应急预案。

3. 按突发事件的性质划分

通常一个城市或地区会存在多种潜在突发事件（如地震、火灾、洪灾、飓风、泥石流、雪崩、地表塌陷、海啸、火山爆发、暴风雪、空难、危险和放射性物质泄漏、突发大面积停电等），需要针对各类突发事件性质制定相应的应急预案，主要包括自然灾害类应急预案、事故灾难类应急预案、公共卫生事件类应急预案和社会安全事件类应急预案（各类突发事件应急预案的示例见表 1-5）。

1.3.4 应急预案的现状

1. 我国应急预案的发展历程

我国现有法律法规要求煤矿、化工厂等高危行业的工矿企业全面制定事故应急救援预案以及灾害预防及处理计划；要求公安、消防、急救等负责日常突发事件应急处置的部门，也要制定各类日常突发事件处置方案。从 20 世纪 80 年代发展至今，我国应急预案发展历程见表 1-6。

从 20 世纪 80 年代中期开始，我国核电企业编制了《核电厂应急计划》。1996 年，由我国国防科学技术工业委员会牵头编制了第一版《国家核应急计划》，后于 2004 年 12 月被统一更名为《国家核应急预案》。20 世纪 80 年代末，我国地震局在国内地震重点危险区开展了地震应急预案的编制工作，1991 年编制完成了《国内破坏性地震应急反应预案》，1996 年国务院颁布实施《国家破坏性应急预案》。这一时期，我国基本处于单项应急预案阶段。

表 1-6　我国应急预案发展历程

年　份	相关预案	描　述
20 世纪 80 年代中期	核应急预案	我国核电企业编制了《核电厂应急计划》
1996 年		我国国防科学技术工业委员会牵头编制了第一版《国家核应急计划》，后于 2004 年 12 月被统一更名为《国家核应急预案》
20 世纪 80 年代末—1991 年	单项应急预案	我国地震局编制完成了《国内破坏性地震应急反应预案》
1996 年		国务院颁布实施《国家破坏性应急预案》
2003 年 12 月	全面建设应急预案体系	我国成立了国务院办公厅应急预案工作小组，开始全面布置政府应急预案编制工作
2004 年 4 月		国务院办公厅印发《国务院有关部门和单位修订和制定突发事件总体应急预案框架指南》
2005 年 1 月		国务院第 79 次常务会议通过了《国家突发公共事件总体应急预案》
2006 年	国家专项预案和部门预案的编制	国务院发布了《国家突发公共卫生事件应急预案》和《国家突发公共事件医疗卫生救援应急预案》两件专项预案
		各省、自治区、直辖市的省级突发公共事件总体应急预案也均编制完成
2011 年	应急预案体系的深化与完善	国务院修订了《国家自然灾害救助应急预案》
2012 年		国务院办公厅下发修订后的《国家地震应急预案》
2013 年	应急预案管理办法的制定与修订	国务院办公厅发布了《突发事件应急预案管理办法》
2017 年		国家卫生计生委于 2017 年制定发布了《突发事件卫生应急预案管理办法》
2016—2019 年		2016 年，国家安全生产监督管理总局令第 88 号公布了《生产安全事故应急预案管理办法》，并于 2019 年由应急管理部做了修正版本
2021 年 12 月		国务院印发《"十四五"国家应急体系规划》，指出要强化应急预案准备，加快预案编制修订，全面加强应急救援力量建设

　　2003 年 SARS 疫情之后，我国将制定突发事件应急预案提上重要日程。2003 年 12 月成立了国务院办公厅应急预案工作小组，开始全面布置政府应急预案编制工作。2004 年 4 月，国务院办公厅印发《国务院有关部门和单位修订和制定突发事件总体应急预案框架指南》。2005 年 1 月，国务院第 79 次常务会议通过了《国家突发公共事件总体应急预案》，并于 2006 年 1 月正式发布与实施，我国应急预案体系全面开始建设。国务院各有关部门也编制了各种国家专项预案和部门预案，如在 2006 年，国务院发布了《国家突发公共卫生事件应急预案》和《国家突发公共事件医疗卫生救援应急预案》两件专项预案，各省、自治区、直辖市的省级突发公共事件总体应急预案也均编制完成。

　　2008 年低温雨雪冰冻灾害和汶川大地震之后，以国家总体应急预案和有关专项应急预案的修订完善为开端，我国应急预案体系不断深化。2011 年，国务院修订了《国家自然灾害救助应急预案》，强调了国家减灾委和民政部面对自然灾害时及时启动相应应急救助的重要性。2012 年，国务院办公厅下发修订后的《国家地震应急预案》，该预案对抗震救灾组织体系和应急响应机制等做出了详细指导。2013 年，国务院办公厅发布了《突发事件应急预案管理办法》，以此管理办法为框架底本，国家卫生计生委于 2017 年制定发布了《突发事件卫生应急预案管理办法》。2016 年，国家安全生产监督管理总局令第 88 号公布了《生产安全事故应急预案管理办法》，并于 2019 年由应急管理部做了修正版本。2021 年 12 月，国务院印发《"十四五"国家应急体系规划》，指出要强化应急预案准备，加快预案编制修订，全面加强应急救援力量建设。

2. 我国应急预案建设存在的问题

当前，我国应急预案建设已取得较多方面的成就，全国应急预案框架体系已初步建立，且基本涵盖了各种突发事件的各类情况。通过明确各方职责和相关处置程序，应急预案发挥了指导和辅助应急处置行动的重要作用，尤其通过应急预案的广泛宣传和演练活动，我国社会公众的危机意识和应急能力得到一定程度的提升。不过，仍然存在一些影响应急预案实际应用效用的问题，亟须得到积极重视和思考解决。

1）应急预案编制的规范性有待加强

应急预案作为应急管理的实施指南和行动计划，为应急管理活动提供科学合理的处置程序和切实有效的行动步骤，是一种标准化的应急程序，但是当前应急预案编制的规范性有待进一步加强，具体表现为两个方面：

（1）应急预案的编制过程不够规范，包括应急预案制订、修订、评审、检验、培训、演练、发布和备案等程序均不太规范。以各城市应急预案的制定为例，部分城市未能充分明确各自的实际应急能力以及可能存在的重大危险，存在盲目照搬其他城市应急预案的现象，导致所制定出的应急预案的针对性较差。

（2）应急预案编制缺乏统一、标准的格式。目前，我国尚无编制应急预案的相关技术标准，各部门的应急预案格式多种多样，缺乏规范性，导致面对突发事件的实践应用和咨询查找均存在一定困难。

知识拓展 1-5

2）应急预案内容的完整性和可操作性有待加强

应急预案作为行动指南，不仅要具备应急处置的周密性，还要具有指导实践的针对性和可操作性。当前，我国部分应急预案内容还不够完备且可操作性仍有待进一步加强，主要体现在以下两个方面：

（1）部分应急预案只提供应急管理工作的总体框架，偏重指导原则、部门职责和相关法律责任但缺乏应急处置的实质内容，致使应急管理行动有时具有较大随意性，导致对部分突发事件缺少预判和应急准备。譬如，有些城市发布的应急预案仅仅是几页纸的政府文件，明显对应急预案的认识不够，此类应急预案的实际可操作性较差。

（2）部分应急预案的内容不够完备，未能针对实际情况进行危机假想、风险分析和应急资源调查等，预案缺少必要的组成部分。比如，部分应急预案中的辅助决策部分不够完善，当突发事件发生时，指挥者只能根据有限信息、凭借经验做出应急决策，这不仅违背了现代应急指挥决策的科学性原则，还使应急预案成为一纸空文。此外，还存在一些应急预案未能将次生与衍生灾害的控制纳入应急预案编制，即缺乏对突发事件处置的全程管理意识。

3）应急预案体系的协调性有待加强

随着全国应急预案框架体系的不断健全，应急预案体系未来建设的重点应当逐渐从完

备性向协调性转移。目前，我国应急预案体系在各层次各部门的衔接联动方面还存在以下问题。

（1）应急预案层次复杂、种类繁多。当前，我国应急管理呈现地域和行业分割的特征，多个应急管理主体和多种应急救援力量相对独立、各自为政，各种层次的应急预案造成了应急预案体系的复杂性和多样性，常常导致各应急管理主体以及应急救援力量之间协调联动的迟缓和困难，这大大限制了应急预案在应急管理行动中的时效性。

（2）应急预案体系中各层次各部门的应急预案有时存在脱节现象。例如，综合应急管理部门（应急指挥中心、应急管理办公室等）与各地各部门在应急预案编制时未能做好衔接，从而造成各方面部署（现场设置、任务分工、救援路线和物资调配等）的不协调，即当综合应急管理部门同时调动多种应急力量实施救援时，可能造成任务的重叠或冲突，进而致使应急救援现场的混乱。

4）应急预案实施的有效性有待加强

应急预案能否在实际应急救援过程中发挥积极有效的作用，不仅取决于预案本身的规范程度和完善程度，还依赖于预案的实施情况，这包括对应急预案的宣传、培训和演练等。然而，通过调查发现，应急预案的管理工作基本集中体现在预案编制单位，相关参与单位或部门在日常演练和培训中往往处于缺席状态。这导致当应急预案真正实施时，相关参与方难以快速形成团队合力。此外，受政府财政支持力度所限，部分应急预案长时间未经历实战演练的检验，缺乏实操指导性。

📖 本章小结

应急管理是国家治理体系和治理能力的重要组成部分，应急管理承担防范化解重大安全风险、及时应对处置各类灾害事故的重要职责，应急管理担负保护人民群众生命财产安全和维护社会稳定的重要使命。应急管理与应急规划紧密相关，可以说，没有应急规划的编制与实施就谈不上真正意义上的应急管理。如果能够编制好各类应急规划，并确保其顺利实施，高效的应急管理工作自然水到渠成。

本章首先简要介绍了规划的定义、原则、特点、编制过程等相关概念，进而聚焦到应急规划管理的概念和编制等基本内容。应急规划的核心与重点最终落实在应急预案的编制上，应急预案指面对突发事件如自然灾害、事故灾难、公共卫生和社会安全等的一系列应急指挥、救援计划等，它一般建立在综合防灾规划的基础上。故本章最后一节针对应急预案相关内容进行了概述性介绍，包括应急预案的含义、内容及类型等问题。

📖 思考题

1. 【中等】规划是如何分类的？
2. 【中等】规划编制通常包括哪些步骤？
3. 【容易】突发事件是如何分类的？
4. 【中等】应急规划的编制包括哪些步骤？
5. 【容易】应急预案的主要构成要素包括什么？

6.【中等】简述我国应急预案建设存在的问题，并思考有哪些创新的解决方案。

7.【中等】应急管理风险研究是应急规划制定过程中一个重要的环节，应急管理风险研究的主要内容有哪些？

即测即练

参考文献

[1] 安国辉. 规划学与决策规划[M]. 青岛：青岛出版社，2017.

[2] 樊建民. 规划与谋划[M]. 北京：中国经济出版社，2014.

[3] 孙施文. 规划的本质意义及其困境[J]. 城市规划汇刊，1999（02）：6-9，81.

[4] 谢惠芳，向俊波. 面向公共政策制定的区域规划：国外区域规划的编制对我们的启示[J]. 经济地理，2005，25（05）：604-606，611.

[5] 李嘉靖. 行动者网络理论视域下的社区规划编制[D]. 广州：华南理工大学，2013.

[6] 杨永恒. 发展规划：理论、方法和实践[M]. 北京：清华大学出版社，2012.

[7] 中国旅游研究院. 中国旅游大辞典[M]. 上海：上海辞书出版社，2012.

[8] 张建龙，谢振宇. 在控制性规划阶段引入城市形态规划：嘉兴市秀洲区新区规划浅析[J]. 城市规划汇刊，1999（06）：73-76，80.

[9] 新浪财经. 发改委专家：过度新区建设可能造成房地产崩盘[EB/OL]. 2013-09-23. http://finance.sina.com.cn/review/hgds/20130923/130716823406.shtml.

[10] 杨月巧. 应急管理概论[M]. 北京：清华大学出版社，2016.

[11] 曹杰，于小兵. 突发事件应急管理研究与实践[M]. 北京：科学出版社，2014.

[12] 黄宏纯. 突发事件全面应急管理[M]. 北京：北京理工大学出版社，2018.

[13] 中华人民共和国应急管理部网站. 应急管理部发布 2022 年全国自然灾害基本情况[EB/OL]. 2023-01-13. https://www.mem.gov.cn/xw/yjglbgzdt/202301/t20230113_440478.shtml.

[14] 计雷，池宏，陈安，等. 突发事件应急管理[M]. 北京：高等教育出版社，2006.

[15] 黄典剑，李文庆. 现代事故应急管理[M]. 北京：冶金工业出版社，2009.

[16] 王宏伟. 公共危机与应急管理原理与案例[M]. 北京：中国人民大学出版社，2015.

[17] 闪淳昌，薛澜. 应急管理概论：理论与实践（第二版）[M]. 北京：高等教育出版社，2020.

[18] 游志斌. 应急规划、预案与演练：借鉴与思考[M]. 北京：国家行政学院出版社，2013.

[19] 李湖生. 非常规突发事件应急准备体系的构成及其评估理论与方法研究[J]. 中国应急管理，2013（08）：13-21.

[20] 李湖生. 应急准备体系规划建设理论与方法[M]. 北京：科学出版社，2016.

[21] 付瑞平. 以应急规划为引领推进应急管理体系和能力现代化："十四五"应急规划编制工作研讨会综述[J]. 中国应急管理，2020（09）：14-19.

[22] 张广泉. 以改革创新意识编制应急规划[J]. 中国应急管理，2020（09）：20-21.

[23] 迈克尔·K. 林德尔. 公共危机与应急管理概论[M]. 王宏伟，译. 北京：中国人民大学出版社，2016.

[24] 中华人民共和国应急管理部. 习近平主持中央政治局第十九次集体学习[EB/OL]. 2019-11-30. https://www.mem.gov.cn/xw/ztzl/xxzl/201911/t20191130_341797.shtml.

[25] 李雪峰. 应急管理通论[M]. 北京：中国人民大学出版社，2018.

[26] 刘铁民. 应急体系建设和应急预案编制[M]. 北京：企业管理出版社，2004.

[27] 胡光伟. 应急管理[M]. 北京：国家行政学院出版社，2011.

[28] 李湖生. 应急准备体系规划建设理论与方法[M]. 北京：科学出版社，2016.

[29] 陈月，蔡文强. 应急管理概论[M]. 北京：中国法制出版社，2018.

[30] 张志鹏，刘柏，史建虎. 应急预案体系现状及优化提升[J]. 中国应急管理，2020（07）：28-29.

[31] 夏一雪. 应急管理：整合与重塑[M]. 天津：天津大学出版社，2017.

[32] 李尧远，马胜利，郑胜利. 应急预案管理[M]. 北京：北京大学出版社，2013.

第 2 章 应急预案体系建设

【学习目标】

1. 熟悉应急预案编制的目标、原则以及预案的审定、发布与备案。
2. 熟悉应急演练的概念、原则、分类，了解应急演练的目的。
3. 掌握应急预案编制过程。
4. 掌握应急演练的过程。
5. 了解应急预案评估方法与修订的内容。
6. 了解应急预案培训的内容。
7. 了解善后恢复的概念和原则。

【本章知识脉络图】

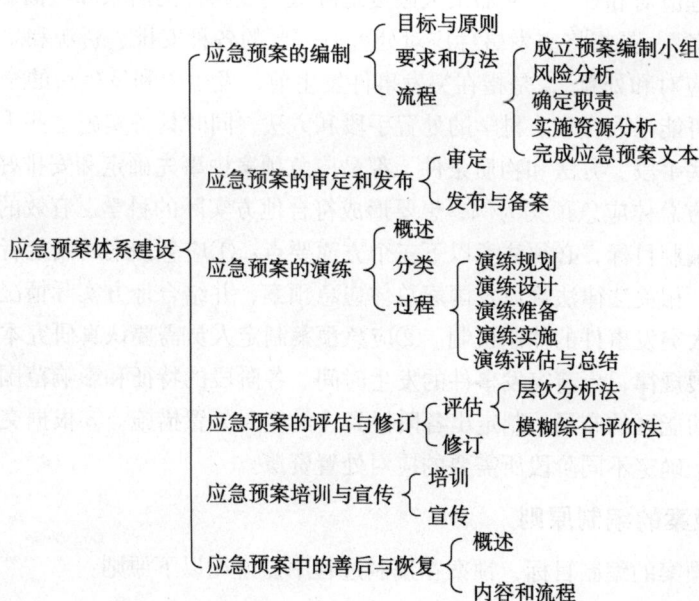

```
                              目标与原则
               应急预案的编制 ┤ 要求和方法     成立预案编制小组
                              └ 流程       ┤ 风险分析
                                             确定职责
                                             实施资源分析
                                             完成应急预案文本
                              审定
               应急预案的审定和发布 ┤
                              发布与备案
                              概述
应急预案体系建设 ┤ 应急预案的演练 ┤ 分类        演练规划
                              过程       ┤ 演练设计
                                           演练准备
                                           演练实施
                                           演练评估与总结
                                           层次分析法
               应急预案的评估与修订 ┤ 评估      ┤
                                    修订       模糊综合评价法
               应急预案培训与宣传 ┤ 培训
                                  宣传
                                           概述
               应急预案中的善后与恢复 ┤
                                          内容和流程
```

在应急规划过程中，应急预案是整个规划的重要组成部分。习近平总书记在中央政治局第十九次集体学习中强调，要加强应急预案管理，健全应急预案体系，落实各环节责任和措施。为了使应急预案能够及时、有序、高效地实施，通常需要进行完善应急预案体系建设。实践证明，在突发事件发生后，完善的应急预案体系能够保证对突发事件实施有效的控制，防止重大突发事件的蔓延，减轻事件对人和财产的影响。

应急预案的体系建设是一个动态、持续的过程，本章拟聚焦应急预案体系建设展开详细介绍。在预案编制时需明确各项分工，考虑可能出现的各类突发状况，以确保制定的预案具有可操作性并在后续应急管理工作中能够被切实有效应用。为了提高面对突发事件的应急应对效率，自应急预案审定公布实施后，应进行不定时应急演练，结合演练情况对应急预案进行评估，同时要注意针对应急预案的内容进行宣传与培训。需强调的是，应急善后与恢复也是应急预案体系建设的重要组成内容，而这往往是预案建设中容易被忽视的环节。

2.1 应急预案的编制

应急预案的编制是应急预案的核心工作之一。为了应急预案的规范性和可操作性，编制主体需要全面了解应急预案编制的注意事项，主要包括应急预案的编制目标与原则、应急预案编制的影响因素、要求和常用的编制方法等。

2.1.1 应急预案的编制目标与原则

1. 应急预案的编制目标

应急预案的编制目标是基于《中华人民共和国宪法》《突发事件应对法》《安全生产法》等法律法规以及现有的应急管理体制，实现在突发事件发生之前的有效准备以及对突发事件全过程的合理应对和处置，从而最大限度地降低突发事件的后果和负面影响。所谓"发生前的有效准备"，是指将突发事件应对处置所需要的各种安排、资源和培训等都落实到位；而"合理应对和处置"，是指在突发事件发生前、发生中和发生后的全过程中，应急应对者能够尽可能采取合理、科学的处置手段和方法，同时具备实施这些手段和方法的物质条件，而这些手段、方法和物质条件，都是应急预案中事先确定和安排好的。

以我国地方总体应急预案为例，想要形成符合地方实际的科学、有效的应急预案，实现应急预案的编制目标，必须注意以下三个方面要点：①应急预案的制定者必须依据我国行政管理体制、相关法律法规以及国家总体应急预案，并结合地方实际情况，创造性地建立应对处置重大突发事件的体制机制。②应急预案制定人员需要认真研究本地各类突发事件的发生及发展规律，弄清突发事件的发生时间、各阶段的特征和影响范围等，并结合当地人口和重要功能区的布局，制定出各阶段具体的应对处置措施。③根据突发事件进程和应对处置措施，确定不同阶段所需要的应对处置资源。

2. 应急预案的编制原则

基于应急预案的编制目标，预案在编制过程中需遵循以下原则：

1）以人为本、完善机制

"以人为本"就是要求把人民群众的生命健康和财产安全作为应急管理工作的出发点和落脚点，最大限度地减少突发事件造成的人员伤亡和危害，并通过不断改进和完善应急救援的装备、设施和手段，来加强对应急救援的科学指挥和对应急相关人员的安全防护。此外，还需要充分认识社会力量的重要作用，依靠应急相关专业人士和群众基础，发挥各方人员的主观能动性，建立健全各单位参与应对突发事件的有效机制。

2）依靠科学、依法规范

应急预案是应对处置突发事件的行动指南，其编制过程和编制内容都必须具有科学性。不同类型的突发事件可能涉及不同的专业知识，即使同一类型突发事件也可能由于时空等具体条件的不同使得其处置措施不尽相同。故需要在全面调查研究的基础上，采用先进的预测、预警、预防和应急处置技术，开展全方位分析论证，实行科学民主决策，制定出科学的应急处置方案，以有效提高预防和应对突发事件的能力，使应急预案能够切实高效地实施。而且，应急预案必须符合相关法律法规、规章制度和政策的要求，与完善政府社会管理、强化公共服务职能、深化行政管理体制改革相结合，并按照有关程序来制定、修订和实施应急预案，以确保应急预案的规范性和可操作性。

3）统一领导、分级负责

应急预案必须在党中央、国务院的统一领导下，坚持分级管理、分级响应、条块结合、属地管理为主等原则。各省、市、县（区）人民政府是处置本行政区域重大或特别重大突发事件的责任主体，不仅需要根据突发事件的严重性、可控性、所需动用的资源和影响范围等因素，分级设定和启动应急预案，还必须落实岗位责任制，以明确具体应急责任人及其应急指挥权限。

4）平战结合、资源整合

坚持"平战结合"的原则就是要求贯彻预防为主的思想，树立常备不懈的观念，经常性地做好应对突发事件的思想准备、预案准备、机制准备和工作准备等，坚持建立健全信息报告体系、科学决策体系、防灾减灾体系和恢复重建体系，建立健全应急处置专业队伍，加强专业队伍和志愿者队伍的培训，做好对广大人民群众的宣传教育工作，并定期进行演练、演习。同时，按照条块结合、资源整合和降低应急总成本的要求，充分利用现有资源，避免重复建设，鼓励大力发挥我国社会主义制度集中力量办大事的优越性。

5）立足国情、洋为中用

①需充分发挥好我国的政治优势和组织优势，在各级党委和政府的领导下，大力发挥基层组织的作用，建立健全社会治安综合治理、城乡社区管理等社会管理机制，着力提升应急保障能力。②认真吸收和借鉴其他国家处置突发事件的有益经验和做法，结合我国实际情况，深入研究其经验的可用性，切实加强我国应急能力和机制的建设，从而达到提高我国应急预案水平的目的。

2.1.2　应急预案编制的要求和方法

在编制应急预案时需要考虑一些重要影响因素。例如，国家及地方相关法律、法规要求；各区域可能发生的重大突发事件以及重大危险普查情况，包括重大危险源的数量、种类和分布以及重大事故隐患等；各区域地质、气象和水文等不利的自然条件（如地震、洪水或台风）对本地区重大危险源所构成威胁的严重程度；各区域已制定的应急预案情况、各区域以往重大突发事件发生情况、各区域行政区域划分和工业区等功能区分布情况、周边区域重大突发事件和重大危险源可能对各区域造成的影响等。

应急预案的编制需要充分考虑上述相关影响因素，预案编制内容应做到重点突出，充分反映本区域实际存在或可能发生的重大突发事件风险，力求通过合理协调组织各要素以避免出现应急预案中各内容模块相互孤立、交叉或者矛盾的现象。图 2-1 简要展示了这些影响因素。

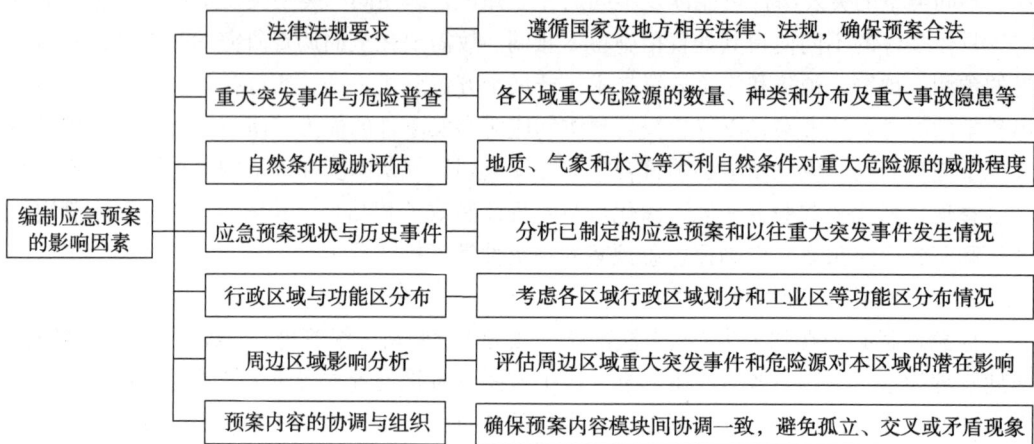

图 2-1　应急预案编制的重要影响因素

1. 应急预案编制的要求

1）完备性

应急预案的编制需具有完备性，即整个预案结构完整且设计合理，便于在应急状态下能迅速找到需要的信息。应急预案的完备性主要体现在预案文件体系完备、功能（职责）完备、应急过程完备、使用范围完备等方面。

2）逻辑性

应急预案的编制一定要有逻辑性，即保证预案内容描述前后一致，避免出现互相矛盾或冲突的情况。应急救援处置是一项具有较高科学性的工作，编制应急预案时必须保持求真务实的科学态度，在充分调查研究的基础上开展科学分析和论证，力求制定出逻辑缜密的应急决策程序和处置方案。

3）可操作性

应急预案应具有较强的可操作性，这是预案编制过程中不容忽视的核心要求。在实际应急处置行动中，应急预案是应急决策者、应急指挥者和各应急处置力量采取行动的依据。为了确保应急预案的可操作性，在预案编制过程中需充分分析、评估其可能存在的重大危机及所致后果，并结合自身的应急能力，对应急过程中的一些关键信息进行系统且详细的阐述。

4）指导性

应急预案是开展应急救援工作的指导性文件。为了体现出应急预案的指导性，需要在保证前述三个基本要求的基础上，尽可能提供各种突发事态下应急指挥者做出决策的依据，同时给出相应情况下实施应急应对的方案等。

5）衔接性

当突发事件影响范围一旦超过单个区域界限或其应对本身超出单个地区自身的应急能力，则需要来自上级政府或社会各方的应急援助，故各区域应急预案需要与上级政府的预案有一定的衔接性，以保障应急应对处置工作的顺利进行。

2. 应急预案编制的方法

在编制应急预案的过程中，目前广泛采用的有以下两种预案编制方法。

1）模板法

模板法，顾名思义就是参照一定模板来编制应急预案的方法。对于大多数没有应急预案编制经验的组织来说，模板法是行之有效的预案编制方法，有模板可依至少可以在一定程度上避免预案编制人员走弯路。

应急预案编制模板是政府应急管理部门制定和发布的，它是规定应急预案基本结构和主要内容的框架性工具，是经过反复研究敲定、多次实践证明、能代表突发事件应急处置标准程序和正确途径的指导性文件。

模板法的优点主要有：①不会遗漏或忽略应急处置的重要环节和内容，不会出现程序性错误。②模板规定的每一项内容都有指导性或提示性导语，对具体的内容作了要求和概述，编制人员可以准确无误地填写，不会偏离方向。③模板为预案的规范化提供了保障，便于后续快速实施预案管理。

需要指出的是，应急预案的模板只是指导性文件，没有具体的措施，许多工作必须由编制者按照规范认真分析研究，不能有丝毫敷衍，这些工作包括风险评估、资源保障以及培训演练等。对于基层单位和部门来说，虽然使用模板编写不会偏离应急应对处置的基本路线，但是很容易因漠视模板规定的操作过程而将编写过程流于形式。因此，需强调的是，针对不同类型、不同规模和不同程度的风险，预案编制人员应根据不同的实际应急需求，基于模板有针对性地编制不同的应急预案。

2）比照法

除模板法之外，我国预案编制人员还常采用比照法来编制预案。比照法的具体做法为：参照同类应急预案，将其框架和内容不变或仅作基本修改，形成与原预案基本一致的预案。运用比照法编制出的应急预案在我国预案编制中也占较大比例。

比照法的优点是将同类预案作为范例和蓝本，在此基础上进行修订和编制较为简单且省时省力。值得一提的是，采用比照法来编制应急预案，需要在学习完善的同时注意突破和创新，才能编制出真正符合实际应急需求的应急预案。

2.1.3　应急预案编制流程

为保障预案的科学性、合理性和实用性，应急预案编制需遵循一套严格的流程。具体来讲，应急预案的编制可分为五个主要步骤（图 2-2）。

成立预案编制小组	→	风险分析	→	确定职责	→	实施资源分析	→	完成应急预案文本

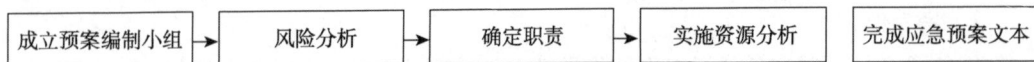

图 2-2　应急预案编制流程

1. 成立预案编制小组

1）确定预案编制部门

应急预案编制是一项涉及面广、专业性强的复杂工作，无论是政府还是企事业单位，在决定编写应急预案的时候，首先要确定参加编制的所有机构或部门。根据突发事件应急准备和应急响应的需要，以下几类相关部门必须参加应急预案的编制。

（1）突发事件应急准备和响应的领导部门。突发事件应急准备和响应的领导部门应该包括负责启动、指挥应急响应的行政岗位以及应急预案实施的牵头部门，这些部门能够在应急预案编制过程中起到把控全局的作用。

（2）参与突发事件应急响应的部门。参与突发事件应急响应的部门主要是指专业从事应急响应或确定承担应急响应任务的部门，一般包括消防部门、公安部门、民政局、市政公司、医院、卫生防疫部门、交通运输部门、电力公司、通信公司、新闻媒体和红十字会等。

（3）其他相关部门。其他相关部门主要包括下级行政部门、本区域受影响的大型企事业单位、志愿者组织以及应急响应中需要特别关照的部门，如学校、特殊仓库等。

2）确定预案编制人员

预案编制委员会（组）的成员由预案编制参与部门的代表、特邀专家以及相关工作人员组成。其中，特邀专家一般是面向突发事件应急处置的领域专家或应急预案编制的专家，既可以从事发当地选择，也可以从其他地区邀请；工作人员可从相关部门抽调，不作特殊要求。而对预案编制参与部门选派的人员代表有如下要求。

（1）资格要求。参与人员必须有足够的级别，能够代表其部门或机构在应急预案编制过程中做出决策和承诺。需要指出的是，领导部门的代表应该是主要行政首长（往往不能全程参加预案编制）、分管行政首长（有可能全程参加）或者是各行政首长委托的代表（应该对领导职责相当了解并承担一定的职务，如秘书长或办公室主任等）；牵头部门的代表应该是主管领导，至少是分管领导，如果各领导不能自始至终参加，则必须确保有其委托的代表递补，以保障全程参与预案编制的重要环节。

（2）经验要求。参与编制的代表最好参加过突发事件的处置，即具有突发事件的应急应对经验。此外，这些人员还应熟悉本部门的基本信息，如部门的人员、资源、职责范围以及本部门相关应急工作等。例如，某大学选派人员到市级应急预案编制小组，该代表应了解本校教职工及学生的人数、本校的资源与基本建筑情况等信息。

（3）知识要求。各参与部门的代表应同时具备相关专业知识和应急管理知识。专业知识是指选派人员应具有与本部门业务相关的知识。选派人员应熟悉本部门应急管理工作的规定、程序和内容等。在一个部门中，不仅有单纯从事行政管理者和单纯从事技术工作者，也有行政与技术"双肩挑"的人员。事实上，参与应急预案编制的人员，最好是"双肩挑"的人员。

3）成立预案编制委员会（组）

预案编制是一个复杂的系统工程，需要预案编制委员会（组）成员的协同合作，这就要求所有成员能够最大限度配合且最大限度地发挥各自的能力和作用。预案编制委员会（组）的恰当组织与磨合，是预案编制成功的前提。

（1）选择委员会（组）主任。预案编制委员会（组）一般设一位主任、两位副主任。主任原则上应由能参与应急预案编制全过程的相应级别政府最高负责人出任，全面负责预案编制工作，具体包括负责协调所有涉及的相关部门以配合编制应急预案、管理所有参与预案编制的人员。两位副主任中，一位可由应急办（编制总体预案时）或应急响应牵头部门（编制专项预案时）的代表出任，负责预案编制的业务管理；另一位可由预案编制专家出任，负责预案编制的技术性工作。

（2）组成工作小组。根据预案编制的工作内容，将参加人员分为若干个工作小组，一般分为编写组、资料信息组和管理保障组，各小组组长可以由委员会（组）主任直接指定或由小组成员推选确定。

编写组是负责编写预案主体的主要业务组，包括预案所涉各部门的代表，该工作小组人员最多。若是编写级别较高、工作量较大的预案，有时为了工作方便，可将编写组细分为两个甚至三个小组。资料信息组不仅负责为编写组提供所需要的各种法律法规、文件和参考资料等，还负责为成稿的预案编写术语解释和法律法规依据，以及为预案编制委员会编写工作通报等。管理保障组负责预案编制委员会（组）的日常管理，如考勤、通信、会议、办公场所和后勤保障等。

4）准备预案编制资料

（1）法律法规。国家各级政府和相关主管部门颁布的法律法规及文件是应急预案编制的法律和政策依据。在确定编制什么样的预案之后，可以根据该预案涉及的管辖范围和管理对象，尽力收集用以指导应急准备和应急响应工作的法律法规及政策文件。具体而言，我国的《突发事件应对法》、国家总体应急预案和相关专项应急预案等均可作为地方政府制定总体应急预案和专项应急预案的法律依据；对行业或企事业单位的应急预案编制来说，国家、上级政府和相关主管部门关于应急管理方面的法律法规也都可作为其制定应急预案的法律依据。在编制预案之前，资料信息组应将这些资料收集、准备齐全，供编写组学习参考。

（2）关系预案。关系预案是指与待编写预案有关联的上级部门预案或横向兄弟部门的预案。在应急准备和应急响应中，许多工作的有效开展都需要这些部门的协调配合，为了保证应急预案编写出来之后能够与各部门有效衔接，需要尽量收集一些关系预案作为编写参考。此外，也可以收集一些非关系预案予以借鉴，如学习国内外优秀应急预案的编制方法。

（3）编写指导文件。许多国家为了保证各地能够编写出合乎要求的应急预案，常常颁布一些有关预案编写的指导文件，原则上各级地方政府需要按照这些指导文件要求的格式和方法去编写预案。例如，国务院办公厅印发的《省（区、市）人民政府突发公共事件总体应急预案框架指南》、美国联邦紧急事务管理局颁发的《制定和维护州、领地、部落和地方政府应急预案：综合准备指导 101》等都是这类指导文件。部分应急预案编写指导文件示例如表 2-1 所示。

表 2-1　应急预案编写指导文件示例

序号	标准规范名称	发布部门	适 用 对 象
1	国务院有关部门和单位制定和修订突发公共事件应急预案框架指南	国务院办公厅	国务院有关部门和单位
2	危险化学品事故应急救援预案编制导则	国家安全生产监督管理总局	危险化学品生产经营单位
3	生产经营单位安全生产事故应急预案评审指南	国家安全生产应急救援指挥中心	生产经营单位
4	国家电网公司应急预案编制规范	国家电网公司	国家电网公司
5	国家邮政业突发事件应急预案与邮政业应急预案体系建设工作方案	国家邮政局	邮政公司、快递企业
6	城市供水应急预案编制导则	水利部	水利厅、供水企业
7	石油化工企业环境应急预案编制指南	环境保护部	石油化工企业环境污染事件
8	危险废物经营单位编制应急预案指南	环境保护部	危险废物经营单位
9	船运企业应急预案编制指南	交通运输部	航运企业
10	水库防汛抢险应急预案编制大纲	水利部	水库管理单位
11	城市防洪应急预案编制大纲	水利部	各地城市
12	防御台风预案编制导则	水利部	沿海地区
13	山洪灾害防御预案编制大纲	水利部	县、乡（镇）
14	抗旱预案编制大纲	水利部	全国
15	高等学校学生公寓突发事件应急预案导则	教育部	高等学校

5）培训准备

预案编写人员到位以后，要为预案编写进行知识和技能培训，培训的内容主要包括以下三个方面。

（1）法律法规学习。熟悉和掌握预案编制所涉及的相关法律法规的内容，特别是关键点描述，确保编写出的预案符合法律法规和政策要求。

（2）预案编写方法培训。学习预案的实质、预案的构成、编写预案的指导文件和模板、编写工作的方法和标准流程等。

（3）形势认识。学习全国及当地的公共安全形势，了解具有典型性的突发事件响应的案例以及重要的经验教训，认识预案编制的重要性。

2. 风险分析

风险分析是编制应急预案的关键，所有应急预案都是建立在风险分析的基础上。以区域风险分析为例，它采用系统科学的方法识别并描述本行政区域内风险及其对本区域的影响，其目的是确定辖区内存在怎样的风险，根据这些风险影响的对象、范围和严重程度以及风险处置优先顺序，有针对性地制定合适的应急预案。

风险分析的主要任务包括：识别一系列可能发生的风险、确定风险发生的频率及其造成的破坏、确定风险对辖区所造成的影响、突出最有可能和最有破坏性的风险、确定面对风险时辖区的脆弱所在、确定制定各种应急预案的优先顺序。

风险分析通常采用五步法，如图 2-3 所示。

| 识别风险 | → | 描述风险 | → | 描述辖区关键要素 | → | 脆弱性分析 | → | 情景设置 |

图 2-3　风险分析的步骤

1）识别风险

识别风险的任务是调查在管辖区内已出现或可能出现的突发事件的种类，形成一份风险清单。风险清单所涉及的对象以四大类突发事件为分类依据，如表 2-2 所示。

表 2-2　风险清单

自然灾害	事 故 灾 害	公共卫生事件	社会安全事件
洪水	火灾		
干旱	矿山事故		
地震	危险原料泄漏	传染性疾病	恐怖行动
飓风	放射性物质泄漏	禽流感	群体性事件
泥石流	电力故障	食品安全事件	市场急剧波动
龙卷风	建筑物坍塌		
暴风雪	飞机坠毁、火车脱轨		

同样以区域风险调查为例，可以采用的风险调查方法包括：查找历史资料、走访当地长期住户、作全面的危险（源）普查等。在风险调查的过程中，要确保风险清单的全面性，既要重视区域内曾经发生过的突发事件，也要注意观察新增加的风险元素（如区域内新建的化工厂、水库、道路等）。对于初步识别的各类危险源，可以按照其类别、名称、来源或原因、易成灾区域或场所、影响对象、影响方式等，列出风险源概况表，如表 2-3 所示。

表 2-3　风险源概况表

序号	类别	名称	来源	易成灾区域	影响对象	影响方式	备　注
1							
2							
3							
...							

事实上，调查所有的潜在危险并进行详细分析是很难实现的，识别风险的目的是将所管辖区域内可能存在的重大危险因素识别出来，通过总结历史上本地区发生过的重大事故灾难并分类分级，分析这些事故灾难的机理，明确影响这些事故灾难的因素有哪些，为预防、预警和应对提供依据。

以《危险化学品泄漏应急抢险预案》为例，识别风险过程中应明确的内容主要包括：①全区危险化学品的种类。②危险化学品工厂的位置、产量、存放设施和周边环境等。③运输线路的周边环境、运输时间、运输方式及运输量等。④伴随危险化学品的泄漏而最有可能发生的危险，这些危险主要受到什么因素的影响，如气象条件、地理环境等。其中，前三项内容属于现状分析，利用现有数据即可；第四项内容需要结合历史数据，此项工作可经由资料信息组的成员对历史数据进行分析、总结，进而得出一般规律来完成。

2）描述风险

描述风险的任务是将每一种具体突发事件风险，采用应急管理领域专门术语对其作全方位的限定，这些术语包括周期模式、频率/历史、地理范围、严重性/强度/级别、时间框架、发作速度、可预警性和可管理性等。可以将美国联邦紧急事务管理局制定的风险描述工作表（表2-4）作为实施风险描述的参考。描述风险的目的实际上是对之前风险清单上列出的所有危险作逐一评估，以便排出编写专项预案的优先顺序。

表 2-4　风险描述工作表

风险名称：	
可能的级别（区域内受影响部分的百分比） 　　□　灾难级的：超过 50% 　　□　严重级的：25%～50% 　　□　一般级的：10%～25% 　　□　微小级的：不到 10%	
发生频率： 　　□　极可能：次年发生概率接近 100% 　　□　很可能：次年发生概率或以后 10 年至少发生 1 次的概率在 10%～100% 　　□　可能：次年发生概率或以后 100 年至少发生 1 次的概率在 1%～10% 　　□　不太可能：以后 100 年发生的概率低于 1%	周期模式：
最有可能受影响的地区：	
可能的持续时间：	
预警时间的可能长度： 　　□　时间最短（或没有）预警时间 　　□　6～12 小时预警时间 　　□　12～24 小时预警时间 　　□　24 小时以上预警时间	
现有的预警系统：	
是否存在脆弱性分析？ 　　□　是 　　□　否	

3）描述辖区关键要素

辖区关键要素是指被突发事件所影响以及与应急响应相关联的人员与环境。人员是指突发事件作用对象（如作为承灾体的人群）和响应处置相关单位部门的人员；环境是指地理特征、人口分布和基础设施等。辖区关键要素描述的目的是确定可能的受害对象、受害范围和应急响应的资源。预案编制人员可以参考美国联邦应急管理学院（EMI）预案编制教科书中关于辖区关键要素描述的格式，具体见表 2-5。

4）脆弱性分析

脆弱性分析是对辖区内容易遭受危险侵袭的承灾体的查找和确定。简单来说，一片辖区如果遭受一种灾害的打击，谁将会受到影响？受影响的程度如何？它们对这些影响的抵御力如何？有可能造成多大的生命、财产或经济损失？通过回答上述问题，从而找出最薄弱的环节，这就是脆弱性分析的任务。

表 2-5 辖区关键要素描述

要素	地 理	财 产	基 础 设 施	人 口 状 况	应 对 机 构
具体内容	• 主要地理特征 • 典型气候类型	• 数量 • 类型 • 年代 • 建筑法规 • 关键设备 • 潜在的间接危险	• 公共设施布局 • 通信系统的布局、特征 • 道路系统	• 人口数量、分布、密集度 • 易受攻击地区的人口数量 • 特殊人群	• 位置 • 联系地点 • 设备 • 服务 • 资源
作用	• 预测风险因素，以及潜在的危险与间接危险的影响	• 预计潜在危险对区域影响的结果 • 确定可用的资源	• 确定脆弱点 • 准备疏散路线、紧急状态通信，以及预计应对与恢复的需求	• 预计灾难对区域人口影响的结果 • 发布警报信息和公共信息	• 明确应对能力

通过脆弱性分析，确定管辖区内面对某种特定危险威胁的人群和各种财产，为设定应急响应时保护对象的优先权提供依据。脆弱性分析的对象一般是社区或地区集聚的人口、建筑、基础设施和重要设施，诸如城市、医院、学校、铁路线、通信中枢、电力设施、自来水供应系统和重要危险源等。

5）情景设置

通过识别和描述风险确定了需要被优先应对的突发事件，并通过描述辖区关键要素及脆弱性分析明确了面对突发事件需要优先/重点保护的对象后，下一步要做的则是需要设定一种突发事件的具体情景作为应急预案所针对的目标，这就是情景设置。

应急预案情景是指应急预案的适用情况、情形和环境，包括突发事件的种类、级别、发生时间、地点、预期影响范围及突发事件应对主体等。预案的情景设置是在应急预案编制中根据脆弱性分析所设定突发事件完整情节、规模和形势进行的，事实上，预案的开展和执行完全是靠情景进展驱动的，故情景可谓是预案的逻辑起点和发展的依据。

情景设置的主要内容包括事件及其规模、影响三部分。

（1）事件：首先要确定该预案所针对的是哪一类具体突发事件。

（2）事件规模：确定事件的规模，一般从影响范围、持续时间等方面来描述。

（3）事件的影响：事件的影响主要从以下几个方面考虑。

①撤离人口。人员撤离是避免伤亡的有效手段，针对事件的规模和影响范围来确定需要撤离人口的数量、范围、路线、避难所及人员安置点的数量等。

②形势发展过程。描述从事件起始到结束的全过程中各时间点、各个阶段可能发生的事件和事件影响的变化。

③人员伤亡。描述突发事件可能造成的人员伤亡数量、地理分布、人群分布、伤亡形式与特征。

④财产损失。确定财产损失的大致额度，以及损失财产的种类、分布和归属等。

⑤"生命线工程"损毁。"生命线工程"是指对社会生活和生产有重大影响的交通、

通信、供水、排水、供电、供气及输油等系统。突发事件往往会破坏"生命线工程"，给事发地居民造成生活上的不便和心理上的恐慌。情景设置时要设定生命线工程可能的损毁状况，描述可能的受损范围和程度。

⑥环境破坏。突发事件有可能给环境造成中长期的影响，甚至危及几代人的生存。因此，情景设置在涉及重大洪灾、飓风、地震、放射性事故和化学品泄漏等突发事件时，要注意特别描述可能对环境的负面影响及其程度。

⑦残存资源。确定遭受突发事件后剩余的、可用于应急响应的资源品种和数量等。

此外，情景设置还要确定一些比较敏感或特殊的因素，即可能会给突发事件应对带来影响的因素，比如时间因素，不同的时间段所造成的影响可能会大相径庭。同样一件事发生在白天还是夜晚、工作日还是节假日、平时还是特殊时期，情景设置时都要尽可能考虑到。

3. 确定职责

确定职责是指根据现行的应急管理体制，明确设定在突发事件应急响应过程中的责任人（部门、组织）及其具体职责。

1）确定职责的任务

确定职责的中心任务是回答"由谁负责处理该突发事件"的问题。该问题答案应由两个部分构成：一是处理该突发事件的职责有哪些；二是每一具体职责由谁来承担。

（1）列举应急响应的职责。面对各类突发事件，应急响应的职责大体相同，一般包括指挥调度、预警发布、风险沟通、搜寻救援、灾情控制、救死扶伤、灾后防疫、抢险保通、后勤保障、治安维护与灾民安置等。根据不同类突发事件，这些职责可能要作相应调整。例如，面对公共卫生类突发事件，可能不会有"搜寻救援""抢险保通"等任务。

（2）列举应急响应的责任人。应急响应一般由一个部门牵头，承担"支持职责"的责任人（部门、组织）都要派代表参加预案编制委员会，一般包括：各级政府主要领导、发展和改革委员会、消防部门、公安部门、民政部门、安监部门、国土资源部门、市政公司、医疗卫生部门、交通运输部门、电力公司、通信公司、气象部门、地震部门、新闻媒体、红十字会、环保部门、地方驻军和武警等。在列举应急响应责任人时，要根据不同突发事件的处置需求具体确定，不能一概而论。

（3）对应职责和责任人。建立所列举的应急响应职责与责任人之间的对应关系，可以采用列表方式，见表2-6。在明确职责与责任人的对应关系时，要确保所有职责没有遗漏且所有部门都明确了各自的职责与任务。同时，要注意各职责下的任务不能重叠，如承担后勤保障有三个部门，要细分每一个部门在后勤保障中的具体任务。为了确保任务的落实，可以绘制每一个具体职责下各项任务的结构图和任务之间的流程图，以明确履行职责与任务的衔接关系和界限，避免实施中出现推诿扯皮现象。

总之，在应急预案编制时，要注意将应急响应职责细化，以便明确不同的责任人，如"抢险保通"工作涉及"生命线工程"的若干方面，既有通信、交通、电力等大型网络性保障体系，也有燃料供应、自来水供应等地方保障体系，要分项列出不同任务及各自负责人，尽量使所编制的预案做到明确职责、细化任务、落实到人、具体到事。

表 2-6　应急响应职责与责任人之间的对应关系示例

应急响应职责	责任人
指挥调度	政府主要领导、指挥部构成人员
预警发布与风险沟通	政府、气象部门、宣传部门、新闻媒体
搜寻救援	消防队、公安部门、专业队伍、武警、军队
灾情控制	相关专业部门、消防部门、安监部门、武警、军队
救死扶伤与灾后防疫	医疗卫生部门
抢险保通	交通运输部门、电力公司、通信公司、武警、军队
后勤保障	发展改革委、交通运输部门、志愿者管理部门
治安维护	公安部门
灾民安置	民政部门、医疗卫生部、红十字会、志愿者管理部门、新闻媒体

2）确定职责的方法

确定应急响应职责的方法是根据突发事件下每个响应环节和每一项职责，来确定所有责任人（部门、组织）需承担应急响应任务的状态。状态可细分为三种，将其示例列于表 2-7：①主要任务。从始至终持续行动的牵头人和主力军进行的任务。②次要任务。为保障承担主要任务的部门能顺利开展行动，其他相关部门需要承担相应的支持性任务。③待命。

表 2-7　应急响应单位任务状态示例

职责	主要任务	次要任务	待命
抢险保通	交通运输部门	电力公司 通信公司 地方驻军和武警	政府主要领导 发展改革委 消防部门 公安部门 安监部门 气象部门 志愿者管理部门 医疗卫生防疫部门 红十字会 民政部门 新闻媒体

对于参与应急的某单个部门来说，也可以对其在整个应急响应过程中的职责和任务进行进一步的细分，见表 2-8。这种应急响应过程中各部门任务状态也可以作为应急预案的附件，分发给相关单位，供其在宣传、准备和落实预案中参考和学习。

3）确定职责的要求

确定职责的根本要求是，职责与任务的分配必须能被预案编制小组所有成员及其所代表的机构同意并接受。具体而言，突发事件的应对是各个部门的非常态工作，履行预案确定的职责和接受预案规定的任务，意味着在原来的工作职责和任务之外承担新的工作，往往需要安排新的工作机制、动员更多的资源、付出更多的精力，还要承担更大的责任。在预案编制过程中，每一个环节每一项任务的落实，可能都要经历激烈的争论、计较和讨价还价，有时还可能需要预案编制委员会主任出面协调，但最终必须落实下来，各承担单位要熟悉、掌握各自的任务，并在应急响应中不折不扣地执行。为了保证做到这一点，参加预案编制委员会的各单位代表，应该实时向本单位领导汇报和沟通应急职责与任务分配的情况。

表 2-8　交通运输部门的任务状态示例

部　门	职　责	任务状态
交通运输部门	指挥调度	待命
	预警发布与风险沟通	待命
	搜寻救援	待命
	灾情控制	待命
	救死扶伤与灾后防疫	待命
	抢险保通	主要任务
	后勤保障	次要任务
	治安维护	待命
	灾民安置	待命

4. 实施资源分析

在突发事件发生前或发生时，需要迅速调配多种资源用于应急预防和应急响应。没有对资源进行分析的应急预案，犹如空中楼阁。分析并明确面向突发事件所需的应急资源，是为科学应对处置突发事件准备恰当的武器。

1）资源分析的目的

资源是应对和处置突发事件所需要的要素，包括人力资源、物资资源、装备设施资源、信息资源和财政资源等。分析资源是为了明确：①有效的应急响应需要资源的种类、数量与规格。②在本辖区内目前拥有哪些资源。③资源现状与应急响应需求之间的关系，是短缺还是过剩。

2）资源分析的步骤

资源分析的基本方法是以任务定资源，根据上一步骤确定的应急职责和任务，分析履行职责并完成这些任务所需的各种资源和服务，进而研究和确定满足这些资源的恰当方式，具体步骤如下。

（1）确定应急响应所需的资源和服务。应急响应有若干个环节，每个具体环节都要求指定部门借助特定资源采取行动，故而，确定资源和服务总量的必要前提是根据情景设置的突发事件规模来细化各应急响应活动并列出一系列具体行动。然而，在实际突发事件发生后，各种紧急情况会对应急资源产生灾害压迫性需求，导致常态下本能满足需求的资源会因需求量激增而无法在第一时间满足需求。例如，在应急疏散路线上的道路会因形成通行高峰而堵塞，移动电话也会因使用量激增而网络瘫痪等。故在确定应急响应所需的资源和服务时，要适当留出余量并安排好补充和替代方案。

（2）分析现有资源的充足状况。明确应急响应所需资源和服务的总量后，需对本辖区现有应急资源分门别类地进行普查，通过对照各自需求总量并计算资源差额，以分析现有应急资源的充足程度。

普查时要将资源分为三种形式：储备（现货）可用、征集（含征用和采购）可用、以及生产可用。储备可用的是最直接的资源，以主要的、大宗的资源为主；征集可用的资源大多以通用物资和装备为主，考虑到在实际征集过程中，常常征集不全所需的数量、品种和规格，故而在征集可用资源计算时应该打一定折扣；生产可用是间接的资源，因为利用生产形成资源需要一定的周期，故只有非紧急需要的资源或非常用资源可考虑该形式，且需注意的是，在该项资源计算时应标明生产可用资源的形成周期。

（3）确定获得不足资源的措施。明确现有资源和服务的差额后，接着就要确定从何处、用何种方法能获得这些资源和服务。一般来说，获得不足资源的措施有以下四种：

①自己准备。各级政府和企事业单位都应该常年准备一定量的重要应急资源，并在财政预算和单位开支中预留一定比例用于购买和储备常用应急资源。应急资源储备量通常为一级应急响应时资源需求量的 50% 左右。

②申请上级政府调拨。每年中央财政和地方财政都要提专款用于准备应急资源，如民政部的救灾物资储备、水利部的防汛抗旱物资储备都有一定的规模，当受灾程度超出地方承受范围时可以申请上级政府调拨资源予以援助。

③租借、征用。为避免资源储备的浪费，针对应急救援中一些通用装备，可以选择以租借或征用的方式，以达到少花钱、多办事的目的。不过值得注意的是，通过租借或征用所获得应急资源量一般不超过资源总需求量的 20%。并且，为了确保在实际应急响应时能真正获得这些应急资源，需提前与资源所有人议定租借或征用条件和费用并确定租借或征用协议。

④民间捐赠。捐赠这种方式的不确定因素较多，若处置不恰当会增加应急救援的风险，故民间捐赠是一种值得提倡但不能过度依赖的应急资源获取方法。

（4）检查落实资源的到位情况

对于预案中明确的应急资源，通过调余补缺操作后，应该在预案公布和实施的一定时间内落实到位，以保证预案的可实现性。预案编制委员会（组）应该合理安排相关人员检查落实应急资源的到位情况。

5. 完成应急预案文本

在成立预案编制小组进行风险分析、确定职责和实施资源分析之后，需要完成应急预案文本，应急预案文本应注意满足以下技术性要求。

1）内容合法化

应急预案在编制时需依据相关法律法规和政策，这是预案内容的制约条件，必须严格遵从。同时，应急预案内容要与已经公布实施的各级政府其他预案相衔接，以避免应急职责、应急行动等的重复和交叉。

2）形式规范化

形式规范化主要体现在两个方面：结构合理、完整以及语言直白、标准。

（1）结构合理、完整是要求根据应急预案的标准格式，合理组织预案的各章节，同时确保应急预案的基本要素完整，不能出现内容缺失的情况，每个章节及其组成部分在内容上要相互衔接，尽量不要脱节和错位，且所有需要的附件应完整无缺。

（2）语言直白、标准是要求应急预案所使用的语言应明确、清晰、简短，尽量少用修饰语和缩略语，尽量采取与相关预案较一致的格式与术语。此外，遇到不常用的术语要加注解，对于重要的内容要列清单，面对操作性的内容尽量以图表的方式附以说明。

3）使用方便化

为了能发挥应急预案的最大效用，预案文本还需要考虑其使用的便利性。具体来说，在编写应急预案的时候可以适当附上使用指南，或者针对不同内容章节使用不同颜色的纸张来印刷，让使用者较容易从整个预案中找到其所需要的部分，必要时还可以考虑编制应急预案的简写本。

2.2 应急预案的审定和发布

应急预案一经发布便具有一定法律效应，故在应急预案编制完成后、正式投入实施前，应严格规范应急预案的审定、发布与备案等程序，力求发布的预案能够切实在应急救援活动中起到及时、有效的科学指导作用。

2.2.1 应急预案的审定

应急预案的审定是经过特定程序对已编制完成的预案文本进行把关和敲定的过程。我国各级政府颁布的应急预案管理办法，几乎都要求所有应急预案在备案和发布之前，必须经过审定程序。

1. 审定的内容

为确保应急预案内容完整、信息准确，符合国家相关法律法规的要求，应急预案的审定工作涉及九个方面（如图 2-4 所示）：①形式和用语的规范性。②内容的完整性。③法律依据的恰当与相符性。④情景设置的适当性。⑤响应主体的正确性。⑥响应程序的合理性和完整性。⑦响应行动的具体性和可行性。⑧应急资源的落实与保障性。⑨与其他相关预案的兼容性。

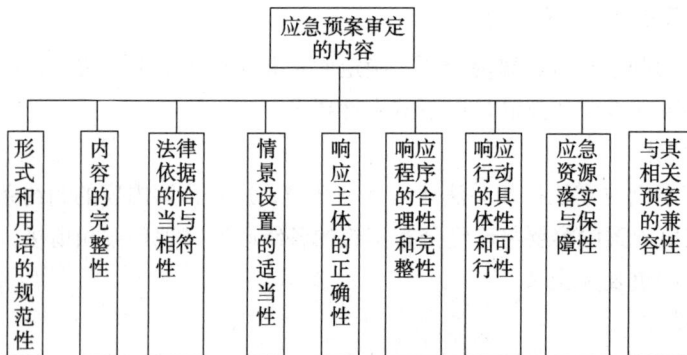

图 2-4　审定的内容

这些内容在审定中都要逐项考察。除此之外，有些专项应急预案还需要根据其所面对的特定突发事件进行相关内容的审定。

2. 审定的方法

应急预案审定的一般方法是：聘请专家组审定、委托专门的独立预案评估机构审定以及广泛征求意见等。

1）专家组评审

专家组的聘请和召集一般由编制预案的政府和单位负责，人员构成上应该包括预案编制专家、应急处置专家、相关行业技术专家和行政管理官员，专家组原则上不少于 7 人。需评审的预案和编制说明等必要材料应提前一周送至专家手中，以便专家能有足够的时间研读、审阅。为了保障评审活动充分、顺利举行，评审会可采用答辩形式举行，预案编制委员会（组）的主要成员都要参加并认真记录专家所提的意见，由预案编制负责人逐条回答专家的提问。评审会后根据各专家的总体评价和修改方向，形成《预案评审意见书》，随后预案编制人员依此意见书经正式程序修改、订正预案。须注意的是，专家在评审过程中提出的问题和相应修改记录应作为应急预案编制文件存档。

2）独立机构评估

国外一些普遍的做法是邀请专业、独立的应急预案评估机构对预案进行审定，与专家组评审相比，虽然独立机构评估的过程比较复杂、冗长（一般为几周），花费也更多，但评估方拥有完整的应急预案评估指标体系，审定结果可能会更加科学可靠。

具体而言，独立评估机构除了关注上述需审定的九方面内容外，还要对预案编制的过程作审查，主要是查看应急预案编制记录和工作通报。尤其对于应急预案中明确的响应程序、响应行动和应急资源等重要内容，评估方要到相关单位进行实地调查、确认，并将预案里的每一项内容分解为若干细节指标，针对各指标按既定程序考察后给出相应分值。最后，独立评估机构会针对所评估的应急预案给出一份全面、准确且详细的评价报告。编制方根据收到的评估报告对应急预案做相应修改，之后将修改的部分返回至评估方接受再评估，直至应急预案完全合格、通过。

3）广泛征求意见

有些政府和部门在应急预案评审环节，会将预案草稿印发至相关单位广泛征求意见或者寄送给外地专家远程咨询，这些也都是行之有效的做法，可对审定预案工作起到一定的效果。编制委员会（组）将这些广泛征求来的意见和建议进行集中收集、整理并经分析后采纳。

需要注意的是，目前我国还没有独立的预案评估机构，一般采用专家组评审法和广泛征求意见相结合的方法来进行应急预案的审定。

2.2.2　应急预案的发布与备案

1. 应急预案的发布

应急预案的发布是预案责任主体机关或主管部门对应急预案进行批准、公布和宣布生效的法律程序。部分单位虽制定了应急预案，却没有履行预案发布程序，从法律意义上讲，该应急预案不具备发生效力。

1）发布程序

应急预案评审、修订结束后，进入预案的发布程序。参考各级政府有关应急预案发布的规定，通常预案发布程序涉及如下要点：①装订规范的应急预案文件。②应急预案责任部门主要负责人会签。③准备批准材料，一般包括预案正本、编制说明、评审专家组的《预案评审意见书》以及依据该意见书对预案所做的修改说明。④按行政审批程序上报。⑤政府常务会议或企事业单位领导班子审议。⑥由主要行政首长或企事业单位主要负责人签发。

2）发布方式

政府应急预案是各级政府的法规性文件，必须按照标准的程序发布，赋予其法规效力。政府预案的发布方式由以下行为构成：①由主要行政首长签署。②通过政府新闻办、政府网站和公共媒体向社会公布并印发至相关部门，而涉密的专项应急预案应该按照保密要求公布应急预案简本或预案简明操作手册。③宣布生效日期。④向上级政府备案（选择性要求）。

相应地，企事业单位的应急预案发布方式大致相同：①由企事业单位主要负责人签署。②通过新闻媒体或其他形式向社会公布。③宣布生效日期。④向主管部门备案（必要性要求）。

2. 应急预案的备案

应急预案的备案是指按照预案管理制度相关要求到指定主管部门将预案进行存档、备查的程序。从概念上讲，备案对应急预案本身不具有审查职责，但如果主管部门认为该应急预案不合要求，就有权拒绝为其备案。国家安全生产监督管理总局发布的《生产安全事故应急预案管理办法》第二十一条规定："受理备案登记的安全生产监督管理部门应当对应急预案进行形式审查，经审查符合要求的，予以备案并出具应急预案备案登记表；不符合要求的，不予备案并说明理由。"对于企事业单位，特别是生产经营单位来说，其预案经过主要负责人签署公布后，必须到指定的部门备案。

1）备案部门

负责应急预案备案的部门一般是政府或企事业单位的主管部门，细分情况包括：下一级政府的预案报上一级政府备案（选择性）；政府的各部门应急预案报同级政府备案；企事业单位的预案备案单位是其主管部门。具体而言，涉及实行安全生产许可的普通企业，其企业总体应急预案和专项应急预案，均需按照隶属关系报所在地的县级以上地方人民政府安全生产监督管理部门和有关主管部门予以备案；而由中央管理的企业，其企业总体应急预案和专项应急预案，需报国务院国有资产监督管理部门、国务院安全生产监督管理部门和国务院有关主管部门备案，且其所属单位的应急预案分别抄送所在地的省、自治区、直辖市或者设区的市人民政府安全生产监督管理部门和有关主管部门予以备案。

2）备案的程序

目前，我国暂时没有规定政府预案的备案程序。不过，应急管理部就生产经营单位的预案，特别规定了其备案程序，主要包括以下步骤：①提交备案材料。备案材料主要有应急预案备案申请表、应急预案评审或者论证意见、应急预案文本及电子文档。②审查备案。③选择接受备案或不接受备案，若不接受备案需说明理由。

2.3　应急预案的演练

应急管理是一项复杂的系统工程，面对突发事件的应急应对过程中面临很多不确定因素，提倡对发布的应急预案开展适时的演练活动。在应急预案的演练中，相关单位组织可以通过实际模拟场景，检验和评估预案的可行性和有效性。通过应急预案的演练，相关单位组织可以发现并解决预案中存在的问题和不足，及时完善应急预案，提高应急响应的效率和准确性。

应急预案编制单位应当建立应急预案演练制度，通过采取形式多样的方式方法，对应急预案所涉及的单位、人员、装备、设施等组织演练。通过演练发现问题、解决问题，进一步修改完善应急预案。专项应急预案、部门应急预案每 3 年至少进行一次演练。地震、台风、风暴潮、洪涝、山洪、滑坡、泥石流、森林草原火灾等自然灾害易发区域所在地人民政府，重要基础设施和城市供水、供电、供气、供油、供热等生命线工程经营管理单位，矿山、金属冶炼、建筑施工单位和易燃易爆物品、化学品、放射性物品等危险物品生产、经营、使用、储存、运输、废弃处置单位，公共交通工具、公共场所和医院、学校等人员密集场所的经营单位或者管理单位等，应当有针对性地组织开展应急预案演练。

2.3.1　应急演练概述

2008 年汶川地震受灾最严重的是学校和医院，不过在紧邻受灾重县北川的安县（今安州区）桑枣中学，在地震发生后的 1 分 36 秒内，全校 2200 多名学生和百余名教师从不同的教学楼全部集中到操场，创造了"零伤亡"的奇迹。这要归功于自 2004 年，该校校长叶志平每学期都会组织全校师生进行应急疏散演练。事实上，应急演练对于提高政府和基层单位的应急能力，增强公众公共安全意识、社会责任意识和自救互救能力都具有重要意义。

1. 应急演练的概念

演练，也称现场演练，英文通常用"exercise"或"drill"来表示，是指来自多个机构、组织或群体的人员，针对实际工作中某种特殊或专一行动或功能实施的练习。美国国土安全部（DHS）出版的关于国家安全的演习手册中，对演练给出了如下定义："演练是一种协同的、管控的活动，通常用来验证单一部门或组织中某项特殊行动或功能完善与否。演练的内容主要包括评估新装备的使用效果、制定或检验新政策与新程序、训练及保持现有技能等。此外，演练还可被用来评估被择方案的实施是否达到预期目标，从而明确是否需要更多的训练。"

演练是集体性练习活动，在不同的语境里，演练有着不同的称谓。例如，在军队中称之为演习或军事演习；在教育培训机构称之为角色扮演或情景模拟；在政府机构称之为应急演练或预案演练。

应急演练属于应急管理中应急准备活动的范畴，是应急管理体系的重要组成部分，是检验应急管理机制和应急能力建设的有效手段。原国务院应急办编制的《突发事件应急演练指南》（2009 年 9 月印发）对应急演练的定义为："应急演练是指各级人民政府、企事业单位、社会团体等组织的相关部门及人员，依据编制的应急预案，模拟应对突发事件的一系列练习活动。"

2. 应急演练的目的

应急预案演练的目的是检验应急预案的可行性以及加强防范突发事件的综合能力，结合《突发事件应急演练指南》，演练的目的具体包括以下五个方面。

1）检验预案

通过开展应急演练，可以检验预案的实施效果，查找应急预案中存在的问题，进而及时修改完善应急预案，使应急预案更加符合客观实际，提高其实用性和可操作性。

2）完善准备

通过开展应急演练，检查应对突发事件所需的应急队伍、物资、装备、技术等资源的准备情况，发现不足时需要及时予以调整补充，充分完善应急前期的准备工作。

3）锻炼队伍

应急演练使参加演练者得到相应锻炼，增强其对预案的熟悉程度，使其意识到各自现有知识技能与实际应急救援所需知识技能之间的差距，预先做好补救措施，提高应急处置能力。

4）磨合机制

通过开展应急演练，进一步明确相关单位和人员岗位与职责，理顺应急工作关系，完善应急机制，增强各部门各组织间的协调合作能力，确保在尽量短时间内能有效发挥各自职能。

5）科普宣教

演练是最好的培训，通过开展应急演练，普及应急知识，切实提高公众风险防范意识和自救互救等灾害应急应对能力。

3. 应急演练的原则

参考《突发事件应急演练指南》，应急演练过程中需遵循如下原则。

1）结合实际、合理定位

应急演练需紧密结合各单位各部门实际应急管理工作，明确应急演练目的，根据相关资源条件确定演练方式和演练规模。

2）着眼实战、讲求实效

以提高应急指挥人员的指挥协调能力和应急队伍的实战能力为着眼点，重视对演练效果及组织工作的评估和考核。通过演练及时发现、整改应急预案中存在的问题并总结推广有益经验，切忌形式主义和侥幸心理，尤其不能把"演练"异化成具有宣传作用的"演出"。

3）精心组织、确保安全

围绕应急演练目的，精心策划演练内容，科学设计演练方案，周密组织演练活动，需要制定并严格遵守有关安全准则，确保应急演练参与人员及应急演练装备设施的安全。

4）统筹规划、厉行节约

为避免盲目浪费应急资源，应统筹规划整个应急演练活动，可适当开展跨地区、跨部门、跨行业的综合性演练，提倡充分利用现有资源，努力提高应急演练活动效益。

4. 应急演练人员的构成

人是应急演练活动的主体，参与演练的人员一般可分为五类，即演练人员、组织人员、模拟人员、评估人员和观摩人员。参与演练人员分类及其各自职责详见表 2-9。

表 2-9　应急演练人员构成及职责

人　员	职　责
演练人员	救助伤员或被困人员、保护财产和公众安全、获取并管理各种应急资源
组织人员	保证演练按方案进行、使演练目标充分展示、确保现场演练人员的安全
模拟人员	模拟组织或个人采取的行动、积极与演练人员互动
评估人员	观察演练人员的应急行动并记录观察结果、整理评估结果
观摩人员	观看学习演练过程

而在演练过程中，这五类参与演练人员之间的信息关联关系如图 2-5 所示，其中，实线箭头表示信息的传达与反馈。

在小规模的应急演练（如桌面演练）中，由于参与人数较少，允许出现一人兼多职的情况，但随着演练范围的增大以及参与演练人员的增多，必须清晰划分人员的职能并要求人员佩戴特定的标识。

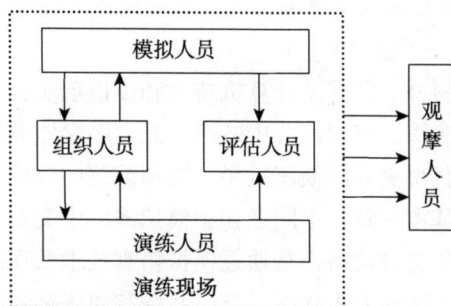

图 2-5　参与演练人员之间的信息关联关系

2.3.2　应急演练的分类

由于场地限制和时间约束，各单位需根据自身情况选择不同的演练方式。应急演练的类型按不同组织形式划分，可分为桌面演练、实战演练和模拟演练；按所涉不同内容划分，可分为单项演练和综合演练；按照不同目的和作用划分，可分为检验性演练、示范性演练和研究性演练。

1. 按组织形式划分

1）桌面演练

桌面演练是指参与演练人员（如应急组织的代表或关键岗位人员）利用地图、沙盘、流程图、计算机模拟、视频会议等辅助手段，针对事先假定的突发事件情景，讨论和推演应急决策及现场处置的过程。桌面演练通常在室内完成，其主要特点是对应急演练情景进行口头演练，演练结束后一般以口头评论的形式收集参与演练人员的建议，总结评估演练活动后形成书面报告，以期相关人员掌握应急预案中所规定的职责和程序，从而提高应急指挥决策和协同配合的能力。桌面演练形式的优点是无须在真实环境中模拟突发事件情境、无须调用真实的应急资源，应急演练成本较低，演练操作和实施较为方便；缺点是由于桌面演练不涉及具体的应急行动，导致参与演练人员的体验感不强、演练过程中应急应对的紧迫感不强。

2）实战演练

实战演练是指参与演练人员利用应急处置涉及的应急物资和应急设备，针对事先设置的突发事件情景及其后续的发展情景，通过实际决策行动和操作，完成真实应急响应的过程。实战演练以应急指挥中心为中心节点，调动各应急指挥机构、救援队伍、应急保障机构等参与演练单位的真实应急人员，以及应急装备和资源开展现场演练，从而检验和提高相关人员的临场组织指挥、队伍调动、后勤保障等应急能力，同时也有效检验应急技术和应急装备的协调性、有效性及合理性。虽然实战演练规模较大、成本较高且组织协调工作难度也较大，但其最能检验应急人员的策划和响应能力，且参与演练人员的体验感最强。不过需要注意的是，通常开展实战演练之前都需要通过桌面演练进行前期准备。

知识拓展 2-1

3）模拟演练

模拟演练是随着信息科技，尤其是计算机技术和虚拟现实技术的发展而出现的一种新型演练方式。区别于桌面演练，模拟演练中的声、光、多媒体效果能够为参演人员提供更真实和紧张的演练场景，获得更好的演练效果。模拟演练的环境设置、参演组织、演练内容、演练进程与实战演练基本一致，不同点在于模拟演练中突发事件的情景、事件态势的发展、各种应急响应行动和应对策略都是通过模拟仿真技术实现的。依托计算机网络开展多角色以及大范围的演练，能够大大降低对应急装备和演练空间的要求，能够更方便地组织跨省跨部门的联合演练，尤其适合一些重大或特别重大突发事件的应急演练。

将桌面演练、实战演练和模拟演练三种演练方式的比较列于表 2-10。

表 2-10　桌面演练、实战演练和模拟演练的比较

项　　目	桌　面　演　练	实　战　演　练	模　拟　演　练
组织方式	圆桌讨论	实际操作	模拟行动
行动压力	无时间压力	现场真实行动 具有事件和环境压力	真实时间压力，要求按实际行动时间完成
演练内容	相关部门与人员的职责和响应程序、应急处置的程序和方法（口头说明）	应急预案中要求的组织指挥、应急处置及后勤保障等综合应急能力	应急响应过程中的决策指挥和协调活动、应急处置的程序和方法（模拟操作）
演练人员	应急管理人员、指挥与协调人员、其他相关人员	各类应急响应相关人员	应急管理人员、指挥与协调人员、部分应急处置人员

2. 按内容划分

1）单项演练

单项演练是指涉及应急预案中某项应急响应功能或者现场处置方案中一系列应急响应行动的演练活动，注重针对一个或少数几个参与单位或岗位的特定环节和功能进行检

验，如对新的响应流程或程序的测试、对新型装备或特定应急技能的训练等。单项演练的
特点是目的性强，演练活动主要围绕特定的应急功能或处置方案展开，不需要启动整个应
急预案救援系统，演练的规模得到有效控制，既降低了演练成本，又达到了"实战"锻炼
效果。

2）综合演练

综合演练是指涉及应急预案中多项或全部应急响应功能的、
具有真实性和综合性的演练活动，注重对多个环节和功能进行检
验，特别是对不同单位之间应急机制和联合应对能力的检验。同
时，综合演练一般会尽可能地模拟真实事件情景，形成一种"压
力环境"，并激活预案中涉及的大部分应急行动部门和应急资源。
事实上，综合演练是最高水平的演练活动，能够较客观地反映当

案例 2-1

前地区应急救援系统应对重大突发事件所具备的应急能力，不过因其演练成本较高不宜频
繁开展。

3. 按照目的与作用划分

1）检验性演练

检验性演练是指为检验应急预案的可行性、应急准备的充分性、应急机制的协调性以
及相关人员的应急处置能力而组织的演练。检验性演练注重对应急能力的评估，无论是桌面
演练形式还是实战演练形式，都需要制定相应的检验细则，形成评估表单，以确保演练检验
的可操作性。总结评估并对评分值较低的项目进行整改跟踪，是检验性演练的重要步骤。

2）示范性演练

示范性演练是指为向观摩人员展示应急能力或提供示范教学，严格按照应急预案规定
所开展的表演性演练。示范性应急演练注重教学培训，需要根据观摩学习人员的类别、水
平和特点等进行演练设计和实施。示范性演练可分为若干个阶段，在各阶段中间可中断演
练进程并进行更细致的分析和讲解。示范性演练的成功与否，可以观摩人员的学习收获程
度和应急能力提升程度为评判依据。

3）研究性演练

研究性演练是指为研究和解决突发事件应急处置的重难点问题，试验新方案、新技术
以及新装备而组织的演练。研究性演练往往会基于一定的假设条件，设置特殊突发事件情
景，将应急应对难点问题充分暴露，然后在此基础上对新的方案进行试验和验证。

综上，如果不同类型的演练相互组合，可以形成单项桌面演练、综合桌面演练、单项
实战演练、综合实战演练、单项示范性演练、综合示范性演练等。值得一提的是，无论采
取哪种演练方式，演练的方案都必须适应突发事件应急管理的需求和应急资源条件。

2.3.3　应急演练的过程

完整的应急演练活动可以分为演练规划、演练设计、演练准备、演练实施、演练评估
与总结五阶段，如图 2-6 所示。

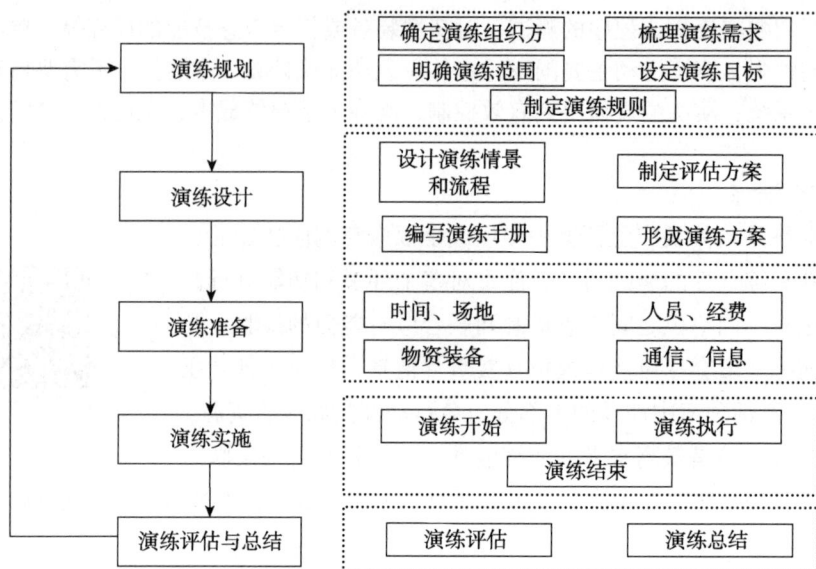

图 2-6　应急演练的过程

1. 演练规划

应急演练规划是指演练组织单位根据实际情况与应急预案的规定，对应急演练项目做出基本构想和总体计划。进行应急演练规划时，需要对演练的目标、需求和范围进行详细分析，并形成分析文本和演练规划文本。应急演练规划可以是针对某一特定演练的计划，也可以是一个中长期的系列规划，如年度演练规划等。演练规划主要包括确定演练组织方、梳理演练需求、明确演练范围、设定演练目标和制定演练规划。

1）确定演练组织方

确定应急演练的组织方，是启动应急演练项目后的第一步工作。如表 2-11 所列，根据演练规模，可以设置应急演练领导组、规划组、实施组、评估组、综合保障组等多个工作组，必要时还可以设置专门的协调办公室负责协调各方需求。各个工作组参与的演练阶段不一致，因此各组的工作人员可以有交叉。例如，规划组成员负责编制了演练方案和脚本，对应急演练流程非常熟悉，应急演练实施组成员就可以从规划组中选拔，这有利于演练任务顺利实施并使演练达到预期效果。且需要注意的是，演练组织方的核心成员应包含具有不同背景的专业人员。

表 2-11　应急演练组织方及其职责

应急演练组织方	主要任务
应急演练领导组	负责统筹、指挥、协调演练全过程中的各项工作
应急演练规划组	负责梳理演练需求、目的、目标等 负责设计演练方案，编制演练脚本与演练手册等
应急演练实施组	负责演练实施过程中的组织、指导、协调等工作
应急演练评估组	负责设计演练评估方案，组建评估团队，开展演练评估
应急演练综合保障组	负责演练的综合保障工作，包括人、财、物及安全保障

2）梳理演练需求

应急演练的主体是组织者和参与演练者，所以在梳理演练需求时应该从这两方面入手。经过充分调查与分析，在清楚了解组织者与参演者需求的基础上，得出应急演练需求结论。

首先，应急演练的组织者一般是某一级行政组织、企事业单位或其他培训机构，分析组织者需求就是充分了解、清楚掌握其组织演练的初衷，明确该组织想要通过演练解决哪些问题、提高哪些应急能力、改进哪些应急应对工作。在分析过程中，要收集的关键信息有：上级领导的要求、组织机构的系列演练规划、以往突发事件处置或演练的总结报告和改进计划、区域的风险评估报告、相关的预案和程序、有关的资助协议或合作协议等。

其次，应急演练的参演者是期望通过演练提升应急能力的主体，因此应急演练的规划必须充分考虑参演者的需求和实际水平。通过收集和掌握参演者所在机构的应急演练需求、参演者接受过的应急培训、参演者已有的应急处置经历等背景信息，分析其对应急演练的期望和要求。

3）明确演练范围

明确演练范围是指对演练的突发事件类型与等级、演练的类型、演练的主要参与方、演练中要体现的应急应对机制、演练的时空范围、演练的经费预算、可调用的资源等要素进行界定。

（1）演练事件的类型与等级。演练规划要确定演练哪种突发事件、突发事件的严重程度和对应的响应等级，可以只选择单一灾害类型进行演练，也可以选择面对一条灾害链以增加演练的复杂程度。

（2）演练的类型。依托设定的突发事件情景，确定开展何种演练，可以选择单独的演练方式，也可以多种方式相互结合开展演练活动。

（3）演练的主要参与方。根据突发事件类型所对应的应急预案，确定演练的主要参与机构，并根据所选的演练类型，确定组织者和参与演练者的合适人选。

（4）演练中要体现的应急应对机制。应急演练体现的主要是应急处置与救援阶段的工作机制，如快速评估机制、决策指挥机制、协调联动机制等。此外，在演练规划阶段还需明确与应急应对机制相对应的各参与方职责。

（5）演练的时空范围。根据历史案例和风险评估结果，选择典型的事件发生区域范围和时间范围，将演练中的重点和难点突显出来，以便后续的演练场景设计。

（6）演练的经费预算与可调用的资源规划。根据演练的类型和参与方，对演练所需的财力和物力等资源进行规划。

4）设定演练目标

应急演练目标，是指演练需要完成的主要任务和需要达到的效果。一个完整的演练目标应包含如下要素：

（1）执行者，即由谁来完成该演练目标对应的演练任务。

（2）演练任务，即对于该演练目标，执行者需做出的具体行动。

（3）触发条件，即在什么条件下执行者做出行动。

（4）依据标准，即执行者依据什么要求或标准做出行动。

（5）行动效果，即执行者执行具体行动所需达到的效果。

演练目标是为了落实演练目的而分解出来的具体的、可量化考核的工作指标，是后续设计演练方案的具体指针，也是演练评估的重要依据。演练目标的设置要因人而异，对于缺乏应急实践经验的参演者，演练目标的难度要适当降低，主要集中在成员之间有效沟通、对应急流程的掌握等方面；对于多次参与演练的人员，则可以设置难度较大的演练目标，如尝试进行风险态势分析、风险评估和风险预判预警等。

5）制定演练规划

演练规划是对应急演练需求、范围和目标的全面描述，也是对演练项目的安排计划、工作进度、应急物资与经费来源等保障性事务的详细阐述。在应急演练规划的后期，需着手撰写应急演练规划书（也称为应急演练计划书），撰写好的演练规划书经多次修改完善后上报有关决策领导审核确定，并下发至各参与演练单位学习。

2. 演练设计

应急演练设计是指为演练活动设计演练脚本，勾画突发事件初始情景和事件的动态清单，并根据演练脚本制定详细工作文件（如各参与方的工作手册和各类表单）的过程。演练设计主要包括设计演练情景、设计演练流程、制定评估方案、编写演练手册、形成演练方案。

1）设计演练情景

演练情景设计是指针对拟演练的突发事件设计一系列有逻辑关系的情景，包括突发事件和次生、衍生事件，目的是让参演人员在演练过程中犹如置身真实的事件环境一般，以便对情景事件的更替和变化作出真实的应急反应。换言之，演练的开展需要由一个初始事件来触发，初始事件可能是自然灾害等不可抗因素或偶然因素，也可能是人为失误或蓄意破坏。演练情景设计主要包括事件体系设计和场景设计。

（1）事件体系设计。突发事件类型的选择需贴合演练所在地实际风险评估的结果，选取所在地易发生或危害大的突发事件，更能增强应急演练的针对性和实效性。对于小规模的模拟演练，可以只设置单一事件，并基于该事件设计应急救援的场景；而对于大规模的应急演练，则可以将初始事件设为原生事件，在其后续发展过程中触发系列次生、衍生事件，进而形成一个事件体系，原生事件与次生、衍生事件互相叠加、耦合，形成更为复杂的局面，以考验应急组织的综合应急能力。

无论演练面对的是单一事件还是复杂事件体系，事件信息包括：①事件基本信息，如事件发生的时间、地点、事件类型等。②事件初始信息，如启动应急演练时事件的基本情况描述、可能影响的区域范围等，这是应急演练的逻辑起点。③事件演变信息，描述事件的发展过程，可以采取事件树的形式，结合时间轴将单个事件拆分成若干个更具体的事件，设置事件发展的重要节点或者列出可能触发的次生、衍生事件等。

确定好应急演练的事件体系后，就可以围绕事件的发生及发展，设计演练场景。

（2）演练场景设计。演练场景描述的是应急组织需要应对的场景，包括四方面的内容：①事件发生的地理环境、气象条件、人口、经济、区划等自然场景和社会场景。②事件造成的影响，如人员伤亡情况、经济损失情况、重要设施（如道路、通信、水电供给等）破坏程度、暴露的风险隐患等。③参与演练者的应急救援能力，包括应急装备配置情况、专业队伍建设情况、应急场所资源保障能力等。④先期处置措施，包括事发地有关部门、社会组织或民众已经采取的措施，如发出预警、赶往现场、先期救护等。

值得注意的是，较大规模的应急演练场景往往是动态的。尤其在复杂事件体系的推动下，极易形成动态的演练场景，如气象条件恶化、人员伤亡扩大、基础设施失效、资源保障不足、救援能力降低、风险隐患演变成新的突发事件等。

事实上，有关演练情景，可以用一段文字将上述各方面内容描述出来，也可以用一个情景设计表来描述，如表 2-12 所示。

表 2-12　演练情景设计表

事 件 信 息		
演练时间		
演练地点		
初始触发事件		
事件体系（事件链）	事件 1：	
	（突发事件类别）	（详情）
	事件 2：	
	（突发事件类别）	（详情）
	事件 3：	
	（突发事件类别）	（详情）
场景信息		
事件 1：		
区域自然场景		
区域社会场景		
事件初始影响		
区域应急救援能力		
先期处置情况		
事件 2：		
事件 3：		

表中事件 2、事件 3 等的场景信息，如和原生事件一致就可不必列出，若是专属情况或特殊情况则需单独列出。其中区域应急救援能力一栏，并不一定与参演者所在区域的实际能力相符，而应根据演练设计来填写。具体地，如若演练的目标是检验参演者跨区域协调联动能力，则区域应急救援能力栏可以有目的性地设计评价协调应急能力，同时可在演练过程中要求参演者与周边区域进行协商，尽量实施跨区域调动应急救援力量以达到演练的目的。

2）设计演练流程

应急演练涉及一些主体性要素，具体指演练的各参与方，包括组织者、模拟者、参演者、评估者和观摩者。演练流程是由组织者、模拟者和参演者三方共同参与及推动的，评估者和观摩者在演练过程中只扮演观察和评判的角色，不影响整个演练流程。在设计完事件体系和演练场景之后，针对每个具体的突发事件，以应急预案及相关法律法规为依据，明确组织者的控制方案、模拟者的角色扮演、参与演练者的应急职责及相应预期行动等。

（1）情景信息清单。组织者和模拟者通过将演练情景内容具化为一系列信息，按时间顺序动态发布给参演者，以达到控制演练进度的目的。具体可参考表 2-13 中所列的项目来制定情景信息清单。不过，在复杂应急演练中，一个事件往往需要多条信息来表达，如面对建筑火灾事故，参演者扮演的应急指挥部会收到来自医院、消防、群众、媒体等各方面的多条信息。

表 2-13　情景信息清单

事件	序号	时间	发布者	接收者	发布方式	信息类型	信息内容	备注

（2）预期行动。演练的组织方期望参演者在具体事件和场景驱动下做出准确应急决策和响应的行为，就是预期行动。判断预期行动设计是否合理，主要参考有关法律法规、应急预案标准化操作程序等。在设计演练流程时可以采用预期行动计划表的形式（见表 2-14），针对每个演练事件和演练目标，梳理出演练的预期行动。

表 2-14　预期行动计划表

预期行动计划表			
事件			
演练目标			
预期行动		参演角色	职责
1			
2			

演练流程的设计成果一般是以演练脚本的形式呈现。演练脚本至少应包含五方面要素，即时间、地点、情景说明、行动主体和预期行动。一个完整的演练流程可以从事件接报开始，包含预测预警、定级研判、启动预案、应急处置和善后处理等多个阶段。对于一些针对性较强的单项演练，可以只涉及其中某个或某些特定演练流程。

3）制定评估方案

应急演练的评估方案通常包括以下要素：

（1）演练信息。包括演练的目的和目标描述、事件体系与场景信息清单、演练中的角色/职责/任务分配表、预期行动简介等。

（2）评估内容。根据演练目标，归纳本次演练需评估的主要方面，如应急指挥调度、应急信息共享机制、应急协调联动能力、媒体应对等。

（3）评估依据。列出需要评估员阅读的，与演练最直接相关的应急预案和标准化操作规范文件等。

（4）评估方式。确定演练采取哪些评估方式以及拟以哪种评估方式为主。

（5）评估程序。以时间表的形式列出演练实施前的预备程序、演练实施过程中的观察与记录程序，以及演练后评估总结阶段的行动程序。

（6）评估员。确定评估团队的构成和人数，同时明确评估责任人。

（7）工作计划。按时间顺序列出接下来的评估工作计划。

（8）所需工具。列出完成评估工作所需的工具清单以及工具筹备责任人。

（9）文件清单。列出完成评估工作所需的文件，包括评估工作手册和表单、使用说明等。

（10）注意事项。如演练现场划分，评估员的位置、着装、纪律和安全须知等。

（11）附件。演练评估要用到的相关表格、组织者/评估组长等人的联络方式等。

4）编写演练手册

演练手册是指导演练实施的详细工作文件，包括导调员（对演练进程进行导演、调控的人员）手册、模拟员手册、评估员手册、参演者手册和观摩者手册。具体而言，导调员手册和评估员手册一般会包含详细的场景信息、职责分工和工作程序。模拟员手册通常包含与其相关的部分场景信息、所扮演的角色说明和行动安排。参演者手册提供演练概述、介绍演练的目的和目标、参演者的职责分配。观摩者手册通常包括演练的基本情况介绍、观摩位置、注意事项等。

这里以导调员演练手册为例，展示其内容结构主要包括：①手册的目的和作用。②演练范围概述。③演练的目的、目标。④导调员角色、职责和工作流程。⑤演练初始场景、各种外围条件假定。⑥相关参演者的职责分工。⑦相关预案或标准化操作程序。⑧演练前对导调员的指导与培训工作安排。⑨演练后的反馈、总结以及评估报告等后续工作安排。⑩演练场景信息清单。⑪导调员、参演者、模拟者、评估员联系方式。⑫演练场地布置图及导调室布置图。⑬安全须知。

5）形成演练方案

在上述演练规划、情景设计、演练流程设计等工作完成后，就可以形成一个全面的演练方案上报有关部门批准。演练方案是一个系列文档，可以说是对整个演练规划和演练设计过程的总结及成果汇总。

3. 演练准备

应急演练准备是指根据演练脚本进行演练前的综合保障工作，如人员、经费、场地、物资、器材、通信和信息等保障。良好的准备工作是演练活动顺利开展的前提。

1）时间与场地保障

应急演练需要协调一个合适的时间将组织者、参演者、模拟者、评估者和观摩者聚集在一起。通常，一个大型的应急演练会在演练规划阶段就提前半年到一年来确定演练时间范围，而在演练准备阶段会进一步明确具体的演练时间点。

不同类型的演练对场地与环境要求不同。例如，桌面演练安排在室内环境即可，根据演练的情景和流程设计，可能需要一些多媒体设备辅助；实战演练则需要协调较大的室外环境，需设置集结点、接待站、指挥部、供应站、救护站以及停车场等功能区，同时需要拥有良好的交通、卫生和安全保障条件，实战演练尽量避免干扰公众的生产和生活。不过，无论哪种类型的演练，组织方都需要实地勘察和测试，并给演练各参与方划定活动范围，以确保演练过程中参演者的行动受到最低限度的干扰。

2）人员保障

演练实施过程中，现场人员主要有导调员、模拟员、参演者、评估员、观摩人员以及保障人员等。在演练准备阶段就要确定各个小组的主要责任人、人数、联系方式并制成人员信息表，各单位应合理安排演练所涉人员的日常工作，以确保相关人员能按时参与演练活动。

除了保障人员能按时、按量参加演练之外，更重要的是确保参加演练人员的质量，故而在演练开始前需要进行必要的演练人员动员和人员培训。动员是为了让各参与方正确认识到应急演练的重要性，务必以实战的态度应对每项演练任务，进而提升应急演练的真实性。培训是为确保所有演练参与人员掌握演练规则、了解演练情景以及熟知各自在演练中的任务。

所有演练参与人员都要经历有关应急基本知识、演练基本概念、演练现场规则等方面的培训。具体来讲，对演练控制人员要进行岗位职责、演练过程控制和管理等方面的培训；对评估人员要进行岗位职责、演练评估方法和评估工具使用等方面的培训；对参演人员要进行应急预案的培训，尤其对参演人员中的指挥人员要进行形势分析方法以及决策流程的培训，对参演人员中的专业应急队伍要进行应急技能、应急装备及个体防护装备使用等方面的培训。

3）经费保障

在应急演练规划阶段，演练组织方需就应对演练的经费预算做好规划，并要求各参与方将演练经费纳入各单位系统年度预算中。在演练准备阶段，需在确认经费到位的前提下根据演练方案对经费进行核算和使用。财务部门应对演练经费的使用情况进行监督检查，以确保专款专用、节约高效。

4）物资装备保障

演练过程中要用到的物资和装备需要在演练准备阶段做好制作、清点和调试工作，尤其应急类物资和装备应避免临时筹备。综合保障组应指定专门人员进行应急物资的管理工作，在演练前做好清点工作、演练中做好发放工作、演练后做好回收和核对工作。

演练所需的物资和装备具体包括：

（1）演练情景模型。搭建必要的情景模型以增强演练场景的真实性，或准备好演练沙盘等装置设施。

（2）应急物资。由于演练面对突发事件种类不同，需准备的应急物资也有所区别，一般包括：用于安置受灾群众的帐篷、衣被、食物；用于照明、通信、交通运输的基础设备；用于医疗救护的药品；用于人体防护的面罩、防护服等。

（3）专业队伍的应急装备。应急装备有时应由各参与演练者准备，比如医疗救护队伍的医用设备、消防队的消防装备、公安的警用装备等。

（4）辅助设备。主要包括用以区别不同角色的标牌或服装、办公设备、录音摄像设备、信息显示设备等。

（5）生活物资。若演练时间跨度较长，还需要准备各参与演练方的生活保障类物资，如方便食品、日用品等。

5）通信保障

在应急演练过程中，导调及指挥命令的下达、现场信息的上传、参与演练者之间的协同都需要实时可靠的信息传输通道。除了要确保基础通信网络畅通之外，针对某些特殊情况，比如在无人区或偏远山区等存在通信盲区的地方，还需要考虑架设临时通信网络。尤其在一些应急演练中，通信保障本身也是演练的主要内容之一，以检验参演者在恶劣环境中使用多样化通信技术的能力等。若演练情景设计中有检验通信保障此项内容时，在演练准备阶段就需考虑选择有通信盲区的场地，或需准备好可随时切断某种通信网络的措施。

案例 2-2

6）信息保障

应急响应过程中会涉及大量且多源的信息汇总与分发，信息保障主要包括两个方面：

（1）信息内容的保障。信息内容保障包括应急预案和演练方案的纸质文本、给各演练参与方的表单、演练场地的地图及各类专题图（如演练涉及区域的行政区划图、基础设施分布图、应急资源分布图和风险隐患分布图等）、预先录制好的视频音频信息等。

（2）信息展示的保障。信息展示保障包括支撑信息流转和信息展示的软件平台、虚拟现实眼镜、各类显示屏、展板和告示板、图纸、录音及广播设备等。

4. 演练实施

应急演练实施包括演练启动或导入（如发布预警或启动响应）、演练正式实施、演练结束或中止、演练后初步总结等环节，演练实施流程如图 2-7 所示。

演练启动或导入 → 演练正式实施 → 演练结束或中止 → 演练后初步总结

图 2-7　演练实施流程

1）演练启动或导入

无论演练是否提前通知，都需要有演练启动或导入的形式。这个形式可能是一场正式的启动仪式，也可能是一个市民的报警电话、一则广播系统播报的预警信息，或者是一条正式渠道上传的灾情报告。

2）演练正式实施

初始场景发布之后，演练进入正式实施阶段。演练的实施包括按计划组织的实施过程、临时局部调整等，该过程由总导调官（或主持人）及各导调员组成的导调小组把控，由参与演练者和模拟者共同完成。

3）演练结束或中止

当所有演练行动实施完毕后，由导调员正式宣布应急演练结束。如果在演练时真正出现突发事件，由总导调官宣布立即启动演练中止程序。

4）演练后初步总结

在演练结束后第一时间组织参与各方反馈和点评，这是所有演练参与者之间相互学习的最好时机。此时，应急演练评估报告尚未形成，故主要形式是演练参与各方的发言，以阐述事实为主，辅以初步的反思和感想等，也可以请参与演练者现场填写反馈表。

5. 演练评估与总结

应急演练评估与总结是在全面分析演练记录的基础上，针对应急演练活动的组织过程、参与演练者的表现进行反思和评估，填写演练评估表单，并形成演练评估报告的过程。演练评估表可参考表 2-15 的示例。

表 2-15　演练评估表示例

演练日期		开始时间			结束时间	
主要评估对象						
演练场所						
评估者姓名			联系方式			
任务 1：						
评价细则	完成情况			不适用	备注	
	满足要求	不满足	未被观察			
任务 2：						
评价细则	完成情况			不适用	备注	
	满足要求	不满足	未被观察			
任务 3：						
评价细则	完成情况			不适用	备注	
	满足要求	不满足	未被观察			
演练过程中存在的问题：						

年　月　日

演练评估是一个三方参与的过程，由演练评估组主导、演练组织者辅助，演练评估的对象包括参与演练者和演练组织者。对参演者而言，演练评估工作能促使其更好地理解应急行动需求，反思自身表现，进而发现其在应急预案、应急组织、应急人员、应急机制、应急保障等方面存在的问题，以便积累应急处置经验，提高解决实际问题的能力。对演练组织者而言，演练评估工作则能辅助其完善应急演练的流程和方法，提高自身应急演练组织能力，进而不断提升应急演练的实用性和适用性。

演练结束后，由演练组织者牵头，根据演练记录、演练评估报告、应急预案、现场总结等材料，对演练进行系统而全面的总结，形成演练总结报告。演练总结报告的内容可包括演练目的、演练的时间和地点、参与演练的单位和人员、演练方案概要、演练发现的问题与原因、经验和教训，以及改进演练有关工作的建议等。

2.4　应急预案的评估与修订

《突发事件应急预案管理办法》第三十四条规定："应急预案编制单位应当建立应急预案定期评估制度，分析应急预案内容的针对性等、实用性和可操作性等，实现应急预案的动态优化和科学规范管理。"在应急预案演练完成之后，需要对预案进行评估，主要包括评估应急预案的内容、结构以及预案设定的相关指标。根据预案评估结果及应急预案演练过程中出现的问题，对应急预案进行相应的修订。

2.4.1　应急预案的评估

应急预案评估是指应急预案的管理部门组织相关专家，运用科学的方法，按照一定程序对应急预案形式与内容的科学性、完备性和有效性进行评价的过程。应急预案形式评估可参照表 2-16。

表 2-16　应急预案形式评估

评估项目	评估内容及要求	评估意见
封面	封面包含应急预案编号、应急预案版本号、生产经营单位名称、应急预案名称、编制单位名称、颁布日期等完整内容 应急预案封面反映的内容正确、合理	
批准页	有批准页 批准页的内容对应急预案的发布和实施提出具体要求 批准页经过应急预案发布单位主要负责人签批或经过发布单位签章 应急预案签发日期（年、月、日）应与应急预案封面的颁布日期一致	
目录	有目录（简单的应急预案可省略） 目录结构完整，包含批准页、附件等内容 目录层次清晰合理 目录的页码与实际内容页码相对应	
正文	文字通顺、语言精练、通俗易懂 正文段落结构清晰、层次明显、编排合理（名称、顺序、大小等） 正文无错别字，同类文字字号统一 正文文字通常采用宋体或仿宋，不采用特殊的艺术字体	
附件	应急预案附件齐全，编排顺序清晰合理 附件如有序号，使用阿拉伯数字 附件左上角标识附件，有序号时标识序号，附件名称后不加标点	
装订、印刷	一般采用国际标准 A4 型版面印刷 页码套正、字面不花不白且无断划 左侧装订（特殊除外），不掉页 纸质文本裁切光滑、无毛茬或缺损	

目前，我国面向突发事件应急预案的评估工作仍没有一个统一的界定和标准，学术界有关应急预案评估的方法分为定性评估、定量评估以及定性与定量相结合的评估。定性评估主要是对预案本身的内容和结构设定的评估；定量的评估主要是对预案设定的某些指标

进行分级计算的评估。常见的预案评估方法有综合评分法、模糊综合评价法、层次分析法、故障树分析法、责任矩阵分析法等，本节选择两种较典型的方法进行详细介绍。

1. 层次分析法

层次分析法（analytical hierarchy process，AHP）是由著名运筹学家托马斯·塞蒂（T. L. Saaty）于 1973 年提出的定性与定量相结合的评价决策分析法，它是将现代管理中复杂的相关关系转化为定量分析问题的一种有效评价方法。层次分析法一经提出后，不论在理论研究还是在管理实践中都得到极为广泛的发展与应用。下面简述层次分析法的基本思路和实施步骤。

1）建立递阶层次结构

用层次分析法进行评价时，首先要把问题层次化，建立一个递阶层次结构。即通过对所面临的问题深入分析后，根据问题性质和需达到的总目标将其分为不同组成因素，并按照各因素间的相互关联及从属关系，将相关因素划分成不同层次，再进行分类组合，形成一个多层次结构的分析模型。这些层次主要包括目标层、判断层和方案层。

具体而言，目标层表示解决问题的目标，即层次分析法需要达到的总目标。判断层表示采取某方案来实现预定总目标所涉及的中间环节，它包括准则层与指标层，在分析较复杂的评价问题时，某一个准则因素还可细分为几个具体的指标，指标也可分为多个层次。方案层表示要选用来解决问题的各种方案、策略与措施。所述递阶层次结构与各因素间的从属关系如图 2-8 所示。

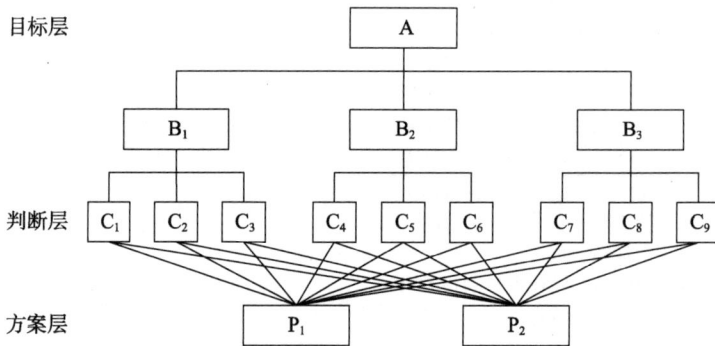

图 2-8　递阶层次结构

理论上，关于层次结构的层数以及同一层次因素的个数，可依据不同问题的不同评估需求而定，不过塞蒂建议为避免决策者对准则相对重要性的判断产生偏差，同一层次的因素个数最好不超过 7 个。

2）构造判断矩阵

建立递阶层次结构后，上下层因素之间的隶属关系就确定了。判断矩阵表是针对上一层次几个因素和下一层次几个因素之间进行相对重要性两两比较的结果。通常会请评价专家采用头脑风暴法或德尔菲法等方式进行因素比较以确定判断矩阵。为了使此评价决策判断定量化，一般依照其不同相对重要程度分别赋予 1～9 的比例标度，比例标度的具体含义如表 2-17 所示。

表 2-17　判断矩阵比例标度及其含义

标度值	含　义
1	表示两个因素相比，一个因素比另一个因素的重要程度：同样重要
3	表示两个因素相比，一个因素比另一个因素的重要程度：稍微重要
5	表示两个因素相比，一个因素比另一个因素的重要程度：明显重要
7	表示两个因素相比，一个因素比另一个因素的重要程度：强烈重要
9	表示两个因素相比，一个因素比另一个因素的重要程度：绝对重要
2、4、6、8	上述两相邻判断的中间值
倒数	对角线两边的值呈倒数关系

假设因素 B_k 下有因素 A_1，A_2，…，A_n 与之有关联，则经两两比较后得到 B_k 下的判断矩阵如表 2-18 所示。

表 2-18　判断矩阵例表

B_k	A_1	A_2	…	A_n
A_1	1	a_{12}	…	a_{1n}
A_2	a_{21}	1	…	a_{2n}
⋮	⋮	⋮		⋮
A_n	a_{n1}	a_{n2}	…	1

注：$a_{ij} = 1/a_{ij}$

3）单排序权重计算

在层次分析法中，可以采用常见的特征向量法来计算单排序权重，其数学原理如下：

若要比较 n 个方案，分别用权重 $w_1, w_2, \cdots, w_n$ 表示各方案相对重要程度，那么对这 n 个方案作两两比较，可得到它们的判断矩阵 A 为

$$A = \begin{bmatrix} w_1/w_1 & w_1/w_2 & \cdots & w_1/w_n \\ w_2/w_1 & w_2/w_2 & \cdots & w_2/w_n \\ \vdots & \vdots & \ddots & \vdots \\ w_n/w_1 & w_n/w_2 & \cdots & w_n/w_n \end{bmatrix} = (a_{ij})_{mn}$$

将判断矩阵 A 与权重向量 $W = [w_1, w_2, \cdots, w_n]^T$ 相乘，其结果为

$$AW = \begin{bmatrix} w_1/w_1 & w_1/w_2 & \cdots & w_1/w_n \\ w_2/w_1 & w_2/w_2 & \cdots & w_2/w_n \\ \vdots & \vdots & \ddots & \vdots \\ w_n/w_1 & w_n/w_2 & \cdots & w_n/w_n \end{bmatrix} \begin{bmatrix} w_1 \\ w_2 \\ \vdots \\ w_n \end{bmatrix} = \begin{bmatrix} nw_1 \\ nw_2 \\ \vdots \\ nw_n \end{bmatrix} = nW$$

从式子 $AW = nW$ 可以看出：权重向量 W 正好是判断矩阵 A 对应于特征根 n 的特征向量。

根据矩阵理论可知，n 为判断矩阵 A 的唯一非零解，也是最大的特征根，而权重向量 W 则为最大特征根所对应的特征向量。因此，计算各方案的权重就转变为求判断矩阵最大特征根所对应特征向量的问题。

4）一致性检验

理论上来讲，以上求出判断矩阵 A 的最大特征根应该为 n。但实际情况往往有偏差，

这是因为对于多个复杂因素进行两两比较时，很难做到判断完全一致，最终形成的判断矩阵可能存在估计误差，如此就会导致判断矩阵 A 最大特征根出现计算的偏差。因此，为了保证评估结论的可靠性，通常需要对最大特征根做一致性检验。一致性检验的具体步骤如下：

第一步：计算一致性指标 CI ，$CI = \dfrac{\lambda_{\max} - n}{n-1}$ ，其中 $\lambda_{\max}$ 是最大特征值。

第二步：计算随机一致性指标的平均比例 CR ，$CR = \dfrac{CI}{RI}$ 。式中 RI 表示同阶平均随机一致性指标，其值如表 2-19 所示。

表 2-19　同阶平均随机一致性指标值

n	1	2	3	4	5	6	7	8	9	10	11
RI	0.00	0	0.58	0.9	1.12	1.24	1.32	1.41	1.45	1.49	1.52

当 $CR < 0.1$ 时，则判断矩阵具有满意的一致性，可使用计算出的各方案权重；否则，就需要调整判断矩阵，直到达到满意的一致性为止。

5）层次总排序权重计算

计算完各层的单排序权重并执行好一致性检验后，就可以计算同一层次所有指标对于上一层次各指标相对重要性的总排序权重。层次总排序权重计算的这一过程实际就是由高到低逐层计算权重值（如表 2-20 所示），采用线性加权和的方法来计算，最终按照各方案对于总目标的权重实施排序，从而评估出各方案的优劣。

在表 2-20 中的层次结构中，某一层次 A 包括 m 个元素 A_1 ，A_2 ，$\cdots$ ，A_m ，其层次总排序权重分别为 a_1 ，a_2 ，$\cdots$ ，a_m 。而层次 A 的下一层 B 包含 n 个元素 B_1 ，B_2 ，$\cdots$ ，B_n ，B 层中各元素 B_i（$i = 1, 2, \cdots, n$）的单排序权重分别为 b_{1j} ，b_{2j} ，$\cdots$ ，b_{nj} ，若 B_i 与 A_j 无联系，$b_{ij} = 0$ 。

表 2-20　层次 B 的总排序权重值计算

B 层次	A 层次				层次 B 总排序权重
	A_1	A_2	$\cdots$	A_m	
	a_1	a_2	$\cdots$	a_m	
B_1	b_{11}	b_{12}	$\cdots$	b_{1m}	$\sum\limits_{j=1}^{m} a_j b_{1j}$
B_2	b_{21}	b_{22}	$\cdots$	b_{2m}	$\sum\limits_{j=1}^{m} a_j b_{2j}$
$\vdots$	$\vdots$	$\vdots$	$\vdots$	$\vdots$	$\vdots$
B_n	b_{n1}	b_{n2}	$\cdots$	b_{nm}	$\sum\limits_{j=1}^{m} a_j b_{nj}$

综上，层次分析法能够汇集专家学者及各层面实际参与决策者的意见，将错综复杂的评估决策系统简化为逻辑明了的要素层级系统，可为决策者提供选择合理方案的充分信

息，有效降低决策失误的风险。不过，应用层次分析法时若所选的要素不合理或其含义混淆不清，抑或是要素间的关系不正确，都会降低层次分析法应用实施的质量，甚至导致层次分析法评估决策的失败。为保障所建递阶层次结构的合理性，需把握一些原则。例如，对问题进行简化和分解时要注意把握主要因素，尽量做到不多、不漏；要注意用来相比较因素之间的强度关系，相差太悬殊的因素不适合在同一层次进行比较；同一层次的因素个数最好不超过 7 个。

2. 模糊综合评价法

模糊综合评价法是一种基于模糊数学的综合评价方法，该方法是根据模糊数学的隶属度理论把定性评价转化为定量评价，即用模糊数学对受到多种因素制约的事物或对象作出一个总体的评价。具体而言，人们在评价事物时，往往会参考相关经验和过往数据从多种因素出发对事物做出一些模糊评价，如"大、中、小""高、中、低""优、良、可、劣""好、较好、一般、较差、差"等这样模糊的描述。为了对这些模糊描述作出更精确的评价，可通过模糊数学理论分析计算，将这些定性描述转化成定量化的综合评价结果。下面对模糊综合评价法的一级评估模型和关键步骤作简要介绍。

（1）确定评价对象的因素（指标）集，用 $U = \{u_1, u_2, \cdots, u_m\}$ 来表示，其中 m 指某单因素中包含 m 个评价指标。

（2）确定评价集，用 $V = \{v_1, v_2, \cdots, v_n\}$ 来表示，通常，n 取[3, 9]中的整数。

（3）对单因素进行评价，得到隶属度向量 $r_1 = (r_{i1}, r_{i2}, \cdots, r_{in})$，进而形成隶属度矩阵 R，

$$R = \begin{bmatrix} r_{11} & r_{12} & \cdots & r_{1n} \\ r_{21} & r_{22} & \cdots & r_{2n} \\ \vdots & \vdots & \ddots & \vdots \\ r_{m1} & r_{m2} & \cdots & r_{mn} \end{bmatrix}$$。在隶属度矩阵 R 中，第 i 行第 j 列元素 r_{ij} 表示某被评事物第 i 个

因素（指标）u_i 对评价集中第 j 个元素 v_j 的隶属度。

（4）确定因素集的权重向量 $A = (a_1, a_2, \cdots, a_m)$。一般情况下，$m$ 个评价因素对评价事物并非是同等重要的，故而在隶属矩阵和权重合成之前要确定模糊权重向量。在模糊综合评价中，权重向量 A 中元素 a_i 本质上是因素 u_i 对模糊子集的隶属度，因而要在合成前进行归一化处理。

（5）计算综合评判向量，利用合适的算子将权重向量 A 与各被评事物的隶属度矩阵 R 进行合成，得到模糊综合评价结果向量 B。

$$B = A^0 R = (a_1, a_2, \cdots, a_m) \begin{bmatrix} r_{11} & r_{12} & \cdots & r_{1n} \\ r_{21} & r_{22} & \cdots & r_{2n} \\ \vdots & \vdots & \ddots & \vdots \\ r_{m1} & r_{m2} & \cdots & r_{mn} \end{bmatrix} = (b_1, b_2, \cdots, b_m)$$

式中，b_j 是由 A 与 R 的第 j 列运算而得，它表示被评事物整体上对 v_j 的隶属程度。

（6）根据隶属度最大原则做出综合评判。上述模糊综合评价法具有结果清晰、系统性强的特点，能较好地针对性处理那些模糊的、难量化的方案选择问题，尤其适合面向非确定性问题实施评估，常被用于应急预案评估中。

2.4.2 应急预案的修订

应急预案编制是一个持续的过程，即使在预案公布并实施之后，有时也还需要根据突发事件不断变化情况或预案演练检验情况等适时地修订。

1. 应急预案修订的条件

当出现下面某些情况时（如图 2-9 所示），往往会引发和促使应急预案的修订：①经历了突发事件并启动了应急响应，发现了应急预案中存在的缺陷和不足。②经历了应急演练，发现了应急预案中存在的问题。③应急组织体系和职责发生了改变，如调整了责任部门或建立了新的应急应对机制。④应急管理相关法律法规作了修改，或者出台了新的法律法规。⑤应急资源发生了重大变化，如应急设施设备的构成、储存地和管理者等发生了改变。⑥辖区内的危险源、人口分布、重要设施等发生了改变。⑦应急预案体系和应急预案规范需要调整。⑧其他需要修订预案的情况。

案例 2-3

当然，即使上述这些必须修订应急预案的条件均没有发生，预案也应该定期检查、适当修订。一般情况下，我国应急预案修订周期不应大于五年；乡（镇）、街道等基层政权组织应急行动方案的修订周期应不大于两年；企事业应急预案的修订周期应遵循相关法律法规，若无具体规定的，其周期不大于三年。例如，我国重庆市政府就规定：全市各级政府及部门（单位）应急预案原则上每三年修订一次，乡镇（街道）、村（社区）的应急预案原则上每年修订一次。

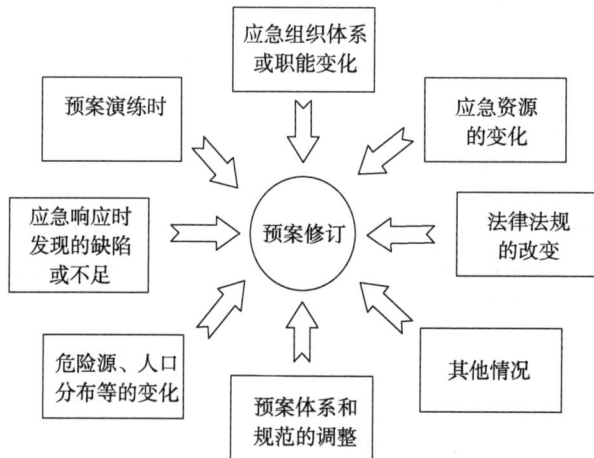

图 2-9 应急预案修订条件

2. 应急预案修订的参与方

应急预案的修订主体是预案制定部门，预案修订发起人和修订程序在政府应急预案管理中需明确予以规定。一般情况下，应急预案修订申请人或建议人可以来自以下部门。

1）应急预案制定部门

对政府来说，提请预案修订的责任人应该来自牵头单位或本级政府的应急管理部门（应急管理办公室或其他相关部门）。由应急预案制定部门提请修订的适用情况包括：启动了应急响应或举行了应急演练、应急组织体系和职责发生了改变、相关法律法规做了修改或出台了新的法律法规、应急预案体系和应急预案规范需要调整等。

2）应急响应的参与部门

应急预案中确定的应急响应参与部门，在经过启动应急响应或者举行了应急演练之后，发现本部门不便或不能履行某些职责，可以书面形式告知应急预案制定单位提请修订预案。

3）其他部门

政府的规划部门、社会层面的安全评价机构、预案评估机构、其他相关科研机构及专家学者们，若在工作中发现了应急预案存在需要修订的地方，如危险源、人口分布、重要设施、应急资源类别或数量等发生了改变，或其他潜在影响因素发生了变化，均可向应急预案制定单位提请修订预案，但要注意上传相关证明材料。

3. 应急预案修订的流程

应急预案的修订大体分两类：①根据发现的问题或建议作修订。②定期修订。

若是根据修订建议做应急预案的修订，一般流程包括：分析修订建议、确定修订内容、审查修订内容与预案的一致性、调整并报批修订内容、发布修订内容并完成修订。若是定期修订预案，一般流程包括：逐条分析预案、识别预案问题、确定修订内容、审查修订内容与预案的一致性、调整并报批修订内容、发布修订内容并完成修订。总之，应急预案修订的具体流程如图 2-10 所示。要注意的是，应急预案的修订完成后，需重新评审、备案和发布。

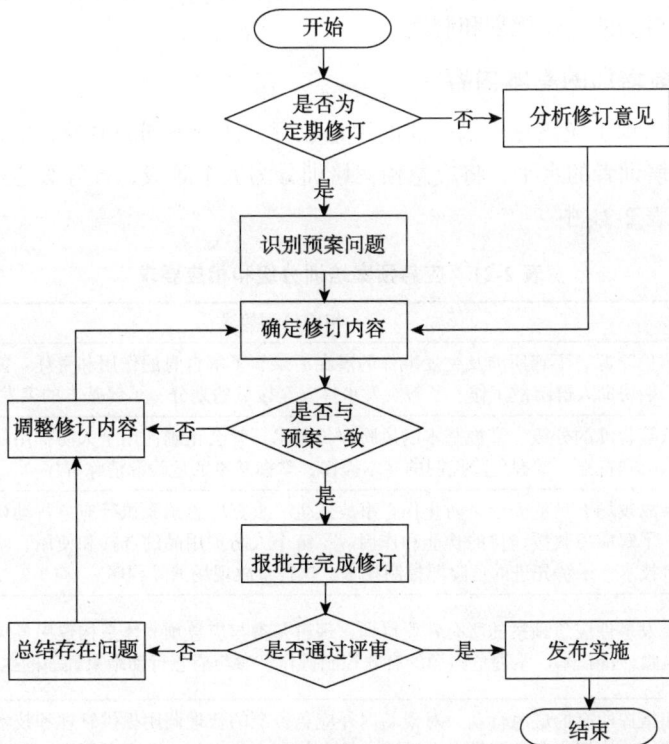

图 2-10 应急预案修订的流程

2.5 应急预案培训与宣传

预案的宣传和培训也是应急预案管理的重要内容，是增强人们风险防范意识和提高应急处置能力的关键和有效途径。需要大力开展应急预案宣传与培训，使应急指挥决策者、各方应急救援力量与社会公众等充分了解并熟悉应急工作相关内容及各自责任，才能在应急过程中高效采取抢险救灾措施、及时进行应急救援，才能最大限度减少财产损失及人员伤亡。

《突发事件应急预案管理办法》第三十条明确规定："应急预案编制单位应当通过编发培训材料、举办培训班、开展工作研讨等方式，对与应急预案实施密切相关的管理人员和专业救援人员等组织开展应急预案培训。各级政府及其有关部门应将应急预案培训作为应急管理培训的重要内容，纳入领导干部培训、公务员培训、应急管理干部日常培训内容。"

2.5.1 应急预案的培训

应急培训是指通过多种形式的教学手段，使参与应急行动的所有相关人员了解和掌握如何辨识危险、如何采取必要的应急措施、如何启动紧急情况警报系统、如何安全疏散人群等基本操作。目前，我国已初步形成了由政府主导、全社会广泛参与的应急培训体系，多年以来一直坚持开展多层次、多渠道的领导干部和应急人员培训。例如，国家行政学院于 2009 年就建立了国家应急人员培训基地，采用案例教学对国家高、中级应急官员进行轮训；各有关部门和地区也都依托各地行政学院和培训中心设立应急培训机构，并研究制定有关应急管理培训的工作规划和制度。

1. 应急预案培训的基本内容

应急预案的培训不应该是千篇一律的理论教育，针对不同的对象，培训内容需有所侧重。可根据参与培训者的水平，将应急预案培训分为五个等级，各等级通过培训后需达到的具体要求列于表 2-21 中。

表 2-21 应急预案培训分级和相应要求

不同等级	相应培训要求
初级应急意识水平	能确认危险源、了解所涉及突发事件的潜在后果、了解自身的作用和责任、能确认必要的应急资源、能协助人群疏散工作、了解突发事件安全区域的划分、了解基本的突发事件控制技术
初级应急操作水平	掌握危险程度的分级、掌握基本的风险评价技术、学会正确使用个人防护用品、了解危险源的基本术语和特性、掌握危险控制的基本操作、掌握基本的危险源清除程序
突发事件专业应对水平	保证事故现场人员的安全、防止伤亡事故发生、根据应急预案执行应急行动计划、识别确认危险源、了解应急救援岗位的功能和作用、了解个人防护用品的选择和使用、掌握危险识别和风险评价技术、了解先进的危险源控制技术、执行事故现场清除程序
突发事件应对专家水平	接受突发事件应急预案的所有专业培训、理解并参与应急预案体系构建中各岗位职责的分配、掌握风险评价技术、掌握危险源的有效控制操作、参与应急行动结束程序的执行
应急指挥水平	协调和指挥所有的应急行动、对现场内外应急资源的合理调用提供管理和技术监督、协调应急后勤支持、协调应急信息发布和政府官员参与的应急工作、负责向国家（省、市）政府递交突发事件报告、负责提供突发事件和应急应对工作的总结

需要注意的是，表 2-21 中所列针对的是一般情况的应急预案培训，对于部分特殊的突发事件（如接触危险化学品、放射物污染、病原体感染、受限空间的营救以及爆炸等），则需要由专业机构开展具有针对性和专门性的应急预案培训。

2. 应急预案培训所涉流程

应急预案培训活动是一项系统性工作，一般分三个阶段：制定应急预案培训计划、应急预案培训的实施、培训效果评价与改进。其中，应急预案培训计划涉及需求分析、课程设计和明确培训方式等方面，整个培训活动流程如图 2-11 所示。

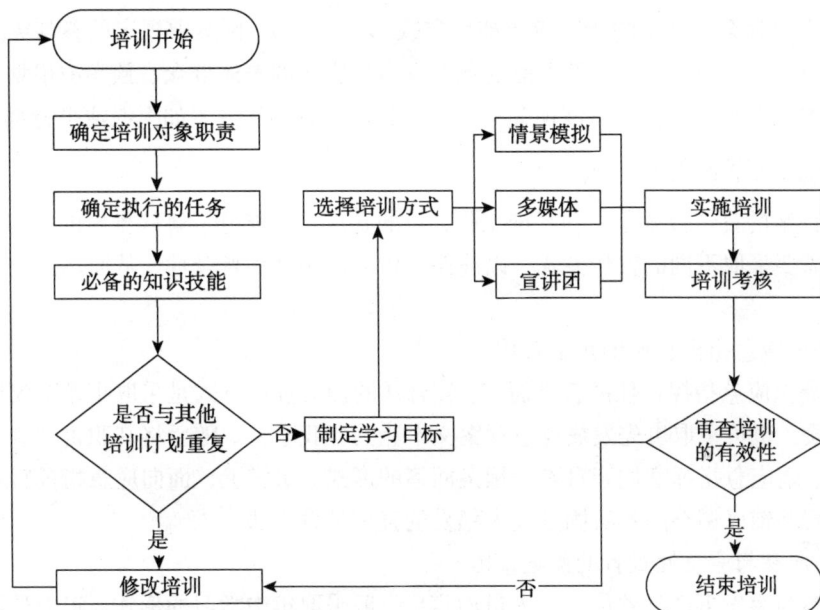

图 2-11 应急预案培训活动流程

由图 2-11 可以看出，需求分析和课程设计就是要针对不同的培训对象确定合适的培训内容及任务。应急预案培训的方式可以丰富多彩、与时俱进，除了运用传统的培训方式外，提倡通过情景模拟和场景再现等方法，采用虚拟仿真等先进平台进行体验式应急预案培训，也可以利用多媒体引入具体案例实施沉浸式预案培训。对于普通社会公众而言，还可通过宣讲团的方式，促使其掌握基本的突发事件预防、避险避灾、自救和互救等应急知识，以增强公众风险安全意识和应急应对能力。此外，为了便于社会公众熟悉应急预案内容，可针对不同的对象编写应急预案简本用于培训。

在接下来的应急预案培训实施环节，应严格按照培训计划认真组织、精心安排，可充分利用各种方式开展高效培训。实施应急预案培训后，还要注意进行科学考核评价，强调对预案培训过程中出现的问题深入总结并改进，以提高应急预案培训的工作质量。

案例 2-4

2.5.2　应急预案的宣传

广泛开展应急预案宣传，能使与应急预案有关的人员及社会公众都能了解应急处置方案并具备实施应急预案的能力。面向各类潜在突发事件，准确、科学、客观地向所有应急人员（包括社会救援力量）宣传和普及相关应急知识并进行答疑解惑，是全面提高应急队伍处突能力并确保有效应急准备的重要途径。

1. 应急预案宣传的对象

应急预案宣传教育的对象是该预案的特定受众，即与该应急预案相关的所有人员，一般包括：应急预案中规定的指挥者（如地方或部门首长）、预案中规定的参与突发事件处置的专业应对者、预案中针对的可能受到突发事件影响的普通群众、预案中规划的应对突发事件的志愿者和协作者、与该预案有关联的其他预案责任方（如上级或平行部门）。

2. 应急预案宣传的方式

应急预案的宣传教育是一项系统工作，目的是让受众充分了解该预案的内容，针对不同的受众需要采取不同的宣传方式，以确保宣传的适用性和普及性，从而达到较好的宣传效果。

1）面向应急指挥官们的预案宣传

对于承担应急指挥责任的官员而言，较合适的预案宣传方式是采取小型会议讨论或直接辅导答疑，也可采取事先发放应急预案文本让其自我学习、随后将其职责和响应程序编写成问卷、请应急指挥官们亲自参考预案回答的形式。事实上，面向应急指挥官本人做预案指导讲解并辅以调查问卷巩固是较为稳妥的宣传教育方法。

2）面向参与应急处置者的预案宣传

对于参与突发事件处置的专业人员而言，一般采取集中学习的形式，集中学习的内容既要包括专业处置人员各自参与的应急应对工作，也要涵盖应急预案中其他所涉相关部分。

3）面向普通群众的预案宣传

对于可能受到突发事件影响的普通群众而言，可以通过制作挂图、小册子、传单、音像制品等各类宣传材料，充分利用公共媒体开放宣传，必要时也可采取挨家挨户走访的方式向社会公众免费发放材料，还可以动员中小学生向其家长作应急预案的宣传普及。正如《突发事件应急预案管理办法》第二十九条所明确规定的："对需要公众广泛参与的非涉密的应急预案，编制单位应当充分利用互联网、广播、电视、报刊等多种媒体广泛宣传，制作通俗易懂、好记管用的宣传普及材料，向公众免费发放。"

2.6　应急预案中的善后与恢复

突发事件发生后，需要根据应急预案中规定的善后恢复相关内容，对灾区进行善后恢复。值得关注的是，善后恢复应不仅仅是努力恢复损坏的设施、恢复社会生产活动与人民生活等，还应该尽可能贯彻可持续发展的理念，从提升应急韧性的角度来增强地区抵抗风险的能力。

2.6.1　善后与恢复概述

1. 善后恢复的概念

不同国家对善后恢复有着不同理解。例如，澳大利亚既将善后恢复看作是一个过程，又认为其是一系列措施，强调恢复不仅是支持受紧急事态影响的社区重建其有形基础设施的过程，更是在心理、社会、经济和物质上再次实现安康的协调过程。美国在《全国突发事件管理系统》（National Incident Management System，NIMS）中对善后恢复的释义是："制定、协调、实施受灾现场和服务设施复原预案，以重建政府运转和服务功能；对受影响的人们提供长期的关爱和治疗，以实施社会、政治、环境和经济恢复的其他措施。"换言之，美国认为善后恢复就是对遭受突发事件破坏的受灾现场和服务设施按照预案复原、对受到影响的个人和组织实施援助项目的过程。善后恢复的概念和程度在各国表述中虽有所不同，但含义大体一致。通俗地讲，善后恢复就是突发事件之后，帮助受影响的企业、社区、家庭和个人回到事件发生前的状态。

不过，事实上，善后恢复实际涉及的对象包括突发事件下物质和社会两个层面的损失：①物质层面包括基础设施的破坏、企业和家庭财产损失等。②社会层面包括人员伤亡、经济崩塌、心理创伤、环境破坏等。然而，并不是每一个层面的每一项损失都是能够善后或恢复的（如人员伤亡无法弥补），即使有些损失能够恢复某些方面或某些内容，也不一定能够完全恢复到突发事前的程度（如经济衰退）。

2. 善后恢复的原则

应急预案中有关善后恢复的系列措施需遵循以下原则：

1）政府主导、公众参与

在我国面向突发事件的善后恢复过程中，政府须起到主导作用，要积极组织和协调有关部门，全力调动各种资源，尽快恢复灾区的生产、生活秩序，尽量消除或缓解突发事件带来的影响。与此同时，政府在善后恢复阶段也要大力开展社会动员，例如，应鼓励并组织受灾群众积极开展自救互救，号召其他地区社会公众向灾区捐款捐物以推进灾区恢复重建工作。

2）全面恢复、突出重点

面向突发事件的善后恢复工作不仅需要系统性的整体规划，以缓解突发事件对社会、环境、经济乃至社会公众心理的综合影响。善后恢复也要注重分步实施，尤其在处置前期要强调尽快复原对灾区至关重要的生命线系统。

3）公平公正、关注弱者

在善后恢复工作中，一定要强调遵循公平公正的原则，尤其对灾区社会公众进行救助时更要注意尽量做到公平、公正。虽有时面临同样的灾害情形，不同地区的不同人群由于自身不同脆弱性和承受力以及其受损程度是不同的。通常，老人儿童等弱势群体、经济欠发达地区、受灾严重地区在善后恢复中应得到更多的救助。

4）生产自救、多样补偿

要鼓励灾区民众自力更生，自觉开展生产自救，不要一味依赖政府的应急救助。当然，适当的灾害损失补偿是非常必要的，可启动社会化的补偿机制，提倡利用商业保险、社会保险等多样化的补偿形式，加快推进灾后重建，促使灾区有序恢复生产生活秩序。

5）防灾减灾、寻求发展

在善后恢复的过程中，不能仅仅着眼于消除某一次突发事件的消极影响，还应注重总结经验、汲取教训，以全面增强社会防灾减灾能力的建设。此外，也要善于抓住机遇，放眼未来，力争在社会经济新起点上有效推动灾区发展。

2.6.2 善后与恢复的内容和流程

1. 应急善后恢复的内容

应急善后恢复工作具有多样性、复杂性和不确定性，下面针对四种突发事件分别介绍其善后恢复的主要工作内容。

1）面向自然灾害类事件的善后恢复

重大和特别重大自然灾害发生后，国家减灾委办公室组织有关部门、专家及所涉灾区民政部门评估受灾区域救助需求情况。自然灾害发生后的当年冬季、次年春季，受灾地区人民政府应当为生活困难的受灾人民提供基本生活救助。因灾倒塌、损坏的住房恢复重建应由县（市、区）人民政府负责组织实施，要充分尊重群众意愿，以受灾户自建为主，重建规划和房屋设计需因地制宜，在考虑灾害因素的基础上科学合理布局。

知识拓展 2-2

2）面向事故灾害类事件的善后恢复

依据《国家安全生产事故灾难应急预案》，在安全生产事故灾害应急处置之后的"后期处置"阶段，重点需要做好"善后处置""保险"以及"事故灾难调查报告、经验教训总结及改进建议"这三方面的工作。

（1）善后处置。省级人民政府会同相关部门（单位）负责组织特别重大安全生产事故灾难的善后处置工作，包括人员安置、补偿，征用物资补偿，灾后重建，污染物收集、清理与处理等事项。应尽快消除事故影响，妥善安置和慰问受害及受影响人员，保证社会稳定，尽快恢复正常秩序。

（2）保险。安全生产事故灾难发生后，保险机构应当及时开展应急救援人员保险受理和受灾人员保险理赔工作。

（3）事故灾难调查报告、经验教训总结及改进建议。特别重大安全生产事故灾难由国务院安全生产监督管理部门负责组成调查组进行调查。必要时，国务院直接组成调查组或者授权有关部门组成调查组。安全生产事故灾难善后处置工作结束后，现场应急救援指挥部分析总结应急救援经验教训，提出改进应急救援工作的建议，完成应急救援总结报告并及时上报。

3）面向公共卫生类事件的善后恢复

公共卫生类事件的应急善后恢复工作涉及以下几个方面：

（1）后期评估。突发重大公共卫生事件后，各级行政管理部门应在本级政府的领导下，组织有关人员对突发重大公共卫生事件的处理情况进行评估，提出改进建议和应对措施。

（2）奖励。县级以上人民政府对参加突发重大公共卫生事件应急处理做出贡献的先进

集体和个人进行表彰，对在突发重大公共卫生事件应急处理工作中英勇献身的人员，按有关规定追认为烈士。

（3）责任。对在突发重大公共卫生事件的预防、报告、调查、控制和处理过程中，有玩忽职守、失职、渎职等违纪违法行为的，依据有关法律法规追究当事人的责任。

（4）灾害补偿。按照各种重大公共卫生事件灾害补偿的规定，确定数额等级标准，按程序进行补偿。

（5）抚恤和补助。地方各级人民政府要组织有关部门，按照国家有关规定，对参与应急处理工作致病、致残、死亡的人员，给予相应的补助和抚恤。

4）面向社会安全类事件的善后恢复

社会安全类事件的应急处置同样需要高度重视善后恢复工作。现以群体性事件为例，在"后期处置"阶段需做好以下几方面的工作：

（1）事发地人民政府应指挥、协调各有关单位，及时开展对大规模群体性事件中伤亡人民群众的救治及其他善后处理工作，积极恢复社会秩序。

（2）群体事件平息后，事发地人民政府要继续做好人民群众工作，并加强跟踪和督查，防止事件反复。

（3）事发地应急指挥机构应组织开展事件的损失评估工作，认真剖析引发事件的原因和责任，总结经验教训，并形成专门报告上报。

（4）根据事件处置过程中暴露出的有关问题，事发地人民政府、参与事件处置的省主管单位应提出整改措施，进一步修改完善应急预案。

2. 应急善后恢复的流程

一般而言，应急善后恢复的流程要经过 5 个阶段：准备阶段、计划阶段、实施阶段、验收阶段和反思阶段。

1）准备阶段

在善后恢复的准备阶段，需建立突发事件恢复重建领导小组和工作小组，领导小组主要负责对受灾地区状况进行全面的评估并做出损失评估报告。在了解损失状况后，恢复小组就要确立恢复的目标。从宏观角度来说，恢复工作的目标不仅包括恢复突发事件造成的损失以维持社会公众生活和持续发展，还包括要善于抓住危机中的机会，力求转危为机。

2）计划阶段

在善后恢复的计划阶段，恢复重建领导小组根据第一阶段损失评估情况和恢复目标，制定具有针对性的恢复重建计划，并向执行部门和社会公众发布。恢复计划中应明确恢复对象、主要负责人，以及资源分配、预算、补偿和激励等具体机制。

3）实施阶段

制定计划后，恢复工作小组应迅速调集各种社会资源，依据有关专家指导，着手基础建设的恢复工作，引导被破坏的工业生产和商业经营秩序步入正轨，稳定社会生活，这过程中可能视情况需请求政府、社会甚至国际组织给予人力、财力和物力上的援助。

4）验收阶段

对恢复重建工作进行验收和评估。评估时要注意从社会影响、经济损失等多方面综合评估恢复重建措施的有效性，实事求是地撰写详细的突发事件善后恢复报告。

5）反思阶段

在善后恢复的反思阶段，需站在整个应急管理系统的高度，对恢复重建工作进行反思，并注意将经验教训纳入未来的防灾减灾规划中。

本章小结

在整个应急规划工作中，应急预案发挥着至关重要的作用。应急预案体系建设是发挥我国政治优势、制度优势和组织优势，推进应急管理体系和能力现代化的一项基础性工作，为各级、各部门依法有序应对突发事件提供基本遵循和制度依据。一个合理完善的应急预案有助于了解突发事件发生机理、有效识别风险隐患、明确应急救援的范围和体系，更有助于使突发事件应对处置的各个环节有章可循。即科学应急预案体系的实施不仅可有利于避免突发事件扩大或升级、最大限度地减少突发事件造成的损失，也有利于提高对突发事件及时应急响应和处置的效率，还能提升全社会居安思危、积极防范社会风险的安全意识，从而实现有效保护人民生命财产安全、维护社会秩序和稳定的应急管理目标。

本章通过阐述应急预案的编制、应急预案的审定和发布，应急预案的演练、应急预案的评估与修订、应急预案的培训与宣传，以及应急预案中善后恢复等相关内容，详细介绍了整个应急预案体系的建设。具体来讲，本章首先围绕预案编制目标与原则、预案编制影响因素、常用的预案编制方法和主要流程等来展示应急预案编制工作中的核心内容；其次，详细介绍了如何规范应急预案的审定、发布与备案等程序，并提倡对发布的应急预案开展适时演练及相应的评估；再次，强调须根据应急预案演练过程中出现的问题和预案评估结果，对应急预案进行相应修订；最后，指出预案的宣传和培训以及预案中善后与恢复内容同样是应急预案有效实施的重要内容，是增强人们风险防范意识和切实提高应急处置能力的关键途径。

思考题

1. 【容易】编制应急预案时要注重哪些基本要求？
2. 【中等】详细介绍风险分析的步骤。
3. 【容易】预案在审定时要注重哪几个方面？
4. 【中等】比较桌面演练、实战演练和模拟演练三种不同的演练方式？
5. 【中等】应急演练的评估方案通常包括什么要素？
6. 【中等】应急预案修订的条件是什么？
7. 【中等】四种突发事件的善后恢复的主要工作内容是什么？

即测即练

参考文献

[1] 中华人民共和国应急管理部. 习近平主持中央政治局第十九次集体学习[EB/OL]. 2019-11-30.
https://www.mem.gov.cn/xw/ztzl/xxzl/201911/t20191130_341797.shtml.

[2] 闪淳昌，薛澜. 应急管理概论理论与实践[M]. 北京：高等教育出版社，2012.

[3] 刘铁民. 应急体系建设和应急预案编制[M]. 北京：企业管理出版社，2004.

[4] 李尧远，马胜利，郑胜利. 应急预案管理.[M]. 北京：北京大学出版社，2013.

[5] 杨月巧. 应急管理概论[M]. 北京：清华大学出版社，2016.

[6] 陈国华，张新梅，金强. 区域应急管理实务：预案、演练及绩效[M]. 北京：化学工业出版社，
2008.

[7] 李湖生. 应急准备体系规划建设理论与方法[M]. 北京：科学出版社，2016.

[8] 王飞，郑晓翠，李鑫，等. 应急演练设计与推演[M]. 北京：清华大学出版社，2020.

[9] 薛元杰. 突发事件应急预案的评估研究[D]. 北京：首都经济贸易大学，2016.

[10] 高举红，王术峰. 物流系统规划与设计[M]. 北京：清华大学出版社，2015.

[11] 弓顺芳. 公共安全与应急管理理论与实践研究[M]. 北京：团结出版社，2017.

[12] 庄越，雷培德. 安全事故应急管理[M]. 北京：中国经济出版社，2009.

[13] 王宏伟，公共危机与应急管理原理与案例[M]. 北京：中国人民大学出版社，2015.

[14] 曹杰，于小兵. 突发事件应急管理研究与实践[M]. 北京：科学出版社，2014.

[15] 董幼鸿. 应急管理[M]. 上海：上海人民出版社，2014.

[16] 陈月，蔡文强. 应急管理概论[M]. 北京：中国法制出版社，2018

[17] 王宏伟. 突发事件应急管理、预防、处置与恢复重建[M]. 北京：中央广播电视大学出版社，2009.

第 3 章 应急物流规划理论基础

【学习目标】

1. 掌握应急物流的概念。
2. 理解应急物流与商业物流的区别，以及应急物流的特点和分类。
3. 熟悉应急物流领域的研究热点，理解我国应急物流的发展概况。
4. 熟悉应急物流规划的基本要素与原则。
5. 掌握应急物流规划的目标、过程和关键问题。

【本章知识脉络图】

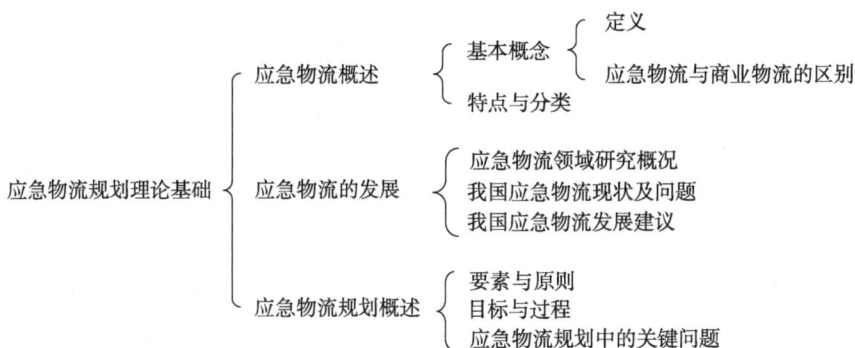

应急物流规划理论基础
- 应急物流概述
  - 基本概念
    - 定义
    - 应急物流与商业物流的区别
  - 特点与分类
- 应急物流的发展
  - 应急物流领域研究概况
  - 我国应急物流现状及问题
  - 我国应急物流发展建议
- 应急物流规划概述
  - 要素与原则
  - 目标与过程
  - 应急物流规划中的关键问题

　　作为应急规划的重要组成部分，应急物流规划涉及非常重要的应急物资保障问题，需要科学组织社会各方面资源来合理防范和控制各类突发事件的发生和蔓延，为保护人民群众生命财产安全提供坚实保障。为了制订科学合理的应急物流规划，有必要了解应急物流和应急物流规划的相关理论，因此本章聚焦应急物流规划理论基础。首先介绍应急物流的概念、特征和分类等，接着在探讨应急物流研究和发展现状的同时进一步介绍应急物流规划概况，力求通过倡导开展科学的应急物流规划来全面提升面向突发事件的应急应对能力。

3.1　应急物流概述

2022 年 12 月 15 日，国务院印发了《"十四五"现代物流发展规划》，这是我国现代物流领域的第一份国家级五年规划，对于加快构建现代物流体系、促进经济高质量发展具有重要意义。该规划精准聚焦现代物流发展重点方向，提出了六项主要任务，其中就包括提升现代物流的安全应急能力，具体要求有：统筹发展和安全，强化重大物流基础设施安全和信息安全保护，提升战略物资、应急物流、国际供应链等保障水平，增强经济社会发展韧性；充分发挥社会物流作用，推动建立以企业为主体的应急物流队伍等。

3.1.1　应急物流基本概念

应急物流是在传统的物流体系受到突发事件冲击后，因需求突变引发资源储备不足、运输能力有限、原材料短缺等问题而最终导致失稳状况下产生的一种特殊物流活动。

1. 应急物流的定义

国外在应急物流领域的研究起步相对较早，主要通过构建应急物流优化模型的方法来进行深入的定量分析，这为应急物流理论体系的完善奠定了坚实基础。而我国学者对应急物流研究的重视始于 2003 年爆发的重症急性呼吸综合征（severe acute respiratory syndrome，SARS）事件。现将各方关于应急物流及其相关定义汇总整理，详情参见表 3-1。

表 3-1　应急物流相关定义的汇总

应急物流概念
肯博尔（Kemball，1984）和斯蒂芬森（Stephenson，1984）首次提出将物流配送优化方法应用到应急物资调度过程中，用以提高救援效率
凯特（Carter，1992）最先提出将救灾物资适当分类的管理思想应用到应急物资配送中，强调应在尽可能短时间内将应急物资配送至最需要的受灾点，这就是应急物流的最初概念
苏莱曼（Suleyman，2002）和威廉（William，2002）认为应急管理是一个多目标优化问题，在应急资源有限的前提下，为实现应急资源效益最大化，必须综合权衡各受灾点处应急资源的调度和分配
高东娜（2003）认为应急物流是以应对各类突发事件为目的、力求提供应急物资、救灾人员/资金等资源保障的一种特殊性物流活动，它具有突发性、不确定性、非常规性和弱经济性等特点
欧忠文（2004）也是我国较早进行应急物流研究的学者之一，他将应急物流定义如下：应急物流是指借助现代信息技术，以救援时间最小化和灾害损失最小化为目标，以提供自然灾害、重大事故等突发性事件所需应急物资为目的的特殊物流活动
《物流术语》GB/T 18354-2006 对应急物流的定义：针对可能出现的突发事件已做好预案、并在事件发生时能够将预案迅速付诸实施的物流活动

虽然目前学术界对应急物流的定义尚未形成统一认识，不同研究背景的学者会倾向于从应急物流的目的（目标）、起因、过程等不同角度来解释应急物流。但学者们普遍认为应急物流是指以提供面向自然灾害、事故灾难、公共卫生和社会安全类等突发性事件所需应急物资为目的，以追求应对效益最大化和灾害损失最小化为目标的一种特殊物流活动。

由此可见，虽然应急物流和普通物流在很多方面相似，如都是由流体、载体、流向、流量、流程、流速等基本要素构成，都具有空间效用和时间效用，但两者间也的确存在一定本质区别：普通物流既强调效率又强调效益，而应急物流更专注于效率。换句话说，在面向突发事件的多数情形下，应急物流往往会通过牺牲物流效益来保障其物流效率。

综上所述，从"应急"与"物流"两个层面着手，应急物流概念可以归结为以下四方面的重点：①主要面向偶发性、突发性事件。②属于非常规的特殊物流活动。③要以最快的速度实现所需资源的流动和转移。④目的在于实现物流效率。因此，本书采用《应急物流》一书中对应急物流的定义："在面对突发事件时，通过快速识别和动态确定危机级别，对应急资源调配、人员救助等活动进行有效的计划、组织、决策、控制，以追求时间效益最大化和损失最小化为目标的一种特殊物流活动"。

知识拓展 3-1

2. 应急物流与商业物流的区别

应急物流的概念虽源自传统商业物流，但两者之间还是存在着很大差别，这一点早已成为国内外学者的共识，许多在应急物流领域有着重要影响的文献资料都对应急物流与传统商业物流作出了明确区分。总结来看，应急物流与传统商业物流之间的区别主要体现在以下几个方面，如表 3-2 所示。

1）根本目的不同

传统商业物流作为商业运营的一个环节，其根本目的是获取利益，因此在考虑传统商业物流问题时，一般致力于最大化可获得利润或最小化物流成本，对于那些成本过高或性价比过低的物流服务往往会被放弃。

相比之下，应急物流的根本目的是为了尽可能地减少突发事件带来的损失、尽可能地减轻受灾群众的痛苦、尽可能地保障受灾群众的生命安全。应急物流是非营利性的，不为追求利润，更多的是一种社会责任。因此，在考虑应急物流问题时，通常探究的是如何提高应急物流服务效果和效率，而减少应急物流成本并不是最重要的因素。例如，不能因为将物资运往某些地方需花费很高的成本（如由于道路堵塞只能出动直升机）就将这些地方放弃。这样根本目的的不同就是应急物流和传统商业物流最本质的区别。

表 3-2　应急物流与传统商业物流之间的区别

特　征	类　型	
	应急物流	传统商业物流
根本目的	尽可能地减少突发事件带来的损失、尽可能地减轻受灾群众的痛苦，不以营利为目的	主要以营利为目的
运作主体	政府机构、非政府组织等非营利性组织	以营利为目的的企业
运作情境	要求尽可能的高效率，面对具高度不确定性的各种突发情况，要求物流行动有高度灵活性	运作情境主要取决于服务对象和服务内容
社会影响	社会影响力大，很容易引起媒体的曝光和关注	社会影响力相对较小
运输物资	以基本生活保障物资为主，辅以应急装备及配套物资等	各类物资
运输方式	除常见运输方式外，还有一些针对紧急情况采取的特殊运输方式	常见的运输方式（如公路、铁路、水路、航空等）

　　2）运作主体不同

　　传统商业物流的运作主体一般是以营利为目的的企业，可能是独立的物流公司（如顺丰快递、联邦快递等），也可能是某些大公司的下辖事业部（如京东、亚马逊等）。作为企业，它们有着各自的资金链，通过提供物流服务赚取利润以维持企业的生存和发展。由于需要面临残酷的市场竞争，传统商业物流的运作主体往往具有丰富的运作管理经验。

　　相比之下，应急物流的运作主体可能是政府及其下属机构，也有可能是非政府组织（如红十字会等），它们一般都是非营利性组织，其资金来源主要依靠行政拨款或者社会募捐。相较于身处商业市场的企业而言，应急物流的运作主体，尤其是非政府组织，运作管理经验往往不是很足。因此，应急物流运作主体间的传承性和信息交流就十分重要，应尽量避免当应急人员岗位发生更换后所有应急事务都需重新摸索的情况发生。

　　3）运作情境不同

　　传统商业物流一般没有特定的运作情境，主要取决于其服务的对象和服务内容。例如，人们在邮寄快递时可以选择花更多的钱去追求更快的速度，也可选择牺牲运输速度来获取快递费用的节约。而且，传统商业物流的需求往往是确定的，一般情况下不会出现道路损毁、物资聚集等诸如此类的特殊情况。

　　相比之下，应急物流一般建立在突发事件情境下，因突发事件具有不确定性和紧急性，所以常常要求应急物流即使不计成本也要尽可能做到快速和有效。例如，在汶川地震发生后的"黄金 72 小时"救援期间，为了确保食物、饮用水、医疗物资等的及时供应，我国政府不惜一切代价出动了大批量的直升机和救援队实施应急供应保障。此外，应急物流需求往往也具有不确定性，面对可能出现各种各样的突发情况，要求应急物流具有高度灵活性，尽量能够做到随机应变。

　　4）社会影响不同

　　相对于应急物流来说，传统商业物流本质是一种商业行为，一般情况下对社会造成的影响有限且可控。而面向突发事件（如重大自然灾害）的应急物流，由于其活动本身与人民群众的生命财产安全息息相关，容易受到广大媒体的关注从而引发社会舆论，因此具有较强的社会属性。例如，人们平日在网上购买商品，如果在物流环节出现了损坏或延误，常采取的措施是索赔或要求退货。但如果在某次重大灾害的救援过程中，应急物资在运输途中出现了损坏或延误情况，很可能就会导致不可挽回的后果，且会造成负面社会影响。

　　5）其他方面

　　应急物流与传统商业物流的区别还表现在其他一些方面，比如运输物资的种类和运输方式等。具体而言，应急物资大体可分为基本生活保障物资、应急装备及配套物资、应急救援工程材料等，其中主要以基本生活保障物资为主；而传统商业物流运输的物资则取决于运输服务内容，理论上来说只要是合法的物资均可运送，没有特别的侧重。

　　此外，正常情况下应急物流运输方式与传统商业物流差别不大，一般包括公路、铁路、水路、航空。但当涉及复杂灾害情形时，应急物流有时会采取一些特殊的运输方式，如在洪水多发地区采用水陆两栖式的运输工具、在地形复杂的山地中采用无人机等。

3.1.2　应急物流的特点与分类

　　科学高效的应急物流规划能够在突发事件前的潜伏期就做好充分预防准备、在事后的发展爆发期实现迅速应对响应，从而最大限度地减少灾民生命财产损失。要制订一份合理的应急物流规划，首先须了解应急物流的特点，并在此基础上进一步明确应急物流的分类。

1. 应急物流的特点

由于突发事件的突发性、紧迫性以及巨大的破坏性，应急救援行动必须迅速及时且具准确性，这样才能在最短时间内满足灾民需求，将灾害造成的损失降至最低。为了保障应急资源的顺利配给、满足灾区对应急资源的紧急需求、实现应急资源效益的最大化，首先必须深刻理解应急物流的特性。

1）突发性及不确定性

应急物流一般由重大突发性事件引发，事先往往毫无征兆或征兆很少，故其最明显的特征就是突发性和不确定性。应急物流的不确定性具体表现在两个方面：①事前不能预测事件的发生，因此前期很难做好有针对性的应急物流规划。②当突发事件发生后，仍无法准确估计事件的持续时间、强度大小和影响范围等，各种不可预计的因素使得应急资源需求难以准确确定。

2）响应应对的高时效性

事件的突发性和巨大破坏性要求应急物流体系需具有快速反应的能力。突发事件发生后，受灾区域的应急需求往往会激增，为了减少灾区人员伤亡，应急救援行动必须迅速及时，作为救援支撑的应急物流体系也必须具有极强的时效性。这就要求应急物流各环节高效衔接、快速流通，通过提升应急物流整体的运作效率来缩短应急救援时间。

3）实施的非常规性

应急物流的高时效性，使得常规的物流运行模式难以满足应急情形下的资源调配要求，因此需要建立应急物流运作机制来组织和实现面向紧急状况的特殊物流活动。例如，突发重大自然灾害的应急救援物流往往由政府组织，且具有行政性和强制性等非常规物流服务特征，这其中不仅涉及专业的救援物流服务，也可能包括由政府按照应急预案临时调用的军方救援力量，还有社会紧急自发组织的救援力量等。

4）参与的多主体性

应急物流通常对人、财、物等各种资源需求较多，往往需要不同地区各部门的多个主体共同协调应对。在我国，政府是应急管理的重要主体，负责整个应急过程的指挥、协调和调度，职责涵盖预防突发事件的资源储备、实施现场应急救援以及灾后恢复重建等方面。但面临大规模突发事件时，政府的应急能力毕竟是有限的，企业和社会公众等多主体共同参与能够对政府主导的应急物流活动进行有效补充。

5）目标的弱经济性

普通物流活动（如商业物流）不仅强调物流运作的时间效率，更强调物流服务的经济效益。但面向突发事件的应急物流，首要考虑的是人民群众的生命财产安全，此时社会效益的重要性远远高于经济效益。而且，救援对时间要求的紧迫性决定了应急物流必须将时间效率放在物流系统目标中的第一位，只有在满足时间紧迫性的前提下才可能考虑物流成本等其他经济性因素。

6）物流环境的不可靠性

突发事件有时会对道路、桥梁等基础设施产生较大破坏，再加上通信设施的损毁，往往会极大影响应急物流各环节信息的畅通和运输工具的顺利调度。尤其在特大自然灾害发生区域，地面可能受到严重破坏，地下光缆也可能被大面积损坏，网络通信系统基本处于瘫痪状态。而通信系统是生命线系统的重要组成部分，在灾情传播、应急救援和社会维稳方面发挥着重要作用，通信系统一旦被破坏常常导致应急物流运作环境十分艰难，给应急物流服务保障工作增加很大的难度。

7）大规模及复杂性

如前述，应急物流具有时效性强且物流量大的特点，故在选择运输方式时必须考虑运输规模的庞大性。应急物流可能需要联合使用公路、铁路、水路、航空等多种运输方式，甚至可能需要在不同的运输地点进行转运。由此可见，应急物流服务是一个集多品类物资、多起止点、多运输方式集成调度的网络流问题，是一个极其复杂的多目标决策问题。

2. 应急物流的分类

根据 2007 年颁布《中华人民共和国突发事件应对法》中的定义，突发事件被分为四类，即突发自然灾害、突发事故灾难、突发公共卫生事件以及突发社会安全事件。相应地，依据所应对突发事件类型的不同，应急物流可被划分为以下四类，具体分类总结参见表 3-3。

表 3-3　应急物流的分类

类　　型	定　　义
突发自然灾害应急物流	一般指应对诸如地震、洪水、海啸、飓风、火山喷发等自然灾害的应急物流活动
突发事故灾难应急物流	一般指应对生产生活中发生的、直接由人类活动引发、可能造成大量人员伤亡及经济损失的事故灾难的应急物流活动
突发公共卫生事件应急物流	一般指应对可能会对社会公众生命健康造成严重损害的重大传染性疾病、群体食物中毒等公共卫生事件的应急物流活动
突发社会安全事件应急物流	一般指应对可能造成重大人员伤亡、重大财产损失或对社会经济稳定产生重大影响的事件的应急物流活动

1）突发自然灾害应急物流

突发自然灾害应急物流，一般指应对诸如地震、洪水、海啸、飓风、火山喷发等自然灾害的应急物流活动。其中，部分自然灾害（如台风、有些火山喷发等）是可以提前预测的，也有部分自然灾害（如洪水、干旱、雪灾等）的发生具有一定时间、地域上的规律性，还有诸如地震这种几乎无法提前预测的自然灾害。自然灾害普遍破坏力较强，一旦发生就容易引发较大灾难。

根据联合国减少灾害风险办公室（United Nations Office for Disaster Risk Reduction，UNDRR）在 2020 年的统计，在 2000 年至 2019 年死亡人数最多的十大自然灾害中，有六个与地震相关，如由地震引起的印度洋海啸、汶川地震、海地地震皆名列其中。这些自然灾害的发生常会波及大量民众进而导致应急资源的需求量激增，且由于其影响范围大、破坏性强、不确定性因素多，往往十分考验应急物流的敏捷性和灵活性，通常需要多方协调合作才能取得良好的应急物流救援效果。

2）突发事故灾难应急物流

突发事故灾难应急物流，一般指应对生产生活过程中发生的、直接由人类活动引发的、可能造成大量人员伤亡及经济损失的事故灾难的应急物流活动，如化工厂毒气泄漏、仓库爆炸等。事故灾难通常是由于操作不当、设备年久失修或存在安全隐患等原因造成的，故对于这类事故应当加大安全检查的力度、加强安全教育、提高大家的安全防范意识。与自然灾害相比，事故灾难的应急物流影响范围相对小一些。

3）突发公共卫生事件应急物流

突发公共卫生事件应急物流，一般指应对可能会对社会公众生命健康造成严重损害的重大传染性疾病、群体食物中毒等公共卫生事件的应急物流活动。这类应急物流活动往往涉及的是医疗卫生体系，具有较强的专业性，未经培训的人员通常很难对公共卫生事件做出有效的判断和处理，这无疑增加了这类应急物流活动的难度。相对于事故灾难，突发公共卫生事件虽然发生频次较少，但破坏性也巨大，往往可能会引起区域性乃至世界性恐慌，如 2003 年的非典疫情、2014 年的埃博拉病毒等。

应对这类事件的重要手段之一是努力完善医疗物资保障体系，以保证在突发事件发生之后，能够迅速开展切实有效的防控工作。换句话说，医疗物资的供给问题就是典型的突发公共卫生事件应急物流问题。例如，在非典疫情等突发公共卫生事件爆发前期，我国往往会出现大量缺乏口罩、防护服等医疗物资和医疗设备的情况，这实际上给我国医疗物资保障体系敲响了警钟，不过随着各大企业紧急加快生产口罩等医疗物资，且伴着相继实施的疫情管控系列政策，这些医疗物资的短缺问题很快得到了有效缓解。

4）突发社会安全事件应急物流

突发社会安全事件应急物流，一般指应对可能造成重大人员伤亡、重大财产损失或对社会经济稳定产生重大影响的事件的应急物流活动。最典型的社会安全事件当属恐怖袭击，这类事件一般带有一定的政治因素，在国际应急物流体系中较为常见。除此之外，社会安全事件还包括重大刑事案件、规模较大的群体性事件以及社会影响严重的其他突发性社会事件。社会安全事件应急物流的保障在于面对危害社会安全的突发情况，能够及时响应并快速实施精准的物资筹措、存储、运输、配送等，从而使社会安全事件能被快速平息，其造成的危害和损失能够尽快得以恢复。

案例 3-1

3.2 应急物流的发展

应急物流是指为应对严重自然灾害、事故灾难、公共卫生事件及公共安全事件等突发事件而对物资、人员、资金的需求进行紧急保障的一种特殊物流活动。随着各类突发性事件的频繁发生，应急物流逐渐成为物流领域的研究热点，受到国内外学者的关注。

3.2.1 应急物流领域研究概况

应急物流相关文献数量是反映应急物流研究热点的重要指标。对比分析近年来国内外应急物流研究重点及发文量变化情况，可以发现该领域整体研究范围的变化趋势。截至2020 年 7 月，应急物流领域共计发表相关期刊论文 992 篇，运用关键词分析判断不同时期国内外应急物流研究主题，并根据关键词的起始时间，可绘制出国内外应急物流研究发展历程图，如图 3-1 所示。

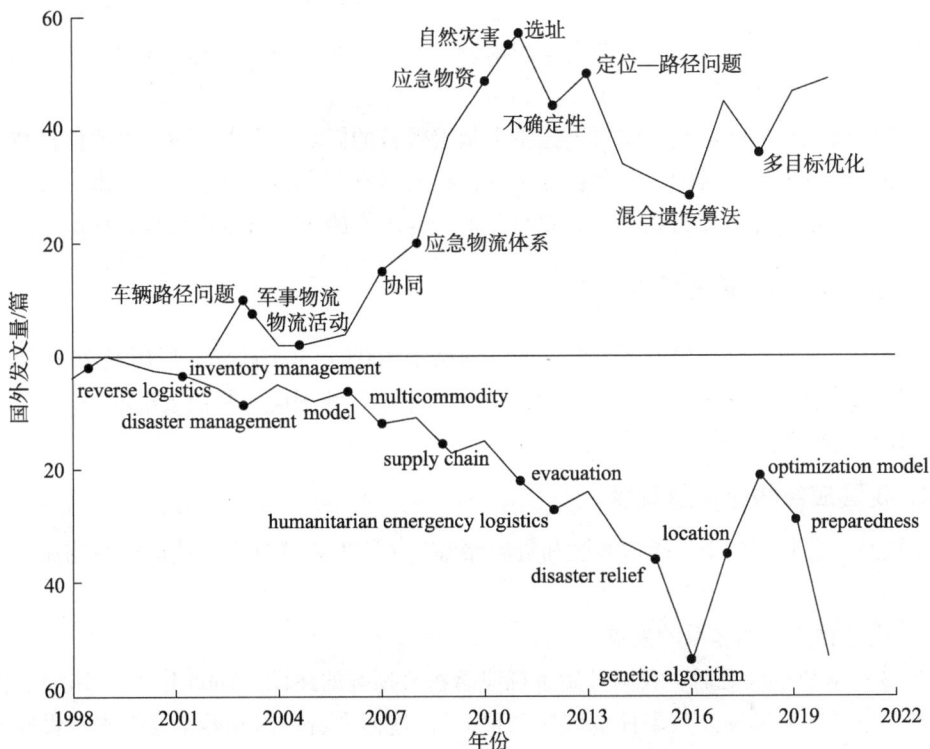

图 3-1　国内外应急物流研究的发展历程

注：国内发文量包括国内学者发表的中文文献和英文文献

根据国内外应急物流研究发展历程，应急物流研究大致经历了 3 个阶段：

1. 萌芽阶段（2003 年以前）

应急物流相关研究成果较为鲜见且主要集中于国外，内容主要聚焦于自然灾害背景下的应急物资存储、物流对应急医疗系统的影响等，研究内容较为单一。

2. 上升阶段（2003—2013 年）

此阶段的前三年时间，受 2005 年卡特里娜飓风影响，国外应急物流发文量略高于国内。不过自 2008 年南方雪灾、汶川地震以来，围绕自然灾害、物流活动、物流体系和应急物资的研究在国内逐渐受到关注，发文量急剧增加，并超过国外发文量。其中，物流活动主要围绕调度优化模型展开，应急物流体系研究主要考虑成本、信息技术和交通运输问题，物资需求预测和物资储备是该时期应急物流研究的焦点。

总体来看，此阶段国内外应急物流研究均得到丰富和发展：①学者们对于基于传统供应链管理方法的人道主义物流运营优化研究逐渐增多。②学者们以应急物流网络优化为主要手段的应急调配和疏散研究不断成熟，该时期应急物流研究领域多以需求满足率最大化为应急物流网络集成优化建模所追求的主要目标。

3. 稳定发展阶段（2014—2020 年）

该阶段研究内容趋向多元化，国内外发文量虽有小幅波动变化，但有关应急物流的研究热度总体呈现上升趋势。2014 年以来，受印度和巴基斯坦洪水、尼泊尔大地震等突发事件的影响，国外发文量在同一时期高于国内发文量。与国内相比，该时期国外应急物流研究集中于人道主义救援层面，除了关注如何提升应急物资调配效率外，不少国外学者还聚焦探究不同组织机构间协同合作对人道主义救援效益的影响。后来，随着现代信息技术被广泛应用于突发事件应对中，社会各方对应急物流响应提出更高要求，涌现出了大量围绕应急物资运输路径优化和兼顾救援时效与公平性等因素的应急物流协同优化研究。

3.2.2 我国应急物流现状及问题

如前述，我国对应急物流体系建设的强调始于 2003 年非典疫情，后历经 2008 年南方雪灾、汶川大地震、2010 年玉树地震等重大突发事件，我国应急物流逐渐取得一定发展，但整体现状仍处于发展的初级阶段。

1. 我国应急物流发展现状

下面从应急物流预案、指挥调度和资源储备三个方面来详细介绍我国应急物流发展整体现状。

1）应急物流预案体系的发展

2003 年非典事件之后，我国开始重视应急物流预案的建设。2005 年 1 月 26 日，国务院正式发布《国家突发公共事件总体应急预案》，这标志着我国开始全面探索建设应急预案体系。经过一段时间的发展，国家应急预案体系从无到有、从弱到强，整个体系建设日臻完善。具体而言，从总体预案到专项预案、部门预案、基层预案和现场处置方案，公共突发事件的各个领域基本被覆盖，大体构建了横纵交叉、相互支撑的体系发展模式，我国初步形成"横向到边、纵向到底"的应急预案体系。此外，应急组织管理指挥系统、应急工程救援保障体系、相互支持系统、备灾保障供应体系和综合救援应急队伍等子系统建设状态较为完整且运行良好，这更是对国家应急预案体系可操作性的有力支撑。

2019 年末，突如其来的新冠疫情对我国正处发展中的应急管理体系来说无疑是一次重大考验，好在国家应急管理体制改革的正确性在这场实践考验中得到了有力验证，不过同时也发现了一些在今后预案工作中亟待完善的问题，如应急预案体系建设发展不平衡、不充分、新时代发展要求下应急预案体系建设支持力度仍需加强等。

2）应急物流指挥调度的发展

应急物流指挥调度是指为有效应对突发事件由应急指挥中心指挥协调各方参与救援工作，具体包括协调相关部门的快速响应和调度救灾物资的筹集、运输和分发等物流活动。在早期，我国并没有设立专门负责应急指挥调度的机构，每当突发事件发生后才会根据不同事件性质成立相应的临时机构予以紧急应对。但紧急状况下的临时性组织容易存在缺乏应对经验和各部门工作、责任、权利不明晰等问题，易导致相关部门和组织出现各自为政、低效救援的现象，进而很难保证协同应急的效果。

为此，2018 年 3 月，根据第十三届全国人民代表大会第一次会议批准的国务院机构改革方案，我国设立了中华人民共和国应急管理部。应急管理部先后整合了 11 个部门的 13 项职责，包括 5 个国家议事协调机构，涉及 2 支部队近 20 万武警官兵转制。在党中央坚强领导下，应急管理部党委蹄疾步稳推进各项改革举措，顺利完成了机构组建、职能融合和人员转隶，目前应急管理部的主要职责包括：组织编制国家应急总体预案和规划，指导各地区各部门应对突发事件工作，推动应急预案体系建设和预案演练；建立灾情报告系统并统一发布灾情，统筹应急力量建设和物资储备并在救灾时统一调度，组织灾害救助体系建设，指导安全生产类、自然灾害类应急救援，承担国家应对特别重大灾害指挥部工作；指导火灾、水旱灾害、地质灾害等防治；负责安全生产综合监督管理和工矿商贸行业安全生产监督管理等；处理好防灾和救灾的关系，明确与相关部门和地方各自职责分工，建立协调配合机制。成功组建应急管理部，对于加强、优化、统筹国家应急能力，构建一个统一调度、权责一致、权威高效的国家应急指挥体系具有重要意义。

3）应急资源储备的发展

应急资源储备管理是指面向突发事件提供有效的应急资源保障，对应急资源进行筹措、储备甚至涉及运输和配送等流程的资源管理活动，它是应急物流规划中一个重要的组成部分。在我国行政管理体制改革的进程中，随着突发事件应对方式和机制的改变，应急资源储备管理体制在功能以及定位等各方面也在不断进行着变革。

（1）应急资源储备纵向管理体制。目前，从储备主体和储备方式来看，应急资源储备纵向管理体制主要可分为中央储备、地方储备、市场储备和社会储备这几种形式，其中，中央物资储备体系以及中央救灾资金是我国应对重特大突发事件的主导力量。就目前的应急资源储备能力与规模而言，我国中央层面已形成由储备资金、储备设备、储备队伍和储备技术构成的较为先进和完善的储备体系，且中央储备体系不断地进行仓库布局结构调整，旨在提升系统储备能力和调配能力，为全国各地应急物资储备提供有效支撑。鉴于应急管理具有属地原则，地方层面也须根据本地实际的应急需求和实际应急能力，相应构建各地方应急资源储备体系。

案例 3-2

（2）应急资源储备横向管理体制。关于应急资源储备的横向管理体制，以应急物资为例，经过最新一轮机构改革之后，我国成立了国家粮食与物资储备局，旨在通过理顺应急物资管理体制来实现物资的合理储备，凭借管、办、用在物资管理中的分离，为应急物资储备、管理和使用的专业化以及高效化提供有力保障。然而，在现实储备实践中，应急资源的横向储备仍然存在较为分散的现象。例如，民政部门减灾备灾中心、国家粮食与物资储备局以及部分专项应急管理部门都分别行使一定的应急物资储备权利：民政部门减灾备灾中心主要负责储备较大规模的通用应急物资；国家粮食与物资储备局承担储备防汛物资和救灾物资，特别是应急粮源的职责；水利、农业、林业、卫生、铁路、公安等部门也具有相应的专业物资储备职能。这种局面在一定程度上阻碍了应急资源的统一调度和管理。

国家新一轮机构改革试图解决应急管理体制分散的现状，意在提高突发事件应对能力，但我国以应急物资为例的应急资源储备管理体制仍存在一些问题，某种程度上制约着应急保障能力的整体提升。总体来看，目前我国应急资源储备管理仍存在以下问题：应急物资储备模式不够健全，社会化程度仍需加强；应急储备管理模式过于简单、管理体制较为碎片化、库存结构不合理、库存控制与优化意识较差；落后的储备管理方式造成应急资源管理低效，尤其较难及时反映实际需求与供应间的变化关系等。

2. 我国应急物流发展存在的问题

高效的应急物流运作能够为有效应对突发事件提供可靠的资源保障，应急物流在国家应急管理体系中占据重要地位。根据近年来在应对各类突发事件中的实践经验，我国当前应急物流体系尚存在一些问题，亟须从理论与实践上加大探索力度，不足之处总结如图3-2所示。

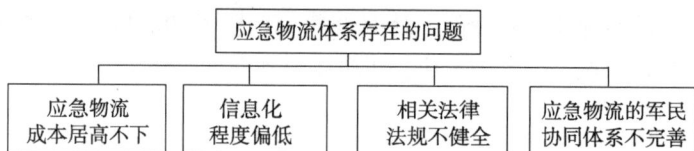

图 3-2　应急物流体系存在的问题

1）应急物流成本居高不下

由于某些重大突发事件受灾范围广、救援难度大，且事态发展走势不可预见，政府为保障快速有效救援和人民生命、财产安全，应急方案通常会优先考虑救援效率而忽略物流运作成本。尤其，我国国土面积大、地势复杂，面对运输距离远且道路交通闭塞的受灾区域，想要在速度和数量上同时保证应急物流的高效性，常常采用高成本的航空物流或者多式联运等运输方式。换言之，突发事件下对应急资源的需求量大且时效性要求高，紧急状况下往往只能放弃以成本优化为导向的运输路线或技术设备，而选择快速高效但成本费用相对高昂的物流方案，且应急储备资源的定期更换也是一笔不小的开支，这均是造成应急物流成本较高的主要原因。

不过，虽然应急物流具有弱经济性，其通常以灾害带来的人员伤害和财产损失最小为目标，而不像常规物流以经济效益最高、综合成本最小为目标，但这并不意味着应急物流体系的建设也应以弱经济性为首要原则，因为灾时相对于平时还是属于小概率事件，如果一味忽略经济性去建设应急物流体系，势必造成巨大浪费，也对应急管理体系建设带来很大的成本压力。毕竟应急物流成本过高会给国家和相关应急组织单位造成一定负担，故降低不必要的应急物流成本势在必行，建设应急物流体系应做到平战结合，充分利用好已有的社会资源共同有效控制应急物流成本。

2）信息化程度偏低

面对紧急突发事件，无论是受灾情况和应急资源供需信息，还是应急物流调配及路线方案等重要节点信息，都需要及时反馈和沟通，若信息收集、传递工作不及时或信息准确度不高，都可能会导致应急指挥机构无法进行有效分析判断，进而出现决策失误、指挥失灵等状况。特别像流感、传染病等这些重大公共卫生事件，其受灾主体本身具有强传染性，对应急物流信息的及时反馈有着更高的要求，一旦灾情信息滞后就可能会导致严重的经济损失和社会安全问题。因此，具有高效的信息化水平对于实时掌握真实受灾情况和及时调整应急物流方案显得格外重要。

然而，目前我国应急物流沟通渠道较为狭窄，信息化程度相对较低，尤其缺乏统一的信息发布和反馈平台。具体而言，当前我国应急物流信息的发布主要依靠政府，来自其他渠道的消息鱼龙混杂，并且缺少关键的应急资源供需数据的实时交互平台，这很可能会造成应急资源重复投放或延迟投放的现象，进而影响应急救援效果。

3）相关法律法规不健全

应急物流法规是指有关应急物流的国家法律、地方（部门、行业）法规和配套规章体系等，对应急物流活动主要起到规范、激励、约束等作用。应急物流法规实际是一种强制性的动员法规，也是一种强制性保障机制。在一些突发事件的应对中（如 2003 年发生的非典疫情），很大程度上暴露出我国应急管理法规包括应急物流法规建设方面滞后的突出问题：由于缺乏有效的法律依据，应急物流系统运作往往不是依照法律的规定，而是依靠地方政府甚至某个领导的专业认识和理解判断，依靠以往的经验，缺乏法定的科学评估、决策、处置机制，以至于贻误时机、影响全局的现象时有发生。而在紧急状态解除后，由于缺乏法规标准，也难以对应急物流活动进行有效的、规范化的审核和评价。由此可见，构建完善的法规体系，是保证有效应对处理重大自然灾害、公共卫生事件和社会安全事件等突发事件的重要基础条件。

目前，我国应急物流保障机制还不够顺畅，保障效率偏低，其中一个根本原因也在于应急物流法规建设相对滞后，这已经成为当前制约应急物流建设与发展的突出矛盾。我国现在还没有专门的应急物流法规，其相关内容一般都融合渗透在有关突发事件应对的法规制度中。国家颁布了《突发公共卫生事件应急条例》《突发事件应对法》等基于突发事件的应急法律法规，但是缺乏专门针对应急物流运作的法律法规，缺乏对物流企业责任义务以及鼓励补偿的应急物流法律规范标准。需要注意的是，缺乏完善的法律标准会导致应急物流在体制机制、指挥流程、单位协同、职责分工、动员补偿和第三方评估等方面均无法可依，也会使得军地、政企在资源保障力量与资源融合上缺少可操作的支撑标准。因此，加速建立健全应急物流法规体系，推动我国应急物流健康发展，具有重大而深远的意义。

4）应急物流中的军民协同体系不完善

应急物流中的军民协同保障主要是指在各种突发性事件的应急资源供应过程中，在军民联合后勤指挥机构的统一领导指挥下，军民双方统一筹划、组织和实施各项应急资源的供应活动。军民协同应急物流体系是在当前军民融合发展背景下，以整合各界力量、优化资源配置、形成集中/高效/统一的调度指挥为目标，将军队应急指挥体系同地方应急指挥体系有机融合，实现军地应急物流体系共建，达到"1＋1＞2"的应急应对成效。与普通应急物流相比，军民协同应急物流保障的时效性更强，保障的运筹组织更加科学，保障能力能够得到更大程度的发挥。因此，实现应急物流中军民高度协同，是应急物流创新发展的重要方向，对提高突发事件应急资源供应能力，保证应急资源的快速、精确、高效流动，满足受灾地区人群和任务部队的应急资源需求等具有重要实践指导意义。

实现应急物流中军民协同保障需要借助现代信息技术，整合军民双方应急物流系统的采购、运输、包装、装卸、搬运、仓储、流通加工、配送及相关信息处理等多种功能环节。而目前制约我国军民融合应急物流体系发展建设的主要矛盾在于"融"和"分"的问题，即"怎么融""融多少"以及如何划分权力边界，具体体现在：①军民双方应急物流体系协同度较低。原有的军方应急物流与地方应急物流本就是两个相互平行、相互独立的体系，两者一般采取资源自我保障的模式。②缺乏高效统一的面向突发事件应急协调指挥机制。突发事件的处置可能涉及军队、地方政府以及社会各界多元力量，关系错综复杂，加之救援情况瞬息万变，这些都对救援行动的指挥提出巨大挑战。虽然我国法律法规对突发事件应急指挥体系有一些相关规定，但在解决实际问题时仍然有时存在缺乏指挥中枢、权力边界模糊、各方相互扯皮的现象。③军民应急物流信息共享与交互难以实现。军队具有严格的保密要求，涉军信息不便对外公开，这也导致军民应急物流信息常互为孤岛，相互间的信息壁垒难以打破。

3.2.3 我国应急物流发展建议

《"十四五"现代物流发展规划》为"十四五"时期我国现代物流的发展指明了方向：到 2025 年，基本建成供需适配、内外联通、安全高效、智慧绿色的现代物流体系；展望2035 年，现代物流体系更加完善，具有国际竞争力的一流物流企业成长壮大，通达全球的物流服务网络更加健全，对区域协调发展和实体经济高质量发展的支撑引领更加有力，为基本实现社会主义现代化提供坚实保障。

作为现代物流的一个重要分支，应急物流体系的建立和完善都是一个循序渐进的过程，需要不断研究其发展规律和运作模式，使其日趋优化。针对目前我国应急物流发展中存在的诸多问题，以下提供了一系列可供参考的改进建议，具体内容如图 3-3 所示。

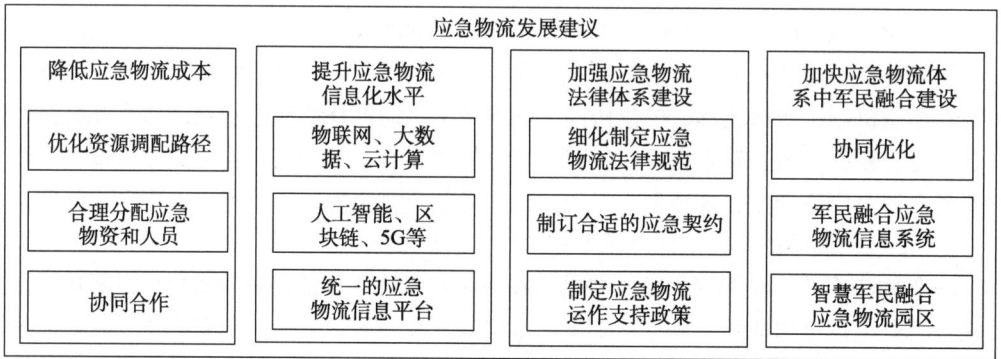

图 3-3　应急物流发展建议

1. 降低应急物流成本

应急物流成本占应急救援总支出的比例越高，表明国家应急物流发展水平越低，过高的应急物流成本有时也会影响应急救援的效率。当前，我国应急物流成本高于国际平均水平，必须开始重视应急物流成本过高的问题，采取合适的措施降低不必要的应急物流支出。

首先，可以从优化资源调配路径的角度出发，在符合时效性且满足需求的前提下对运输路线和运输方式等尽量进行优化选择，以达到控制成本的目的。其次，可考虑根据受灾严重程度，合理分配应急物资和应急人员，力求做到物资的合理利用和应急人员的不浪费。此外，国家亦可积极促进应急物流指挥中心与物流企业之间的分工合作，鼓励充分依托广泛的物流网点和专业的应急物流配送能力，高效率提供应急运输和仓储支持，通过协同合作降低整个应急物流体系的成本开支。例如，在应对"7·20"郑州特大暴雨事件的过程中，不少物流企业积极参与应急救援物资配送工作，为保障人民生命健康、降低灾害损失做出了突出贡献。

2. 提升应急物流信息化水平

物联网、大数据、云计算、人工智能、区块链、5G 等新一代信息技术的集成应用在我国技术革新和产业变革中起着重要作用，物流与供应链领域是新一代信息技术重点应用的方向，有着大好的发展机遇和广阔的发展空间。在推进应急物流建设过程中，应加快推动新一代信息技术发展及其在应急物流领域的创新应用，以提升应急物流建设的信息化、智能化水平，使有限的应急资源得到更高效的利用。例如，可考虑建立统一的应急物流信息平台，通过该平台实现应急物流体系中各组织单位、部门之间的信息沟通与共享，从而方便实时沟通救援实施情况和应急资源供需情况，避免出现资源供大于求、造成不必要浪费的情况；可利用先进的技术手段实现远程跟踪和优化计算，对运输车辆进行实时监控和动态调度，有利于有效动态调整应急方案，以便选择最优的应急调配路径，确保救援物资快速、安全地到达受灾地点。

3. 加强应急物流法律体系建设

一个完善且健全的应急物流法律体系是确保应急物流高效运作与有序发展的先决条件。为进一步加强应急物流法律体系建设，可采取以下措施：①可以依据国家层面应急法律法规进一步细化制定符合各类事件应对实际的应急物流法律规范，确保突发事件发生时，相应的应急物流活动有法可依，以保证对应急物流活动起到约束、规范和激励等作用。②可制定面对各类突发事件时地方政府与相关物流企业间合适的应急契约制度，明确应急物流各方主体的责任和义务，建立合理的应急物流补偿机制，对服务于应急保障的物流企业给予一定资金支持，以吸引物流企业或运输配送部门签订应急救助协议，鼓励物流企业参与应急应对工作的积极性。此外，针对应急物流运作过程中的资源供需信息传递不畅、物资调度困难和应急物流成本高等问题，制定相应的支持政策，以保障突发事件发生时应急物流的顺利运行。

4. 加快应急物流体系中军民融合建设

应急物流体系中军民融合建设既要强调把处置应对突发事件放在第一位，又要注意在军民融合体系中顺利实现"军转民"和"民参军"，协同做到高效收集、处理和传递应急数据信息，协同实现对突发事件的动态监测和有效预警，确保突发事件发生时军民决策高层间能够及时对话与沟通。

军民各部门间的协调优化和高效衔接是建设应急物流体系军民融合的必然要求，具体可以从以下几个方面入手加快军民融合应急物流建设：①军民融合应急物流组织结构应在现有法律制度和行政构架基础上，根据实际功能需要进行协同优化，对军民两个应急物流体系进行合并重组，进而实现应急物流资源的集成使用，达到协同优化的效果。②仅依靠单纯的人工联络模式是难以满足应急物流体系快速响应需求的，可尝试同步建立与军民融合应急物流组织机构搭配的军民融合应急物流信息系统。例如，可根据军民融合应急物流组织结构实际需要，将军民融合共享资源在操作、管理和使用上的功能分散在五个不同的层次，如由下至上分别设为感知层、传输层、数据层、支撑层和应用层。③可在政府部门支持和引导下推动智慧军民融合应急物流园区的建设，以整合区域周边应急物流力量，形成规模应急效应。具体来讲，在建设区域智慧军民融合应急物流园区时要因地制宜、统筹规划，既要考虑区域应急物流需求，也要充分顾及未来军事需要。且在加强基础设施和通信网络建设的同时，可兼顾加快建设辐射周边的智慧交通体系，以实现物联网和车联网等的深度融合，最终提高智慧军民融合应急物流的覆盖面积和共享率。

3.3 应急物流规划概述

应急物流规划是指有计划地引导应急物流的一系列活动，它是应急救援中基础且重要的问题之一。科学合理的应急物流规划对于优化设施布局、提高灾后救援的响应速度、优化各类应急资源配置、提升整体应急管理能力具有重要意义。

3.3.1 应急物流规划的要素与原则

应急物流规划是为了控制、减轻和消除突发事件造成的社会危害，在辨识和评估事件类型、发生概率和事件后果的基础上，对人员、装备、物资、资金、技术、救援行动及其指挥和协调方面做出的具体安排，它明确了在预防、准备、应对和恢复各个阶段应当采取的处置措施和相应的资源准备。为制订一份科学的应急物流规划方案，应当对应急物流规划的基本要素和一般原则有所了解。

1. 应急物流规划的基本要素

在应急物流规划的研究中，常常涉及与供应链相关的一些规划方法，从供应链的角度进行分析，应急物流规划的基本要素包括：

1）物资

应急物资显然是应急物流规划中的重要因素，应急物流活动从开始到结束都是围绕应急物资展开的，其最终目的就是将应急物资合理分配到各需求点。有关应急物资的种类、需求量、质量等都是应急物流规划中需要重点关注的问题，忽视这些问题可能会导致"物资聚集"现象的出现。即大量低优先级甚至无用的物资涌入灾区，致使高优先级物资的运输通道被占用，同时还需要消耗大量人力、物力去对这些低优先级物资进行分拣和清理，应急物流活动的效率大大降低。

2）信息

在突发事件应急管理活动的各个阶段，各方应急组织都需要合理运用现代信息技术与相关机构或公众保持良好的信息沟通关系，以此形成一个高效协同的应急系统。例如，运用互联网、云计算、大数据、人工智能、区块链、5G 等先进信息技术搭建多方主体共同参与的应急信息平台，对应急资源进行高效管理并实施动态监控、及时发布资源运输情况和仓储余量等信息，以实现应急物流体系中各单位、部门之间的信息沟通与共享，提升面向突发事件应急物流信息的互通共享水平，最终形成相关政府部门组织统筹、各职能部门协调配合、社会力量有序参与的高效应急物流系统。

3）资金

几乎所有的物流活动都需要资金的支持。筹措和管理应急资金，为应急物流活动建立财政保障，也是制订高效应急物流规划的一个关键环节。在我国，政府的财政拨款是应急资金保障的基础，面对突发事件的发生，政府常常第一时间向受灾区域下拨救灾资金。

《中华人民共和国预算法》规定，各级政府预算应当按照本级预算支出额的 1%~3% 设置预备费，用于当年预算执行中的自然灾害救灾开支以及其他难以预见的特殊开支。此外，国家在充分发挥政府应急主导作用的同时，应将社会和企业的力量整合起来以形成一股强大合力，这是一个调动全社会所蕴藏人力、物力和财力以服务于抗灾救灾大局的明智策略，不仅可以减轻政府财政负担、提高国家应对突发事件的能力，还可激发社会公众众志成城、共克时艰的信心和士气，提高全社会和谐程度，产生良好的社会效益。

4）人力

应急物流规划是一项专业性强、危险性高、时效性强的工作，它需要一支受过专门训练、行动迅速、装备精良的应急队伍来完成。这支队伍主要由地方各级应急决策指挥人员、公安、消防、卫生、水利、环保、地质、武警等现场处置人员组成。为提高应急物流管理水平，各单位组织需不断加强对应急人力资源能力的培训，了解国家和各地方应急管理体系建设实践、重大事故应急处置程序和要求等，尤其要注重理论学习与实践训练相结合，可通过大量的案例分析和跨区域、跨行业演练等方式，切实提升应急人员的实战能力。

5）知识

知识是连接上述四个应急物流要素的纽带，应急物流活动的不同环节需要不同的知识，且这些知识和经验的传承非常重要。突发事件发生后，为提升全社会应急意识、安全意识和责任意识，各相关主体应当及时对灾害事故案例进行梳理并相应建立案例库。通过认真总结应急救援和现场处置的成功经验、吸取各类灾害事故教训，形成一个高效可复用的应急物流服务知识体系，进一步筑牢防灾、减灾、救灾的人民防线。

2. 应急物流规划的原则

我国是一个灾害事件多发频发的国家，近年来的诸多重大灾害提醒我们，加强应急物流规划势在必行。为保障突发事件应对的各项工作能够及时、有序、有效地展开，真正做到统一指挥、统一调度，分级负责、互相协作，从而确保物流安全并保障物流畅通，在进行应急物流规划的过程中应当遵循以下原则，将其简要归纳列于表 3-4 中。

表 3-4　应急物流规划的原则

原　　则	相　关　内　涵
系统性原则	应急物流规划不能仅仅停留在"点"上，要尽可能运用系统的分析方法，统筹考虑规划方案中的各个流程、各个环节和各种要素
可行性原则	无论从人力、物力、财力和技术等各方面进行衡量，应急物流规划都必须是切实可行的
社会性原则	在进行应急物流规划时，相比于经济效益，应当优先考虑社会效益
预防性原则	在进行应急物流规划的过程中应当遵循预防为主、事前防范与事后应急相结合的原则，这也是我国应对突发事件的基本方针

1）系统性原则

系统性原则是指应急物流规划不能仅仅停留在"点"上，要尽可能运用系统的分析方法，统筹考虑规划方案中的各个流程、各个环节和各种要素。相较于传统物流来说，应急物流活动涉及多个阶段（如预防、准备、应对和恢复）、多方参与主体（如政府、军队、社会团体、企事业单位及志愿者等）和多种要素（如人力、物资、资金、信息等），因此大大增加了统筹协调的难度。坚持系统性原则实际是应急物流规划发挥整体优势、实现最佳效能的基本保障。

2）可行性原则

可行性原则是指从人力、物力、财力和技术等各方面进行衡量，应急物流规划都必须是切实可行的。即在突发事件发生前、发生时和发生后的完整过程中，应急物流规划应当采取尽可能合理、科学的应对手段和方法，并且切实具备实施这些手段和方法的物质条件。在制订应急物流规划时，需要根据突发事件的特点和危害程度，明确不同阶段的应急处置措施，再根据突发事件的进程和处置措施，确定每个阶段所需要的应急资源，最终形成具有针对性、实用性和可操作性的规划方案。

3）社会性原则

社会性原则是指在进行应急物流规划时，相比于经济效益，应当优先考虑社会效益。因为应急物流的根本目的不是盈利，而是为了最大限度地保障受灾群众的生命财产安全。例如，无论是向受灾区域提供生存所必需的生命保障类资源，还是为了救治伤员、防止疫病传播派发医疗防控类资源，抑或是调配机械工程类资源用来重建家园，最终目的都是为了保障受灾区域和受灾群众实现正常的社会、经济和文化活动，即都是为了获得社会效益而非经济效益。

4）预防性原则

预防性原则是指在进行应急物流规划的过程中应当遵循预防为主、事前防范与事后应急相结合的原则，这也是我国应对突发事件的基本方针。预防是应急物流规划中基础且关键的环节，其主要目的是通过预测分析潜在的危害和可能发生的突发事件，并采取相应的防范性措施，制订详尽的应对计划，来最大限度地减少灾害事件的发生及灾害事件造成的损失和影响。凡事预则立，不预则废，在平常状态下也应当增强忧患意识、坚持底线思维，做到居安思危、未雨绸缪。将事前防范纳入应急物流规划中，能够有效降低潜在突发事件对应急物流系统的影响，有助于提高整个应急管理体系的韧性。

3.3.2　应急物流规划的目标与过程

应急物流规划活动需要广泛动员社会各种力量相互协作地共同参与，在规划时注意要遵循一定目标的指引，且整个应急物流规划需面向突发事件应对的全过程进行设计和执行。

1. 应急物流规划的目标

面对各类突发事件，应急物流规划的总体目标是支持和保障应急管理主体快速响应和采取处置措施，将灾区最需要的应急资源快速、精准、高效地送达，尽最大可能抢救受灾人员生命和减少财产损失。为了保证应急物流实现救援服务最优，制订应急物流规划时需要满足以下目标。

1）快速响应

时效性是应急物流的本质特性，应急物流规划需以追求时间效益最大化为首要目标，即在最短的时间内最大限度地满足灾区对相关资源的紧急需求。是否能够做到快速响应是衡量一个应急物流规划有效与否的关键，它关系到是否能够及时地满足灾区应急需求，以及对突发事件的应急处置效果究竟如何。

2）满足需求

快速响应是对应急物流规划的要求和实现形式，而满足需求则是应急物流规划的主要内容。面对各类突发事件，需要将受灾区域所需要的相关资源快速送达灾区以满足其紧急需求。与一般物流不同的是，在灾害发生初期，灾区对应急资源需求的种类和数量无法准确获得，只能通过预测、评估、大数据分析等技术来尽可能地推测应急资源需求的种类和数量。只有将灾区最需要的应急资源种类和合适数量的资源及时送达灾区，才能最大化应急物流救援服务效果。

3）最小偏差

突发事件具有突发性和随机性等特点，且由于应急物流过程包括储备、调配、协调等环节，每个环节都有一定风险和不可控因素，这均给应急物流需求预测增加了不确定因素。面临这种需求不稳定和资源供给有风险的情况，为提高应急物流的准确性、可靠性和抗干扰性，尽可能的偏差最小化是应急物流规划所追求的目标。

4）降低成本

同一般物流活动一样，应急物流活动自然也会有相应成本，且随着救援时效性要求越高，其所耗成本也越高。面对各类突发事件多发和频发的现象，在应急救援资金有限的前提下保障应急救援效果的同时应该尽量控制应急物流成本。尤其值得注意的是，在突发事件的应对过程中，并不总是应急资源到达数量越多、时间越短就越好，而更应追求在满足灾区需求时间要求的前提下将合适种类和数量的应急资源送达灾区，从而实现应急物流救援服务的效用最大化。

因此，在实现快速响应、满足需求和最小偏差三个目标后考虑降低成本这一目标，也符合全过程应急物流规划的要求：前期侧重于抢救受灾群众生命财产，中期侧重于维持受灾群众基本生活，后期侧重于灾后重建家园。

2. 应急物流规划过程

应急物流规划是一个复杂的过程，依照突发事件应急管理的步骤，规划大体涉及四个阶段：预防、准备、应对和恢复（如图 3-4 所示），每个阶段规划工作的重点各不相同。

1）预防阶段

预防是突发事件发生前的预先防备。应急物流规划在预防阶段的职责和工作，主要是通过合理储备和预置一些应急资源，以保障突发事件发生后应急资源的及时供应。应急物流预防性规划是应对各类突发事件的基础和关键，深刻体现了防患于未然的风险防控意识。

在预防阶段，应急物流规划的主要措施包括：合理设置应急资源储备库，建立科学的应急资源储备体系，尤其要重视潜在风险的评估。具体地，要根据不同地区的特点和需求，制订应急资源储备计划，在重要地区和关键位置建立应急资源储备库，以确保应急资源的储备数量和种类充足。需注意的是，应急资源储备库要具备良好的储存条件和安全措施，

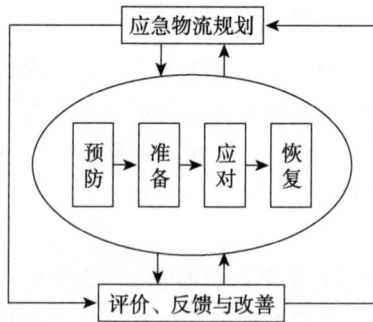

图 3-4　应急物流规划过程

并定期对库内的应急物资进行检查和更新，保障其质量和有效期。

2）准备阶段

应急物流规划准备是指针对可能发生或刚开始发生的突发事件所做的一系列应急资源准备工作，充分的应急物流准备能够有效降低甚至避免突发事件所带来的损害。应急物流规划准备方案的科学制定和实施，可以提高突发事件应急物流保障能力和水平，这是应急物流规划中基础且关键的环节。

应急物流规划可以采取的准备措施有：利用先进的现代信息技术，构建应急资源管理系统，实现应急资源的全程追踪和管理，通过加强风险监测建立并完善预警系统；与相关部门和机构建立信息共享平台，实现信息的互通共享，以便后续及时做出应急决策；依靠专家的知识经验及一定的技术方法对应急资源需求量进行科学预测，对应急资源进行预先科学采购、合理布局及有效控制；对可能发生的各种情况制订详尽的应急资源预案。

3）应对阶段

应对是指对突发事件的及时响应。突发事件一旦发生，就要即刻启动相应的应急预案，确定各种应急资源的调出数量、调出地点、车辆行车线路、调往目标等详尽的配送方案，采取各种必要措施将应急资源科学合理地调配到各个应急需求点，以满足受灾区域对应急资源的迫切需求，这就是应急物流规划在应对阶段的主要工作。

在应对阶段，应急物流规划的关键是实现应急资源的高效调配，主要包括以下内容：通过卫星遥感探测、受灾地信息传达等方式，快速获取受灾区域的灾情信息，进行初步的应急物资需求预测；根据应急物资需求预测结果和应急物资储备情况，决定是否需要采购资源及相应资源的采购数量；根据受灾点的需求信息、救援点的储备信息、救援点到受灾点的路况和运输距离等，制订最优的应急资源调配方案。

4）恢复阶段

恢复重建是指在突发事件得到有效控制之后，为了恢复受灾区域正常的秩序和状态所进行的各种善后工作。在这一阶段，应急物流规划的主要内容是为恢复重建工作提供相应的物流支持，并对应急物流规划进行全过程的总结和评估，以提高今后的应急物流水平。

应急物流规划可以采取的恢复措施有：为修复生命线工程、修复公共基础设施等恢复重建工作提供物流支持；对多余的应急资源进行回收和再利用，以减少资源浪费和环境污染；补充应急资源库存使其恢复到突发事件发生前的储备水平；对应急物流规划进行整体的、系统的评估等。

3.3.3　应急物流规划中的关键问题

应急物流规划涉及灾前预防与准备、灾后响应和恢复的全过程,规划的好坏直接影响应急救援工作的响应速度和救援效果。为了最大限度地预防和减少突发事件所带来的损失、保障人民群众生命财产安全,有必要对应急物流规划中的关键问题进行深入探究。

1. 应急资源需求预测规划

应急资源需求预测规划是在得到灾情信息后,依据受灾点的应急资源请求、历史案例的匹配情况以及灾情信息推算的结果,对突发事件下各受灾点进行需求预测,从而得到各受灾点对应急资源种类、数量、紧急程度等的预测结果,为后续的应急资源调配方案提供依据。

应急资源需求预测是制订应急物流规划、合理配置应急资源的前提。但是灾害发生后,由于信息沟通和交通运输受阻,使得应急救援部门通常难以在第一时间获取准确的需求信息。这就要求相关人员需要运用科学的方式进行应急救援资源的预测,通过灾情评估、信息收集、资源预测等步骤预估受灾区域所需应急资源。在进行应急资源需求预测规划时,应当关注以下几个问题:①做好完备的基础数据资料储备。例如建立数据准确、详尽的地理信息系统(geographic information system,GIS)数据库。因为掌握翔实的灾害影响区域人口、社会和经济统计资料,对于迅速准确判断灾害损失情况具有关键性的作用。②建立各类突发事件案例库、历史事件资料库等。据此可以快速找到与当前发生事件相似的历史事件,从而迅速推断出当前事件的许多性质和特征。③完善不同部门间的数据共享、信息共享机制。良好的信息共享机制能够实现多个部门和单位之间的及时沟通和协调,提高各方之间的协作配合能力,进而形成"1 + 1 > 2"的整体合力,提高应急救援工作的效率和质量。

2. 应急资源储备选址规划

应急资源储备选址规划是指基于各需求点处应急资源需求预测结果,以实现全局利益最大化为目标,对应急资源储备网络进行整体规划和布局,旨在达到应急资源的合理配置。应急资源的合理分布,不仅可以降低成本,而且可以保证应急救援的时效性,从而最大限度地减少人员伤亡和财产损失。

应急资源储备布局应当以"兼顾全面,保障重点"为原则,即在兼顾全面的基础上,保证突发事件处置的重点部门、重点任务和关键环节上的资源需要,特别是对稀缺资源的最佳利用。具体来讲,在进行应急资源储备选址规划时,一般遵循以下步骤(如图 3-5 所示):①做好选址准备工作。这一步主要是要明确应急资源储备选址的意义、调研用于选址决策的各类基础数据、提出经济及非经济类方面必须达到的指标,为最后的决策方案提供标准。②确定选址的主要影响因素。全面分析影响应急选址规划的因素变量,并筛选出主要影响因素,这对于把握决策目标、明确选址的限制条件、确定合适的总选址工作量来说基础且关键。③建立选址模型并求解。根据上述的选址目标和约束条件,构建相应的数学模型,并采用恰当的方法进行求解,得出备选选址方案。④对选址方案进行评价和分析。评价考虑的因素有很多,如应急设施的覆盖范围、设施点与需求点之间的距离、需求点的满意程度、经济成本等,一般情况下会选取综合评价较高的方案作为最终的应急选址决策方案。

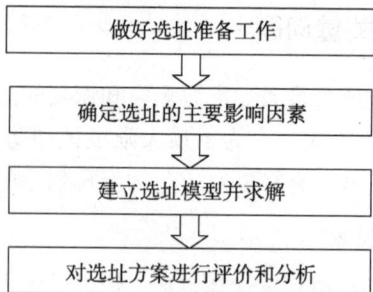

图 3-5　应急资源储备选址规划的步骤

3. 应急资源库存管理规划

应急资源库存管理规划是指采用科学的库存管理方法对应急资源进行预测、计划、执行、控制和监督，使其满足面对突发事件救灾资源需求的基础上，尽可能降低库存成本的管理行为。科学确定应急资源的储备规模，有效实现对应急资源的库存控制，能够在实现应急资源保障的同时，减少各类资源的冗余和浪费。

应急资源库存管理主要包括两方面内容：①应急资源管理，即合理管理应急资源，以保证应急资源的种类、数量和质量，提高资源保障水平。②库存成本管理，即合理控制库存水平，以降低库存成本。应急资源库存管理规划的关键就在于在上述两者之间寻求平衡，以达到两者的最佳结合。在进行库存管理规划时，往往需要借助一些科学的库存管理方法，其中传统的库存管理方法包括库存 ABC 分类法、经济订货批量法、统计分析法等。而现代库存管理还包括多级库存控制管理、供应商管理库存、联合库存管理和协同规划预测补给等方法。

4. 应急资源调配规划

应急资源调配是面对突发事件应急响应和应急决策的重要内容。应急资源调配规划是根据灾情特点、灾区需求以及救援需要在不同地区和部门之间实现应急救援资源的科学、有序和快速的调度。这里应急资源指包括应急救援队伍、应急救援物资、救援设备、救援资金等。

及时有效地调动人、财、物、通信、技术等各种资源，能够为突发事件的应急处置与救援提供重要保障。在进行应急资源调配规划时，可以从以下几个方面入手来提高调配效率：①利用人工智能、大数据分析等手段，提升应急资源需求分析精确性，优化应急资源供应路径，提高供需匹配度，为应急资源调配决策提供快速、科学、精确和可视化技术服务。②构建应急资源智慧调配平台，实现应急资源调配的全程监管、统一调拨、动态管理和信息共享。③ 建立政府主导、社会共建、多元互补、调度灵活、配送快捷的应急资源调配体系，保证应急资源迅速送达救援救灾一线。

案例 3-3

5. 恢复重建中的应急物流规划

恢复重建是指在突发事件发生后，为保障正常的社会和经济活动、修复各类生命线工程和公共基础设施、恢复正常的生活和生产秩序而采取的相关措施，以及当突发事件应急处置工作基本结束后，为恢复受影响地区与群众的生活生产、促进受影响区域经济社会可持续发展所做的一系列工作。这些恢复重建工作的规划和实施离不开物流活动的支持。

恢复重建中的应急物流规划主要包括以下内容：①为初期的社会秩序恢复和公共设施恢复提供物流支持。在应急处置措施结束之后，仍然需要根据突发事件影响区域的实际情况保障其救灾和重建资源，特别是保证生活必需品的调拨、运输、存储及发放的安全有序进行。为修复公共设施提供物流保障，例如通过派遣相关管理人员和维修人员、运输所需工具和材料等方式优先恢复水、电、气、热等生命线设施的正常使用。②救灾资源的回收和再利用。为提高救灾资源的使用效率和循环利用效率，应当遵循"科学使用、合理回收、节约资源、提高效能"和"谁发放、谁回收"的原则，做好非消耗类应急资源（如各类帐篷、折叠床、简易板房、发电机组等）的回收和再利用工作。③对应急物流规划进行评估总结。按照一定的流程，依据一定的指标体系，对整个应急物流过程进行数据收集、信息获取及情况调查等活动，以查找并发现常态和非常态应急物流规划工作中的问题和薄弱环节，进而提升应急物流水平和应急救援效率，完善应急管理工作。

本章小结

合理的应急物流规划能够实现突发事件下整个应急过程的快速响应，加快各环节流通速度，大幅提升应急物流效率，确保应急资源保质保量、及时有效地被送达受灾区域，从而实现救援目标。对此，国务院印发的《"十四五"现代物流发展规划》明确提出提升应急物流发展水平的任务要求，具体包括完善应急物流设施布局、提升应急物流组织水平和健全物流保通保畅机制等。

在制订科学高效的应急物流规划之前，有必要阐释清楚应急物流和应急物流规划的相关基础理论。故本章首先介绍了有关应急物流的基础知识，包括应急物流的定义、特点和分类，以及应急物流与商业物流的区别。其次，详细介绍了应急物流领域研究概况、我国应急物流体系的现状及问题，并给出了相应的发展建议。最后，在详述应急物流规划基本要素、原则、目标和过程的基础上，特别强调了应急物流规划中需注意的关键问题，具体包括：应急资源需求预测规划、应急资源储备选址规划、应急资源库存管理规划、应急资源调配规划和恢复重建中的应急物流规划等。

思考题

1.【容易】试述应急物流与传统商业物流的区别。

2.【中等】根据应急物流领域的研究概况，谈谈你对哪个方面更感兴趣。

3.【中等】在具体实践过程中，我国应急物流体系存在哪些问题？

4.【容易】应急物流规划的原则是什么？

5.【容易】应急物流规划的目标是什么？

6.【容易】应急物流规划的过程包括哪些？

7.【中等】应急物流规划中的关键问题有哪些？选择其中两个问题进行详细叙述。

即测即练

参考文献

[1] 国务院办公厅. 《"十四五"现代物流发展规划》[EB/OL]. 2022-12-15. https://www.gov.cn/zhengce/content/2022-12/15/content_5732092.htm.

[2] Kemball-Cook D, Stephenson R. Lessons in logistics from Somalia[J]. Disasters, 1984, 8(1): 57-66.

[3] Carter W N. Disaster Management: A Disaster Manager's Handbook[M]. Philippines: Asian Development Bank, 1992.

[4] Tufekci S, Wallace W A. The emerging area of emergency management and engineering[J]. IEEE Transactions on Engineering Management, 2002, 45(2): 103-105.

[5] 高东娜, 刘新华. 浅论应急物流[J]. 中国物流与采购, 2003, 23: 22-23.

[6] 欧忠文. 应急物流[J]. 重庆大学学报（自然科学报）, 2004（3）: 164-167.

[7] 左小德, 梁云, 张蕾. 应急物流管理[M]. 广州: 暨南大学出版社, 2011.

[8] Holguín-Veras J, Jaller M, Van Wassenhove L N, et al. On the unique features of post-disaster humanitarian logistics[J]. Journal of Operations Management, 2012, 30(7-8): 494-506.

[9] Kovacs G, Moshtari M. A roadmap for higher research quality in humanitarian operations: A methodological perspective[J]. European Journal of Operational Research, 2019, 276(2): 395-408.

[10] Van Wassenhove L N. Humanitarian aid logistics: supply chain management in high gear[J]. Journal of the Operational Research Society, 2006, 57(5): 475-489.

[11] 侯汉平, 杨建亮. 属地应急物流管理[M]. 北京: 经济科学出版社, 2019.

[12] 樊彧. 应急物流数学规划模型框架的构建和改进[D]. 合肥: 中国科学技术大学, 2021.

[13] 戢晓峰, 杨春丽, 郝京京, 等. 国内外应急物流研究热点对比与展望[J]. 中国安全科学学报, 2021, 31（12）: 144-152.

[14] Vlachos D, Tagaras G. An inventory system with two supply modes and capacity constraints[J]. International Journal of Production Economics, 2001, 72(1): 41-58.

[15] Blewener A, Holch M, Muller U, et al. Impact of preclinical effort and logistics on lethality after severe trauma[J]. Unfallchirurg, 2002, 103(2): 137-143.

[16] Sheu. An emergency logistics distribution approach for quick response to urgent relief demand in disasters[J]. Transportation Research Part E: Logistics and Transportation Review, 2007, 43(6): 687-709.

[17] Ben-Tal A, Chung B D, Mandala S R. Robust optimization for emergency logistics planning: Risk mitigation in humanitarian relief supply chains[J]. Transportation Research Part B: Methodological, 2011, 45(8): 1177-1189.

[18] Levitin G, Lisnianski A. A new approach to solving problems of multi-state system reliability optimization[J]. Quality and Reliability Engineering International, 2001, 17(2): 93-104.

[19] Kutanoglu E, Mahajan M. An inventory sharing and allocation method for a multi-location service parts logistics network with time-based service levels[J]. European Journal of Operational Research,

2009, 194(3): 728-742.

[20] Rodríguez-Espíndola O, Albores P, Brewster C, et al. Disaster preparedness in humanitarian logistics: A collaborative approach for resource management in floods[J]. European Journal of Operational Research, 2018, 264(3): 978-993.

[21] Qi C, Hu L. Optimization of vehicle routing problem for emergency cold chain logistics based on minimum loss[J]. Physical Communication, 2020(40): 1-7.

[22] Edrissi A, Nourinejad M, Roorda M J, et al. Transportation network reliability in emergency response[J]. Transportation Research Part E: Logistics and Transportation Review, 2015, (80): 56-73.

[23] Zhan S, Liu N, Ye Y. Coordinating efficiency and equity in disaster relief logistics via information updates[J]. International Journal of Systems Science, 2014, 45(8): 1607-1621.

[24] 丁璐，颜军利，朱笑然，等. 突发灾害救援应急物流现状及发展趋势研究[J]. 防灾科技学院学报，2018，20（02）：45-51.

[25] 季永伟. 应急物流在我国发展的现状与对策分析[J]. 中国商论，2019（14）：10-11.

[26] 陈婕，董皞. 我国应急物资储备管理体制改革与法律保障问题研究：以总体国家安全观为指引[J]. 行政管理改革，2021（06）：68-74.

[27] 韩芷若. 重大公共卫生事件下我国应急物流管理现状及对策分析[J]. 物流科技，2021，44（06）：75-77.

[28] 曹继霞，梁长坤，张静. 军民融合应急物流协同机制文献综述[J]. 军事交通学院学报，2018，20（6）：42-45.

[29] 周竞宇，杨西龙. 军民融合应急物流体系建设路径研究[J]. 舰船电子工程，2019，39（12）：1-4+25.

[30] 黄朝峰，鞠晓生，纪建强，等. 军民融合何以能富国强军[J]. 经济研究，2017（8）：187-201.

[31] 张江华，李玉晨. 面向次生灾害的应急物流网络规划研究[M]. 北京：科学出版社，2022.

[32] 缪成. 突发公共事件下应急物流中的优化运输问题的研究[D]. 上海：同济大学，2007.

[33] 曹杰，朱莉. 现代应急管理[M]. 北京：科学出版社，2011.

[34] 王亮. 应急物资系统规划与运作优化模型研究[M]. 北京：经济科学出版社，2018.

[35] 闪淳昌，薛澜. 应急管理概论：理论与实践（第二版）[M]. 北京：高等教育出版社，2020.

[36] 张霞. 基于平急结合的救灾物资联合库存管理研究[D]. 北京：北京交通大学，2016.

[37] 中华人民共和国应急管理部.《"十四五"应急物资保障规划》[EB/OL]. 2022-10-11. https://www.mem.gov.cn/gk/zfxxgkpt/fdzdgknr/202302/t20230202_441506.shtml.

第 4 章　灾前应急物流规划

【学习目标】

【学习目标】

1. 理解应急资源的定义、应急资源需求的特点以及应急资源需求预测的原则。
2. 掌握常用的应急资源需求预测方法。
3. 理解应急资源储备选址的影响因素和选址原则。
4. 掌握应急资源储备选址经典方法与传统模型。

【本章知识脉络图】

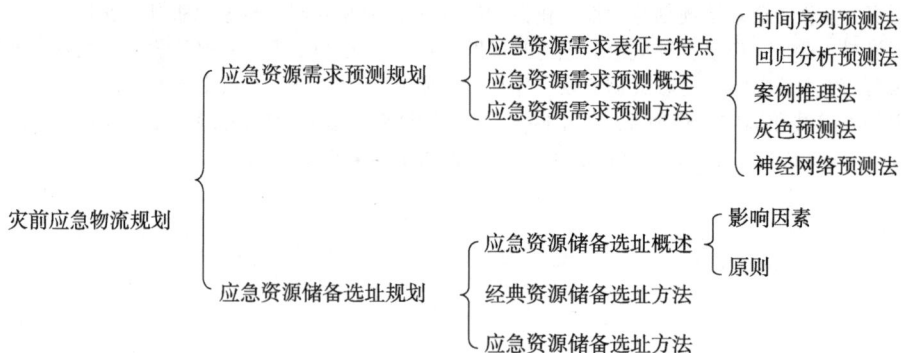

```
                                                   ┌ 应急资源需求表征与特点          ┌ 时间序列预测法
                              ┌ 应急资源需求预测规划 ┤ 应急资源需求预测概述          │ 回归分析预测法
                              │                    └ 应急资源需求预测方法 ─────────┤ 案例推理法
                              │                                                   │ 灰色预测法
灾前应急物流规划 ─────────────┤                                                   └ 神经网络预测法
                              │                    ┌ 应急资源储备选址概述          ┌ 影响因素
                              └ 应急资源储备选址规划 ┤                              └ 原则
                                                   │ 经典资源储备选址方法
                                                   └ 应急资源储备选址方法
```

　　为深入学习贯彻党的二十大精神，全面开启社会主义现代化强国建设新征程，国务院印发了《"十四五"现代物流发展规划》。该规划坚持底线思维，积极贯彻落实总体国家安全观，把提升现代物流安全应急能力建设作为重要努力方向，旨在有效应对各种传统、非传统风险挑战，提高战略物资、应急物流和国际供应链等保障水平，维护产业链、供应链安全稳定。

　　如前所述，应急物流规划在应急预案体系建设乃至整个应急规划中都发挥着重要作用。依照灾害发生前后可能造成的影响，可大致将这项复杂的系统工程划分为灾前和灾后规划两个部分，前者侧重于应急资源的提前预置，后者强调应急资源的快速筹措和高效调配等，目的都是为了最大限度降低突发事件造成的损失、保障人民群众生命财产安全。本章聚焦灾前应急物流规划，从应急资源需求预测规划和应急资源储备选址规划两方面着手，重点介绍应急资源需求的基础理论和常见预测方法，以及应急资源储备选址基础理论、经典选址方法和传统选址模型。

4.1　应急资源需求预测规划

面向突发事件的应急资源保障工作中，前期最重要任务之一就是根据有限信息尽可能准确地预测出各种应急资源的需求量，从而为后续应急救援过程中的资源合理分配和科学调度提供有力依据。简言之，应急资源的需求预测是应急资源保障的基础和前提。本小节拟在分析应急资源及资源需求概念和特点的基础上，重点介绍应急资源需求预测的原则和方法。

4.1.1　应急资源需求表征与特点

应急资源是指为处置突发情况所需要的各种资源，主要包括：①物资资源，指应对突发事件时需要使用的生活必需品、药品和医疗器械、粮食等物资。②人力资源，即专职应急管理人员、应急专家、专业应急队伍和辅助应急人员、社会应急组织、应急志愿者队伍、国际应急组织以及武警与军队等。③资金资源，指应对突发事件时确保应急工作开展的应急救援专项资金、应急储备资金等。④技术装备与技术资源，指应对突发事件时需要动用的交通运输工具、应急通信或医疗卫生等设备，以及所需的救援、医疗和工程等各种技术手段。

1. 应急资源需求的表征

应急资源需求一般指有效应对突发事件时所需资源的最低要求。其中，"有效"意味着应对突发事件的效益要高，也指资源的使用效率要高；"最低"反映了在确定应急资源需求的过程中实际蕴含着优化思想，即在给定突发事件类型和强度等条件下需明确为应对突发事件所需最低限度要求的资源。

实际上，应急资源需求可以从三个方面来进行表述和衡量，分别是：资源的数量需求、资源的质量需求和资源的结构需求，具体内涵描述参见表 4-1。

表 4-1　应急资源需求的表征

应急资源需求的表征	含　义
资源的数量需求	指为有效应对突发事件所必需资源的最小需求数量
资源的质量需求	包括对资源的准时性、可靠性以及成本等方面的要求，可选用资源筹集时间、资源筹集风险和资源筹集成本等几个指标来进行描述
资源的结构需求	指所需各类资源之间的结构比例关系，通常可用一个相对的指标来刻画这种关系

1）资源的数量需求

资源的数量需求是指为有效应对突发事件所必需资源的最小需求数量。它通常用所需资源的数量大小来描述，如"某次地震事件中需要粮食100吨、棉衣500件"等。资源数量需求的大小通常与突发事件的等级、强度以及突发事件的发生环境有关，一般情况下，突发事件级别越高、影响范围越大、受灾区域周围人口密度越高，所导致的社会经济损失就越大，所需资源需求的数量也就越多。

2）资源的质量需求

资源需求不仅体现在数量方面，也有质量相关的要求，且一定量的资源数量需求往往建立在一定质量需求的基础上。资源的质量需求包括对资源的准时性、可靠性以及成本等方面的要求，可选用资源筹集时间、资源筹集风险和资源筹集成本等几个指标来进行描述。突发事件的性质、事件发生的规模、可能造成的危害及其应急应对方式等都会影响到资源的质量需求。

3）资源的结构需求

资源的数量和质量需求可能无法完全反映资源的整体需求状况，有时还需要结合资源的结构需求来综合分析。所谓资源的结构需求，具体是指所需各类资源之间的结构比例关系，通常可以用一个相对的指标来刻画这种关系。如在应对一些突发公共卫生事件的过程中，不仅要考虑到防护口罩和防护手套的需求量，同时还要考虑到口罩与手套的比例关系；再如在对伤员进行紧急抢救的过程中，只有药品是不够的，还需配套一定比例的医疗器械，这些不同种类的资源之间存在着一定比例的相关性。突发事件的不同类型影响着资源的结构需求，即不同类型的突发事件往往需要不同种类的资源需求组合。

知识拓展 4-1

2. 应急资源需求的特点

应急资源需求与一般资源需求存在显著差异，其特点主要体现在突发性、不确定性、时效性以及社会性等方面。

1）突发性

突发事件的一个显著特点就是突发性，且可能会在很短时间内造成巨大的影响和破坏，相应地，应急资源的需求也具有突发性。由于应急资源储备库通常无法在日常储存应对所有突发事件的完整资源，且应急需求常常在极短时间内从正常状态迅速飙升至异常水平，导致资源需求急剧膨胀，故在突发事件爆发初期阶段时资源短缺的现象往往相对突出。不过随着应急资源筹措活动的开展和突发事件的持续应对处置，资源需求会慢慢回落至平时正常需求状态。

2）不确定性

应急资源需求的不确定性来源于突发事件的不确定性。突发事件的发生通常较为突然，事件发生的时间、地点、种类以及破坏程度等因素不易被提前察觉，且事件爆发后往往因存在着严重的信息不充分、不及时、不全面或不准确现象，而无法及时确定应急物资需求的种类、时间、地点等要素，最终导致很难准确预测应急资源需求。

3）时效性

由于突发事件自身紧急性的特征，要求应急资源需求必须在较短时间内得到满足，故应急资源需求具有很强的时效性。而且突发事件造成的损失与应急资源需求是否能够及时得到满足存在着极大的相关性，这也要求应急资源的筹措要尽量做到快速、及时和准确。

4）社会性

突发事件应急管理属于一种公共管理行为，是一种特殊类型的社会活动。紧急状态下为了有效应对突发事件而产生的应急资源需求往往带有一定的法律性、强制性和保障性，故与一般资源需求相比，应急资源需求具有更强的社会性特征。

4.1.2　应急资源需求预测概述

面向具有突发性、不确定性、时效性和社会性等特征的应急资源需求，灾前应急物流规划中最重要的任务之一就是选用合适的需求预测手段对其进行科学预测。

1. 应急资源需求预测的原则

现有的需求预测方法有很多，针对不同的预测对象需要采用不同的预测手段，且各预测方法都有其使用时需遵循的约束条件。在开展需求预测工作时，应当选择与预测对象特点相符的预测方法和模型，同时也需注意遵循一定的原则。一般而言，为保障需求预测结果的科学性和准确性，应急资源需求预测应遵循以下四方面原则。

知识拓展 4-2

1）有效性原则

应急资源需求预测的结果是应急资源选址布局和调配决策的前提和基础，其有效性是满足应急救援需求和实现应急资源充分高效利用的重要保障。只有保证预测方法以及预测结果的有效性，才能使灾前预测在整个应急规划体系的科学决策过程真正发挥作用。因此，有效性原则可谓是评估应急资源需求预测方法是否合理的首要原则。

2）经济性原则

应急资源的需求预测应以经济性原则为指导，即采用相对经济的预测方法来达到较为理想的预测结果。例如，需求预测往往需要以大量数据和信息为基础，而发现和获取信息需要一定的成本，且所获信息与所耗成本之间的关系并非总是线性的，常会呈现出非线性特征，有时为了获得更为准确、详细的信息，付出的成本可能会大大增加，这时就需要综合考虑经济性原则来权衡付出成本与预测精度间的平衡。

3）可靠性原则

可靠性原则是指在进行应急资源需求预测的过程中，应充分考虑不同地区、不同类型突发事件的差异以及为应对突发事件所需资源、技术等现有条件的实际情况，确保预测所需的相关信息能够被及时可靠地获取和更新，而且所依据的这些数据来源也应当具有一定可信度，否则预测结果可能不准确、不可靠。

4）动态性原则

由于各类突发事件在时空上的不确定性，面向受灾区域和受灾民众的应急资源需求往往也会不断发生变化。这就意味着应急资源需求预测工作需要遵循动态性原则，结合突发事件发展态势和外在环境的变化，实现对应急资源需求的动态预测。

2. 应急资源需求预测方法分类

应急资源需求预测方法可以根据不同角度进行分类，若依据方法的主观性与客观性来划分，大致可以总结划分成定性预测和定量预测两大类。这两类方法的优缺点对比分析如表 4-2 所示。

表 4-2　应急资源需求预测方法分类

	分　类	常　见　方　法	优　点	缺　点
应急资源需求预测方法分类	定性预测	市场调研法、专家预测法等	即使在数据较缺乏的情况下也能得到较为合理的结果	主观性较强、预测误差可能较大
	定量预测	时间序列法、回归分析法、灰色预测法、人工智能法等	受主观因素的影响较小，且能通过数理关联较为准确地描述预测对象未来的变化趋势	对信息资料的质量要求较高，并且预测过程较为制式、不够灵活

定性预测一般以专家的经验为预测依据，通过综合分析过去和现在的情况，从中寻找事物发展变化规律，并且结合经验和主观判断对预测对象今后发展趋势进行相应的推测。换句话说，定性预测实际是将具丰富经验人员的意见、经验或直觉转变为规范预测结果的一个过程。相对来讲，定性预测是较为主观的预测方法，主要以人的判断为基础，侧重于预测未来而不是解释过去。定性预测方法的优点是即使在数据比较缺乏的情况下也能得到较为合理的结果，缺点是主观性较强、预测误差可能较大。常见的定性预测方法有市场调研法、专家预测法等。

定量预测是以已掌握的、比较完备的历史统计数据为预测依据，采用各种数学建模工具对这些数据及相关信息进行科学加工处理和统计分析，用以揭示有关变量之间的联系，以及影响预测对象未来发展趋势的内在规律，最终得到预测结果的一种预测方法。定量预测是相对客观的预测方法，强调以数据为基础、一切以数据说话，侧重于解释过去。定量预测方法的优点是受主观因素的影响较小，且能通过数理关联较为准确地描述预测对象未来的变化趋势。定量预测的缺点是对信息资料的质量要求较高，且预测过程较为制式、不够灵活。常见的定量预测方法有时间序列法（如指数平滑法、滑动平均法、趋势预测法以及季节指数法等）、回归分析法（如线性回归和非线性回归法等）、灰色预测法、人工智能法（如支持向量机法和神经网络法）等。

4.1.3　应急资源需求预测方法

面对相同应急情境使用不同预测方法，所得出的应急资源需求预测结果可能不尽相同。本节介绍几种常用的应急资源需求预测方法。

1. 时间序列预测法

时间序列，也叫时间数列、历史复数或动态数列，它是将某种统计指标的数值按时间先后顺序排列所形成的数列。时间序列预测法（time series prediction method）的基本流程是首先编制和分析时间序列，然后根据时间序列所反映出来的预测对象发展过程、方向和趋势进行类推或延伸，以此来预测未来一段时间内预测对象可能达到的水平。该方法的基本原理是：①承认事物发展的延续性，强调运用过去的时间序列数据进行统计分析从而推测出事物未来的发展趋势。②考虑到事物发展的随机性，为了消除随机波动产生的影响，须对历史数据进行适当的加工和处理后再进行趋势预测。较为常用的时间序列预测法包括指数平滑法、滑动平均法、趋势预测法以及季节指数法等。

1）时间序列预测法的变化规律及步骤

时间序列预测通常反映出三种实际变化规律：趋势变化、周期性变化和随机性变化，并通常展现出四种不同态势：①长期趋势(T)，指时间序列在长时期内呈现出来的持续向上或持续向下的变动。②季节变动(S)，指时间序列在一年内重复出现的周期性波动。③循环波动(C)，指时间序列呈现出的非固定长度的周期性变动。循环波动的周期可能会持续一段时间，但与趋势不同，它不是朝着单一方向的持续变动，而是涨落相同的交替波动。④不规则波动(I)，指时间序列中除去趋势、季节变动和周期波动之外的随机波动。不规则波动通常总是夹杂在时间序列中，致使时间序列产生一种波浪形或震荡式的变动。

时间序列预测法的主要步骤如图 4-1 所示。

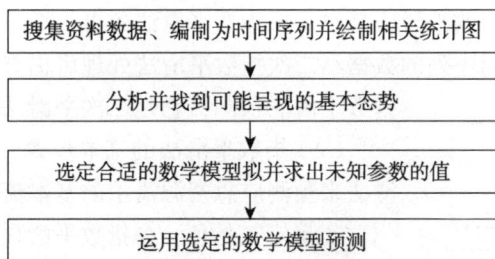

搜集资料数据、编制为时间序列并绘制相关统计图

分析并找到可能呈现的基本态势

选定合适的数学模型拟并求出未知参数的值

运用选定的数学模型预测

图 4-1　时间序列预测法的步骤

（1）第一步，采用观测、调查、统计、抽样等方法获取预测对象的历史资料和相关数据，并通过加工处理编制成时间序列，然后根据时间序列绘制出相关统计图。

（2）第二步，通过分析时间序列和统计图的变化趋势，找出可能呈现的基本态势，如上述常见的长期趋势、季节变动、循环波动和不规则波动。需要注意的是，时间序列每一时期的数值是由多种因素同时作用的综合结果，但单个具体时间序列可能并不会同时体现全部四种变化形式。

（3）第三步，选定合适的数学模型将时间序列中长期趋势(T)、季节变动(S)、循环波动(C)和不规则波动(I)之间的作用关系进行拟合，并采用适当的技术方法求出未知参数的值。时间序列 y_t 可以表示为以上四种变化的函数，即 $y_t = f(T_t, S_t, C_t, I_t)$，较常用的三种模型有：①加法模型：$y_t = T_t + S_t + C_t + I_t$。②乘法模型：$y_t = T_t \cdot S_t \cdot C_t \cdot I_t$。③混合模型：$y_t = T_t \cdot S_t + C_t + I_t$ 或 $y_t = T_t \cdot S_t + I_t$ 或 $y_t = T_t \cdot C_t + I_t + S_t$。

（4）第四步，运用选定的数学模型来预测目标对象未来的发展趋势和变化情况。

2）指数平滑法

现详细介绍一种经典的时间序列预测方法——指数平滑法，它本质上是一种特殊的加权移动平均法，其核心思想是以历史全量数据信息为分析基础，通过对不同时期数据观测值赋予不同的权重来实现对目标对象未来趋势和趋势变化的预测。简言之，预测值是历史观测值的加权和，对不同时期的观测值赋予不同的权重，新数据赋予较大的权，旧数据赋予较小的权，如此通过加大近期观察值权数的方式，加强了观察期中近期观察值对预测值的影响，使预测值更能反映预测对象当下实际的变化。

（1）指数平滑法的特点。指数平滑预测方法的优点如下：①仅需选择一个模型参数，即可进行预测，操作简单、简便易行。②对不同时期数据的非等权处理能使结果较符合实际情况，尤其对历史数据进行平滑处理，可在减少随机波动影响的同时反映出趋势的变化。③总体具有鲁棒性强、适应性强的特点，即预测模型能自动识别数据模式的变化而对自身加以调整。

指数平滑预测法的不足之处体现在：①难以客观确定指数平滑系数，该平滑系数受主观影响较大。②对数据的转折点缺乏鉴别能力，有时可结合调查预测法或专家预测法加以弥补。③用来长期预测的效果较差，故多用于短期预测场景。

常见的指数平滑法主要有一次指数平滑法、二次指数平滑法、三次指数平滑法等。具体适合采用哪种指数平滑法可以根据原数列散点图呈现的趋势来确定。当时间序列无明显的趋势变化时，可采用一次指数平滑法预测；若是具线性趋势的时间序列，则可采用二次指数平滑法预测，二次指数平滑法是对一次指数平滑法的再平滑；而若时间序列散点图呈现抛物线趋势，或原时间序列的数据经二次指数平滑法处理后仍有曲率时，应该选用三次指数平滑法预测，它是二次平滑法基础上的再平滑。

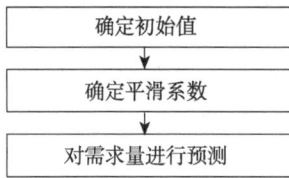

```
┌─────────────────┐
│   确定初始值     │
└─────────────────┘
        ↓
┌─────────────────┐
│   确定平滑系数   │
└─────────────────┘
        ↓
┌─────────────────┐
│  对需求量进行预测 │
└─────────────────┘
```

图 4-2　指数平滑法的基本流程

（2）指数平滑法的基本步骤。一般来说，应用指数平滑法来预测应急资源需求的基本流程如图 4-2 所示。

①确定初始值。在指数平滑预测法中，初始值的选择非常重要，因为初始值选择的是否合适，对后续预测的准确性具有直接且显著的影响。通常，选择指数平滑初始值时，为提升预测的准确性，需要综合考虑数据特点和预测目的来进行选择，可以采用以下几种方法：（ⅰ）使用历史平均值作为初始值。这种方法比较简单，但是对于数据波动比较大的情况下，预测的准确性可能会受到影响。（ⅱ）使用最近的观测值作为初始值。这种方式可以反映出最近的趋势，但是对于长期趋势的预测可能不够准确。（ⅲ）使用指数平滑的平均值作为初始值。这种方法可以平滑历史数据，反映出长期趋势，但是需要对指数平滑的参数进行调整，以保证预测的准确性。

②确定平滑系数。在指数平滑法的计算中，平滑系数的取值大小是关键，但平滑系数的取值很容易受主观影响，因此合理确定平滑系数的取值方法十分重要。理论界一般认为可以选择采用经验判断法和试算法来确定该系数值。

经验判断法主要依赖于时间序列的发展趋势和预测者的经验做出判断：（ⅰ）当时间序列呈现较稳定的水平趋势时，应选较小的平滑系数值，一般可在 0.05～0.20 之间取值；（ⅱ）当时间序列有波动，但长期趋势变化不大时，可选稍大的平滑系数值，常在 0.1～0.4 之间取值；（ⅲ）当时间序列波动很大，长期趋势变化幅度较大，呈现明显且迅速的上升或下降趋势时，宜选择较大的平滑系数值，如可在 0.6～0.8 间选值，以提升预测模型的灵敏度，使其能够迅速响应数据的变化；（ⅳ）当时间序列数据是上升或下降的发展趋势类型，平滑系数应取较大的值，建议在 0.6～1.0 之间，如此可以增加近期数据对预测结果的影响。

试算法是首先基于经验判断法来大致确定平滑系数的取值范围，然后根据时间序列的具体情况和特点，选取若干个不同的平滑系数值进行试算，通过比较各平滑系数值下的不同预测标准误差，最终选取预测标准误差最小的平滑系数值。

③对需求量进行预测。基于上述步骤得到指数平滑预测模型，然后根据已有数据和信息，运用所得到的预测模型对应急资源需求量实施预测。

（3）指数平滑法的定量表征包括以下几种形式。

①一次指数平滑预测。一次指数平滑公式的基本形式如下：

$$\hat{y}_{t+1} = Q_t^{(1)} = \alpha y_t + (1-\alpha)Q_{t-1}^{(1)} \qquad (4.1)$$

式中，$\hat{y}_{t+1}$ 是第 $t+1$ 期的预测值；y_t 是第 t 期的实际观测值；$Q_t^{(1)}$ 为第 t 期的平滑值；α 为平滑系数，范围是 0 到 1 之间；$Q_{t-1}^{(1)}$ 是第 $t-1$ 期的平滑值，即第 t 期的预测值。式（4.1）表明是以第 t 周期的平滑值作为第 $t+1$ 期的预测值。

式（4.1）又可被写作：$\hat{y}_{t+1} = Q_t^{(1)} = Q_{t-1}^{(1)} + \alpha(y_t - Q_{t-1}^{(1)})$，这意味着在一次指数平滑法中，下期预测值是本期预测值与以 α 为折扣的本期实际观测值与预测值误差之和。

②二次指数平滑预测。二次指数平滑公式的基本形式如下：

$$Q_t^{(2)} = \alpha Q_t^{(1)} + (1-\alpha)Q_{t-1}^{(2)} \qquad (4.2)$$

式中，$Q_t^{(2)}$ 和 $Q_{t-1}^{(2)}$ 分别为第 t 期和第 $t-1$ 期的二次指数平滑值。

在 $Q_t^{(2)}$ 与 $Q_t^{(2)}$ 已知的前提下，二次指数平滑法的预测模型可表达为

$$\hat{Y}_{t+T} = a_t + b_t T \qquad (4.3)$$

式（4.3）中，T 为预测超前期数；$\hat{Y}_{t+T}$ 是预测的目标值。a_t 和 b_t 的计算公式分别为

$$a_t = 2Q_t^{(1)} - Q_t^{(2)} \qquad b_t = \frac{\alpha}{1-\alpha}(Q_t^{(1)} - Q_t^{(2)})$$

③三次指数平滑预测。三次指数平滑公式的基本形式如下：

$$Q_t^{(3)} = \alpha Q_t^{(2)} + (1-\alpha)Q_{t-1}^{(3)} \qquad (4.4)$$

式中，$Q_t^{(3)}$ 和 $Q_{t-1}^{(3)}$ 分别为第 t 期和第 $t-1$ 期的三次指数平滑值。

在 $Q_t^{(1)}$、$Q_t^{(2)}$ 和 $Q_t^{(3)}$ 已知的前提下，三次指数平滑法的预测模型可表达为

$$\hat{Y}_{t+T} = a_t + b_t T + c_t T^2 \qquad (4.5)$$

同式（4.3），T 是预测超前期数；$\hat{Y}_{t+T}$ 是预测的目标值。a_t，b_t 和 c_t 的计算公式分别为

$$a_t = 3(Q_t^{(1)} - Q_t^{(2)}) + Q_t^{(2)}$$

$$b_t = \frac{\alpha}{2(1-\alpha)^2}[(6-5a)Q_t^{(1)} - 2(5-4a)Q_t^{(2)} + (4-3a)Q_t^{(2)}]$$

$$c_t = \frac{\alpha^2}{2(1-\alpha)^2}(Q_t^{(1)} - 2Q_t^{(2)} + Q_t^{(2)})$$

现以一个简单的算例来展示如何使用三次指数平滑法来预测某省货物总运输量和货物运输周转量。

例 4-1　某省 2009—2017 年货物总运输量和货物运输周转量统计数如表 4-3 和表 4-4 所示。

表 4-3　2009—2017 年货物总运输量　　　　　　　　　　　　单位：亿吨

运输方式	年份								
	2009	2010	2011	2012	2013	2014	2015	2016	2017
铁路	0.59	0.63	1.18	1.18	1.19	1.21	1.17	1.18	1.26
公路	4.08	4.75	5.42	6.32	7.15	10.32	10.73	10.95	12.41
水运	0.03	0.04	0.04	0.05	0.05	0.06	0.06	0.06	0.07
民航	0.0078	0.0087	0.0068	0.007	0.0089	0.0094	0.009	0.009	0.0084
管道	0.04	0.04	0.04	0.04	0.03	0.04	0.04	0.04	–
总计	4.74	5.28	6.68	7.59	8.42	11.62	12	12.23	13.74

表 4-4　2009—2017 年货物运输周转量　　　　　　　　　　单位：亿吨公里

运输方式	年份								
	2009	2010	2011	2012	2013	2014	2015	2016	2017
铁路	340.95	358.31	369.7	379.75	389.8	390.18	371.91	379.44	420.62
公路	496.14	548.53	617.27	702.51	801.04	1002.35	1094.9	1173.1	1360.37
水运	5.42	6.91	8.19	8.71	9.52	13.09	14.08	15.2	16.21
民航	1.16	1.29	1.04	1.12	1.43	1.6	1.51	1.5	1.46
管道	60.6	75.46	73.91	72.68	69.7	70.4	69.14	73.32	–
总计	904.27	990.5	1070.11	1164.8	1271.49	1477.6	1551.6	1641.5	1798.67

将 2009 年和 2010 年的平均值作为 2008 年的初始值，根据预测误差平方和最小的原则确定平滑系数为 0.9，可以得出 2009 年至 2017 年相应的一次指数平滑值、二次指数平滑值和三次指数平滑值，并利用三次指数平滑预测函数算出 2011 年到 2017 年货物总运输量和货物运输周转量的预测值及相对误差，列于表 4-5 和表 4-6 中。

表 4-5　2011—2017 年货物总运输量的预测　　　　　　　　　　单位：亿吨

年份	初始值	一次指数平滑值	二次指数平滑值	三次指数平滑值	a	b	c	预测值	相对误差
2008	5.01								
2009	4.74	5.01							
2010	5.28	4.77	5.01						
2011	6.68	5.23	4.79	5.01	6.32	0.20	0.00	6.52	0.02
2012	7.59	6.53	5.18	4.81	8.86	0.37	0.01	9.24	−0.22
2013	8.42	7.48	6.40	5.15	8.40	0.08	0.00	8.48	−0.01
2014	11.62	8.33	7.38	6.27	9.13	0.07	0.00	9.20	0.21
2015	12.00	11.29	8.23	7.27	16.44	0.82	0.01	17.27	−0.44
2016	12.23	11.93	10.98	8.13	11.97	0.33	−0.01	12.29	0.00
2017	13.74	12.20	11.83	10.70	12.80	0.74	0.005	13.53	0.02

表 4-6　2011—2017 年货物运输周转量的预测　　　　　单位：亿吨公里

年份	初始值	一次指数平滑值	二次指数平滑值	三次指数平滑值	a	b	c	预测值	相对误差
2008	947.39								
2009	904.27	947.39							
2010	990.50	908.58	947.39						
2011	1070.11	982.31	912.46	947.39	1156.93	31.69	0.65	1189.26	−0.11
2012	1164.80	1061.33	975.32	915.96	1173.97	15.64	0.16	1189.78	−0.02
2013	1271.49	1154.45	1052.73	969.39	1274.56	15.50	0.11	1290.17	−0.01
2014	1477.60	1259.79	1144.28	1044.39	1390.91	16.40	0.10	1407.41	0.05
2015	1551.60	1455.82	1248.24	1134.29	1757.04	44.45	0.58	1802.07	−0.16
2016	1641.50	1542.02	1435.06	1236.84	1557.73	−8.96	−0.56	1548.20	0.06
2017	1798.67	1631.55	1531.33	1415.24	1715.92	7.51	−0.10	1723.33	0.04

由这些预测值，可得出此算例情形下有关货物总运输量和货物运输周转量的预测公式：

货物总运输量的预测公式：

$$Y_{2017+T} = 12.8 + 0.74T + 0.005T^2 \tag{4.6}$$

货物运输周转量的预测公式：

$$Y_{2017+T} = 1715.92 + 7.51T - 0.1T^2 \tag{4.7}$$

利用式（4.6），最终可以得到 2018 年、2019 年、2020 年货物运输总量的预测值分别为 14.25 亿吨、14.96 亿吨、15.66 亿吨；而利用式（4.7）可得到 2018—2020 年货物运输周转量的预测值分别为 1730.55 亿吨公里、1737.58 亿吨公里、1744.41 亿吨公里。

2. 回归分析预测法

回归分析预测法（regression analysis prediction method）是在分析自变量和因变量之间相关关系的基础上，建立变量之间的回归方程，并将回归方程作为预测模型，然后根据自变量在预测期的数值变化来预测因变量目标值的一种方法。

回归分析预测法有多种类型，若依据相关关系中自变量个数的不同，可大致分为一元回归分析（只有一个自变量）和多元回归分析（自变量有两个或两个以上）；依据自变量和因变量之间的相关关系不同，又可分为线性回归分析（自变量与因变量间存在线性相关关系）和非线性回归分析（自变量与因变量之间存在非线性相关关系）。

在运用回归分析预测法时，需要注意以下问题：①首先可通过定性分析判断事物之间的依存关系，即确定变量之间是否存在相关关系，因为如果变量之间不存在相关关系，却仍然要对这些变量进行回归分析预测，就会得到错误的结果。②避免回归预测的任意外推。③应用合适的数据资料。

1）回归分析预测法的基本步骤

一般来说，应用回归分析法来实施预测的基本步骤如下：

（1）确定自变量和因变量。首先要明确预测的具体目标，也就是确定因变量。例如，若需要预测的具体目标是下一年度销售量，则因变量就是销售量。然后可以通过市场调查和查阅资料，寻找与预测目标相关的影响因素，即自变量，并从中筛选出主要的影响因素。

（2）建立回归预测模型。依据自变量和因变量的现有历史统计数据资料进行计算，并在此基础上初步建立回归分析方程，即回归分析预测模型。

（3）进行相关分析。回归分析是对具有因果关系的影响因素（自变量）和预测对象（因变量）进行的数理统计分析处理。只有当自变量与因变量确实存在某种关系时，上述两步骤所构建的回归方程才有意义。因此，作为自变量的影响因素与作为因变量的预测对象是否相关、相关程度如何，以及判断这种相关程度的把握性多大，均是回归分析预测法第三步需要解决的关键问题。尤其该步骤在实施相关分析时，要明确求出自变量与因变量间的相关关系，具体地，需以相关系数的大小来判断自变量和因变量的相关程度。

（4）检验回归预测模型，计算预测误差。回归预测模型是否可用于实际预测，取决于回归预测模型的检验结果和预测误差的计算结果。只有回归方程通过各种检验且预测误差较小时，才能将其作为预测模型用来实施预测。

（5）计算并确定预测值。利用通过检验后的回归预测模型来计算预测值，并对预测值进行综合分析，确定最后的预测值。

2）多元线性回归预测模型

现以多元线性回归预测分析为例，介绍如何应用多元线性回归模型实施预测。

（1）多元线性回归预测的步骤如下所示。

第一步，确定因变量与自变量，并初步设定多元线性回归模型。多元线性回归模型的一般形式为：$y = \beta_0 + \beta_1 x_1 + \beta_2 x_2 + \cdots + \beta_p x_p + \varepsilon$。该式中，因变量 y 的变化可以分为两部分解释：①由 p 个自变量 x 变化引起的 y 的变动。②由其他随机因素 ε 引起的 y 的变动。

第二步，参数估计，建立多元线性回归模型。这一步骤的重点是计算各项回归系数的估计值，通常可以采用最小二乘法或最大似然估计法等方式来对回归系数进行估计。

第三步，通过检验统计量来对所构建的多元线性回归模型实施各项显著性检验。例如，①实施拟合优度检验，即通过多重可决系数和修正可决系数来判断回归模型的拟合优度。②实施总体回归方程显著性检验，即检验多元线性回归模型的总体显著性，可通过 F 检验来判断回归模型是否有意义。③实施参数显著性检验，即检验各项回归系数的显著性，可通过 t 检验来判断某一参数对因变量的影响是否显著。

第四步，各项显著性检验均通过后，则可采用所构多元线性回归模型进行预测和分析。

（2）多元线性回归模型的不同形式和假设条件如下所示。

多元线性回归模型的一般形式：

$$y = \beta_0 + \beta_1 x_1 + \beta_2 x_2 + \cdots + \beta_p x_p + \varepsilon$$

其中 ε 满足 $E(\varepsilon) = 0$ 和 $\mathrm{var}(\varepsilon) = \sigma^2$。

对于 n 组观测数据（$x_{i1}, x_{i2}, \cdots, x_{ip}; y_i$），$i = 1, 2, \cdots, n$，线性回归模型表示为

$$\begin{cases} y_1 = \beta_0 + \beta_1 x_{11} + \beta_2 x_{12} + \cdots + \beta_p x_{1p} + \varepsilon_1 \\ y_2 = \beta_0 + \beta_1 x_{21} + \beta_2 x_{22} + \cdots + \beta_p x_{2p} + \varepsilon_2 \\ y_n = \beta_0 + \beta_1 x_{n1} + \beta_2 x_{n2} + \cdots + \beta_p x_{np} + \varepsilon_n \end{cases}$$

若将其写成矩阵形式为 $\boldsymbol{y} = \boldsymbol{X}\boldsymbol{\beta} + \boldsymbol{\varepsilon}$，

其中 $\boldsymbol{y} = \begin{bmatrix} y_1 \\ y_2 \\ \vdots \\ y_n \end{bmatrix}$，$\boldsymbol{X} = \begin{bmatrix} 1 & x_{11} & x_{12} & \cdots & x_{1p} \\ 1 & x_{21} & x_{22} & \cdots & x_{2p} \\ \vdots & \vdots & \vdots & \vdots & \vdots \\ 1 & x_{n1} & x_{n2} & \cdots & x_{np} \end{bmatrix}$，$\boldsymbol{\beta} = \begin{bmatrix} \beta_0 \\ \beta_1 \\ \vdots \\ \beta_p \end{bmatrix}$，$\boldsymbol{\varepsilon} = \begin{bmatrix} \varepsilon_1 \\ \varepsilon_2 \\ \vdots \\ \varepsilon_n \end{bmatrix}$。

需要注意的是，多元线性回归模型满足以下基本假定：

①解释变量 $x_1, x_2, \cdots, x_p$ 是确定性变量，不是随机变量，且要求 $rank(\boldsymbol{X}) = p + 1 < n$，这表明矩阵 $\boldsymbol{X}$ 中的自变量列之间不相关，$\boldsymbol{X}$ 是一个满秩矩阵。

②随机误差项具有 0 均值和等方差，即

$$\begin{cases} E(\varepsilon_i) = 0, (i = 1, 2, \cdots, n) \\ \mathrm{cov}(\varepsilon_i, \varepsilon_j) = \begin{cases} \sigma^2, i = j \\ 0, i \neq j \end{cases} & (i, j = 1, 2, 3, \cdots, n) \end{cases}$$

③正态分布的假定条件为 $\begin{cases} \varepsilon_i \sim N(0, \sigma^2), i = 1, 2, \cdots, n \\ \varepsilon_1, \varepsilon_2, \cdots, \varepsilon_n 相互对立 \end{cases}$，用矩阵形式表示为 $\boldsymbol{\varepsilon} \sim N(0, \sigma^2 \mathrm{I}_n)$；

在正态性假定下，$\boldsymbol{y} \sim N(\boldsymbol{X}\boldsymbol{\beta}, \sigma^2 \mathrm{I}_n)$，$E(\boldsymbol{y}) = \boldsymbol{X}\boldsymbol{\beta}$，$\mathrm{var}(\boldsymbol{y}) = \sigma^2 \mathrm{I}_n$。

3. 案例推理法

案例推理法（case-based reasoning，CBR）最早是由美国耶鲁大学的罗杰·尚克（Roger Schank）教授于在 1982 年提出的，它是人工智能领域崛起的一种全新基于知识求解的方法。该推理法的基本思想是类比人类大脑的工作方式，在正常状态下，我们的大脑感知到有效信息后会自动存储起来，当面对新的问题时，首先会搜索以往处理类似事情的经验，然后经过类比推理再适当地进行调整，最终得到应对当前新问题的处理办法。类似地，所谓案例推理就是将需要预测的目标案例作为输入案例输入到案例推理模型中，然后通过相似度计算将输入案例与案例库中所有案例进行匹配，再根据实际情况挑选出相似度最高的历史案例直接作为重用案例或者对其进行适当地修改后予以使用，之后再将目标案例的处理方法视情况而选择性地保存到案例库中。迄今，案例推理方法已经发展成为一套较为成熟的预测技术，因其解决问题的思路与人们思考方式契合度较高而被广泛应用于各领域。

1）案例推理法的基本流程

目前，关于案例推理法基本流程的阐述，比较具有代表性的是由阿莫特（Aamodt）和普拉扎（Plaza）提出的案例推理 4R 循环模型，即检索（retrieve）、重用（reuse）、修正（revise）和保存（retain）如图 4-3 所示。

随着理论方法的发展，尤其面对解决实际问题需要，4R 模型有时又被扩展为 5R 模型，在前者的基础上增加了案例表示（represent）方面的内容。

（1）案例表示。案例表示就是将过去案例的信息表示成能被计算机统一识别的形式。正确合理的案例表示可以将问题描述成数据的形式，以便能够简洁有效地存储于计算机中，这对提高案例推理效率有重要意义。

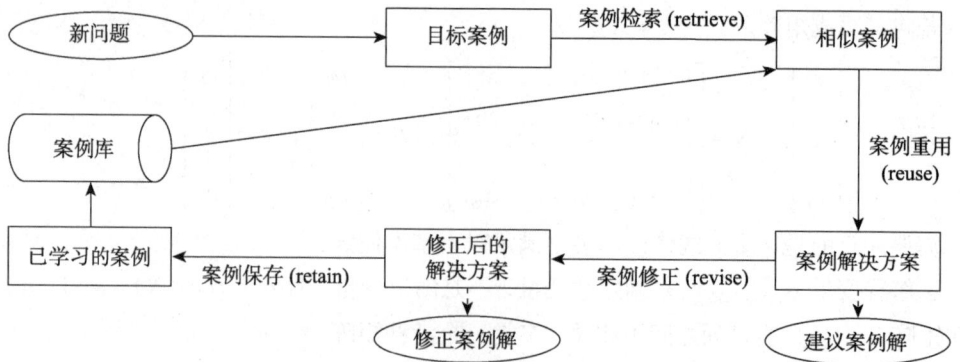

图 4-3　案例推理 4R 循环模型

（2）案例检索。案例检索是案例推理模型的关键，也是学者们探讨的焦点。案例检索就是案例匹配的过程，主要是利用相关的检索算法对案例进行检索和相似度计算，通过匹配和分析寻求目标案例的解决方案。案例检索的核心是选择合适的算法来计算相似度或距离等类似的关联程度，以提高检索的准确度，使检索出的源案例与目标案例最为接近。常用的方法有知识引导法、最邻近法、模板检索法、归纳推理法和神经网络检索法等。

（3）案例重用。案例重用是将案例检索得到的相似案例处理方案重新应用到新发案例上，即把检索出来的相似源案例中的解决方案应用到解决当前问题（目标案例）中，并观察其应用效果，如果完全符合就不必进行案例的调整。在一些特殊情况下，检索出来的案例方案可以直接应用到目标案例上。不过大多数情况下，相似案例的解决方案很难与新问题实现完全匹配，通常需要对相似案例进行修正。

（4）案例修正。在案例检索完成匹配之后，结合目标案例实际情况和相关领域知识对案例检索得到的解决方案进行修改或调整后再使用，这就是案例修正。换言之，案例修正是根据案例重用的效果并结合当前问题对检索到的相似源案例的解决方案进行调整，以适应当前的问题。由于实际问题中，相似源案例很难完全满足目标案例的需求，案例修正就是针对相似源案例与目标案例不符合的部分进行调整。一般而言，案例修正并没有统一的方法，因为它往往需要具体问题具体分析，在面对不同类型突发事件或者同一类型突发事件的不同影响程度时，其案例修正方法都可能存在很大差异。

（5）案例保存。案例保存是指将进行过修改与调整之后，满足目标案例需求的完整的新案例视为源案例并存入数据库中，以备将来使用。案例保存实际上也是不断实现案例学习与更新的过程，能够使案例库日趋完善，便于日后遇到相似问题时能够更好地重用源案例和解决相似问题。

2）基于案例推理的资源需求预测方法

下面以应急资源需求预测为例，介绍如何基于案例推理方法对资源需求进行预测。具体思路是针对应急资源需求预测特点，将人工智能领域的案例推理技术引入到资源需求预测过程中；充分利用显式的规则与隐式的案例知识，将案例推理与规则推理相结合，构建基于案例推理的应急资源需求预测模型，力求提高应急资源需求预测的科学性。该方法步骤如下：

（1）应急资源需求案例的表示与组织。案例是能导致特定结果的一组特征及属性的集合，不同领域的案例在结构上虽然可能有些差异，但有关案例的三大要素基本都是相同的。

一个典型的案例通常包含三部分信息：问题的说明信息（即问题的开始条件）、问题求解的目标、达到该目标的解决方案。

在应急资源需求预测中，一个完整的案例是指一次需求预测过程中相关问题的定义、问题求解、辅助决策等各阶段相关特征及属性的集合，这些相关特征及属性的取值描述了此次需求预测结果产生、解释和调整的过程。具体地，应急资源需求案例包含下面三部分的内容信息：①突发事件情景的描述，包括突发事件的类型、烈度、规模，发生地周围的自然环境、人口密度、经济状态等特征信息，这些信息刻画和描述了突发事件的特征属性。②突发事件应对的描述，包括突发事件的应对目标、应对方式、应对工序等响应处置方面的特征属性，需注意各类突发事件的应对目标、方式、手段和过程可能大不相同。③应急资源需求的描述，包括应急资源的数量需求、质量需求和结构需求。

案例的表示实际是一种基于知识的表达方式，为了便于后续案例的检索和适配，案例的表示需遵循一定规则。例如一个案例可由多个属性构成，用集合表示为 $A = \{A_1, A_2, \cdots, A_n\}$，其中各属性 $A_i\,(i = 1, 2, \cdots, n)$ 又可以根据需要进一步细化为 $A_i = \{A_{i1}, A_{i2}, \cdots, A_{in}\}$。按照这种属性结构，一个案例由多个层次的属性构成，整个案例库则由不同属性层次上的案例关联而成，最终形成一个类似于关系型数据库的应急资源需求案例库。

（2）应急资源需求案例的模糊推理过程。结合应急资源需求预测的特点将模糊推理与案例推理相结合，得到应急物资需求案例的模糊推理模型，其推理思路如下：①首先对应急资源需求案例进行模糊化描述和处理，确定新预测方案在各特征因素下的隶属度，建立起描述问题的模糊集。②针对已有案例库中的各案例都建立起对各特征因素的隶属度，即每一个案例都对应于一个模糊集。如此便可计算出新的预测方案与案例库中各案例的相似度，从而实现模糊匹配，进而找到在新环境条件下与已有案例最相近的案例。③比较新的预测结果与检索出已有案例的差别，结合专业知识进行反复修正，使之与当前突发事件的特征相一致，得到在特定环境条件下应对某类突发事件的应急资源需求预测方案。④将新的预测结果作为一个新案例加入到案例库中，以便下次进行应急资源需求预测决策时使用。

将上述推理思路转化成具体的推理过程表达，如下所示：

①资源需求案例的模糊化描述。假设案例库中有 n 个案例，将第 i 个案例记作 $C_i\,(i = 1, 2, \cdots, n)$。其特征因素集记为 $F = (f_1, f_2, \cdots, f_m)$。

将案例 C_i 对特征因素式 $f_j\,(j = 1, 2, \cdots, m)$ 的隶属度记为 $u_{C_i}(f_j)$，则案例库中案例 C_i 对应的特征向量集为

$$V_{C_i} = \{u_{c_i}(f_1), u_{c_i}(f_2), \cdots, u_{c_i}(f_m)\} = \{u_{c_i}(f_j)|j = 1, 2, \cdots, m\} \tag{4.8}$$

设资源需求预测方案的特征向量集为 T，则：

$$V_T = \{u_T(f_1), u_T(f_2), \cdots, u_T(f_m)\} = \{u_T(f_j)|j = 1, 2, \cdots, m\} \tag{4.9}$$

②案例贴近度的计算。贴近度衡量的是两个模糊集的接近程度，这里用它来度量需求预测方案与已有案例的相似度。

设模糊集 $\tilde{A}, \tilde{B}, \tilde{C} \in \tilde{\psi}(X)$，则将映射 N 作为贴近度：

$$N : \tilde{\psi}(X) \times \tilde{\psi}(X) \rightarrow [0,1] \tag{4.10}$$

且贴近度满足如下条件： $N(\tilde{A}, \tilde{A}) = 1, N(X, \varnothing) = 0, N(\tilde{A}, \tilde{B}) = N(\tilde{B}, \tilde{A})$。

若 $\tilde{A} \subseteq \tilde{B} \subseteq \tilde{C}$，则 $N(A, C) \leqslant N(A, B) \leqslant N(B, C)$。

贴近度的计算方式有多种，无论采用哪种模式，都需满足上述定义。这里采用测度贴近度，则：

$$N(A, B) = \frac{\int (\tilde{A}(x) \wedge \tilde{B}(x)) \mathrm{d}x}{\int (\tilde{A}(x) \vee \tilde{B}(x)) \mathrm{d}x} \tag{4.11}$$

如果 x 是有限集合 $\{x_1, x_2, \cdots, x_m\}$，则式（4.11）可表示为

$$N(\tilde{A}, \tilde{B}) = \frac{\sum_{j=1}^{m} (u_{\tilde{A}}(x_j) \wedge u_{\tilde{B}}(x_j))}{\sum_{j=1}^{m} (u_{\tilde{A}}(x_j) \vee u_{\tilde{B}}(x_j))} \tag{4.12}$$

需强调的是，在用案例特征对案例进行相似匹配的过程中，各个特征的影响是各不相同的，故在相似性判断运算中对各特征因素赋予不同的权重是很有必要的。

可令特征因素 $\{f_1, f_2, \cdots, f_m\}$ 的影响权重集为 $\{w_1, w_2, \cdots, w_m\}$，且满足：

$$\sum_{j=1}^{m} w_j = 1, j = 1, 2, \cdots, m \tag{4.13}$$

则式（4.12）的更一般化形式可表达为

$$N(\tilde{A}, \tilde{B}) = \frac{\sum_{j=1}^{m} w_j (u_{\tilde{A}}(x_j) \wedge u_{\tilde{B}}(x_j))}{\sum_{j=1}^{m} w_j (u_{\tilde{A}}(x_j) \vee u_{\tilde{B}}(x_j))} \tag{4.14}$$

③特征因素权重的计算。在不同决策环境下，同一特征因素对决策输出往往会有不同的影响。用 $u(f)$ 表示案例在特征因素为 f 时的取值，当分类 $C = (C_1, C_2, \cdots, C_n)$ 在特征因素 $u(f)$ 下展现较大差异时，说明此特征因素对分类判别的作用较大，应对其赋予较高的权重值；反之，当基于 $u(f)$ 的分类差异较小时，说明此特征因素对分类判别作用较小，应取较低权重值。

由此，可将案例库中的每一个案例视作为一类，将案例 C_i 在特征因素 f_j 下的取值 $u(f_j)$ 作为该案例在特征因素 f_j 下的隶属度 $u_{C_i}(f_j)$，并令 $\bar{u}(f_j)$ 为

$$\bar{u}(f_j) = \frac{u_{C_1}(f_j) + u_{C_2}(f_j) + \cdots + u_{C_n}(f_j)}{n} = \frac{1}{n} \sum_{i=1}^{n} u_{C_i}(f_j) \tag{4.15}$$

且构造 $\delta(f_j)$ 为

$$\delta(f_j) = \left[\frac{\sum_{i=1}^{n} (u_{C_i}(f_j) - u(f_j))^2}{n} \right]^{\frac{1}{2}} \tag{4.16}$$

故可求出各特征因素的权重 w_j 为

$$w_j = \frac{\delta(f_j)}{\sum_{j=1}^{m} \delta(f_j)}, j = 1, 2, \cdots, m \qquad (4.17)$$

④案例的相似性判断。综合利用式（4.11）和式（4.14），计算出突发事件各特征因素权重与案例库中各案例在特征因素下的贴近度，将贴近度作为相似度，取超过相似度阈值 τ 的案例中需求作为应急资源需求预测的最终结果，相似性判断表达式如下：

$$N(\tilde{T}, \tilde{C}) = \frac{\sum_{j=1}^{m} w_j(u_{\tilde{T}}(f_j) \wedge u_{\tilde{c}_j}(f_j))}{\sum_{j=1}^{m} w_j(u_{\tilde{T}}(f_j) \wedge u_{\tilde{c}_j}(f_j))} \geqslant \tau, j = 1, 2, \cdots, m \qquad (4.18)$$

满足式（4.18）的案例均为相似案例，其中 $N(\tilde{T}, \tilde{C})$ 最大者便是最相似案例。选择最相似案例中的资源需求，经专家适当调整修正后可作为该突发事件下应急资源需求的预测结果。

现以一个算例来展示如何采用基于案例推理的资源需求预测方法来预测某次地震灾害下的应急物资需求。

例 4-2　以面向某次地震灾害的应急物资需求预测为例，设物资需求案例库中原存有 4 个地震事件的物资需求案例，即 $C = (C_1, C_2, C_3, C_4)$，每个案例 C_i 中都包含有过去某次地震灾害下的物资需求信息，具体体现为应急物资的数量需求、质量需求和结构需求。假设每次地震灾害事件中应对目标、应对方式以及应对过程都相同，则影响应急物资需求的因素只与地震灾害事件的情景信息有关。在这里假设选取 5 个反映地震情景的主要特征因素，记作：$F = \{$震级大小，地震持续时间，地震波及范围，震区人口密度，震区经济状况$\}$。且令 4 个已有地震事件下应急物资需求案例对 5 个地震情景特征因素的隶属度分别为

$$u_{c1}(f) = \frac{0.8}{f_1} + \frac{0.7}{f_2} + \frac{0.4}{f_3} + \frac{0.3}{f_4} + \frac{0.6}{f_5}$$

$$u_{c2}(f) = \frac{0.6}{f_1} + \frac{0.6}{f_2} + \frac{0.8}{f_3} + \frac{0.9}{f_4} + \frac{0.7}{f_5}$$

$$u_{c3}(f) = \frac{0.4}{f_1} + \frac{0.6}{f_2} + \frac{0.8}{f_3} + \frac{0.8}{f_4} + \frac{0.6}{f_5}$$

$$u_{c4}(f) = \frac{0.9}{f_1} + \frac{0.8}{f_2} + \frac{0.8}{f_3} + \frac{0.8}{f_4} + \frac{0.7}{f_5}$$

现在任务是需要对一次新的地震灾害下应急物资需求做出科学预测。若将应急物资需求预测方案记为 T，这次新地震对 5 个特征因素的隶属度情况为

$$u_T(f) = \frac{0.5}{f_1} + \frac{0.7}{f_2} + \frac{0.7}{f_3} + \frac{0.8}{f_4} + \frac{0.6}{f_5}$$

可由式（4.15）得

$\bar{u}(f_1) = 0.68$，$\bar{u}(f_2) = 0.68$，$\bar{u}(f_3) = 0.7$，$\bar{u}(f_4) = 0.65$，$\bar{u}(f_5) = 0.65$。

进一步，由式（4.16）得

$\delta(f_1) = 0.192$，$\delta(f_2) = 0.083$，$\delta(f_3) = 0.173$，$\delta(f_4) = 0.05$，$\delta(f_5) = 0.05$。

由式（4.17），可计算出各特征因素的权重：

$w_1 = 0.35$，$w_2 = 0.15$，$w_3 = 0.32$，$w_4 = 0.09$，$w_5 = 0.09$。

综合以上计算结果，利用式（4.18），可分别计算出 T 与各案例的相似度分别为

$N(\tilde{T}, \tilde{C}_1) = 0.36$，$N(\tilde{T}, \tilde{C}_2) = 0.66$，$N(\tilde{T}, \tilde{C}_3) = 0.86$，$N(\tilde{T}, \tilde{C}_4) = 0.66$。

通过比较各相似度的大小，可知此次地震灾害事件与已有案例库中 C_3 案例最为相似。故在案例 C_3 的应急物资需求情况基础上，结合专家意见做适当修改和调整，即可得到此次地震灾害下有关应急物资需求的预测结果。

4. 灰色预测法

如果某一系统的全部信息均已知，则被称为白色系统；若其全部信息均未知，则为黑箱系统；而部分信息已知、部分信息未知，那么这一系统就是灰色系统。一般而言，社会系统、经济系统、生态系统都是灰色系统。灰色系统理论认为对既含有已知信息、又含有未知或非确定信息的系统进行预测，就是对在一定方位内变化的、与时间有关的灰色过程的预测。尽管过程中所显示的现象是随机或杂乱无章的，但毕竟是有序、有界的，故这一数据集合具备潜在的规律，灰色预测（grey prediction method）实际就是利用这种规律建立灰色模型对灰色系统进行预测。

换句话说，灰色预测法就是针对少数据、贫信息以及不确定性问题的一种预测方法，其基本原理是通过鉴别系统因素之间发展趋势的相异程度，即进行关联分析，并对原始数据进行生成处理来寻找系统变动的规律，生成具有较强规律性的数据序列，然后建立相应的微分方程模型，从而预测事物未来发展趋势和状况。

灰色预测法的优点在于：①对原始数据的依赖和要求较少，无需大量历史数据。②能将无规律原始数据进行分析进而生成得到规律性较强的数据序列。③可以处理非线性问题，应用比较灵活。④运算简便，且预测准确性较高。

不过，灰色预测法一般只适用于中短期预测，只适合于指数增长的预测，并且当系统明显受到外部因素干扰时，该方法也难以取得较为合理的预测结果。

1）灰色预测模型

灰色预测模型，也叫 GM（grey models）模型，可针对数据量较少、数据完整性和可靠性较低的数据序列进行有效预测，是通过对原始数列的分析计算来预测目标对象下一步发展的一种预测模型方法。

采用灰色预测法建模的基本流程如图 4-4 所示：首先基于灰色系统理论，用已知数据作为模型的原始数列，需对原始序列数据进行预处理，将非数值型数据转换为数值型，并对原始序列数据进行级比检验以保证灰色预测模型的可行性；然后，通过累加生成或者累减生成等灰色生成手段，对原始数列按某种要求进行数据处理，以试图从杂乱无章的现象中去发现内在规律；最后，计算其灰微分方程与灰导数，建立动态模型，该模型便是灰色预测模型。如果预测值与原始数列存在较大偏差且模型精度较低时，则需通过建立残差模型对其进行修正以达到模型精度要求，若模型精度较高，则无需此步骤。

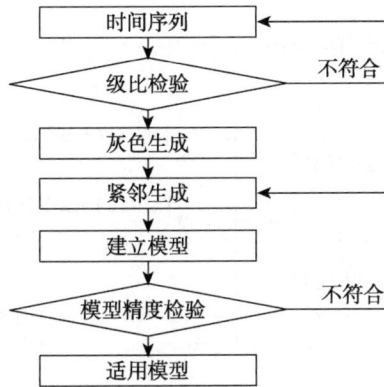

图 4-4　灰色建模的基本流程

2）GM（1，1）模型

灰色预测模型有很多，其中 GM（1，1）模型的使用较为广泛。GM（1，1）模型中，第一个"1"代表一阶微分方程，第二个"1"代表微分方程中含有一个变量。下面就选择以 GM（1，1）模型为例介绍灰色预测模型的具体建模过程和预测步骤。

（1）建模准备。对于某变量数列 $x^{(0)}$，$x^{(0)} = \{x^{(0)}(1), x^{(0)}(2), \cdots, x^{(0)}(n)\}$，其累加数列可拟合成如下形式的微分方程：

$$\frac{\mathrm{d}x^{(1)}}{\mathrm{d}t} + ax^{(1)} = u \tag{4.19}$$

上式（4.19）中只含有一个变量，具有独立性，且 a 和 u 为待辨识参数，可设置待辨识参数向量 $\hat{a}$：

$$\hat{a} = \begin{Bmatrix} a \\ u \end{Bmatrix} \tag{4.20}$$

鉴于 u 和 a 是待辨识参数，上述一阶微分方程式（4.19）实际是 $\frac{\mathrm{d}x^{(1)}}{\mathrm{d}t}$ 与背景量 φ 的线性组合，即

$$\alpha^{(1)}[x^{(1)}(t+1)] + a\varphi^{(1)}(t+1) = u \tag{4.21}$$

其中，

$$\alpha^{(1)}[x^{(1)}(t+1)] = x^{(0)}(t+1)$$

$$\varphi^{(1)}(t+1) = \frac{1}{2}[x^{(1)}(t) + x^{(1)}(t+1)]$$

因此有

$$t=1\text{时，} \quad x^{(0)}(2) = a\left\{-\frac{1}{2}[x^{(1)}(1) + x^{(1)}(2)]\right\} + u \tag{4.22}$$

$$t=2\text{时，} \quad x^{(0)}(3) = a\left\{-\frac{1}{2}[x^{(1)}(2) + x^{(1)}(3)]\right\} + u \tag{4.23}$$

...

$$t = n \text{ 时}, \quad x^{(0)}(n) = a\left\{-\frac{1}{2}[x^{(1)}(n-1) + x^{(1)}(n)]\right\} + u \tag{4.24}$$

特引入下述符号：$Y_N = \begin{bmatrix} x^{(0)}(2) \\ x^{(0)}(3) \\ \vdots \\ x^{(0)}(n) \end{bmatrix}, \varphi = \begin{bmatrix} -\dfrac{1}{2}[x^{(1)}(1) + x^{(1)}(2)] \\ -\dfrac{1}{2}[x^{(1)}(2) + x^{(1)}(3)] \\ \vdots \\ -\dfrac{1}{2}[x^{(1)}(n-1) + x^{(1)}(n)] \end{bmatrix}, E = \begin{bmatrix} 1 \\ 1 \\ \vdots \\ 1 \end{bmatrix}$，则有

$$Y_N = a\varphi + uE = [\varphi \vdots E]\begin{bmatrix} a \\ u \end{bmatrix} = [\varphi \vdots E]\hat{a} \tag{4.25}$$

设 $\boldsymbol{B} = [\varphi \vdots E]$，即 $\boldsymbol{B}$ 有如下矩阵展开表达式：

$$\boldsymbol{B} = \begin{bmatrix} -\dfrac{1}{2}[x^{(1)}(1) + x^{(1)}(1)] & 1 \\ -\dfrac{1}{2}[x^{(1)}(1) + x^{(1)}(3)] & 1 \\ \vdots & \\ -\dfrac{1}{2}[x^{(1)}(n-1) + x^{(1)}(n)] & 1 \end{bmatrix} \tag{4.26}$$

如此，可以得到 $Y_N = B\hat{a}$，根据最小二乘法计算，得

$$\hat{a} = \begin{bmatrix} a \\ u \end{bmatrix} = (\boldsymbol{B}^{\mathrm{T}}\boldsymbol{B})^{-1}\boldsymbol{B}^{\mathrm{T}}Y_N \tag{4.27}$$

（2）建模步骤。基于上述相关假设和 GM（1，1）建模准备，按照如下步骤建立 GM（1，1）模型：

①对原始数列 $x^{(0)}(i), (i = 1, 2, \cdots, n)$ 作一次累加生成，得到新的数列 $x^{(1)}(t), (t = 1, 2, \cdots, n)$，即

$$x^{(1)}(t) = \sum_{i=1}^{t} x^{(0)}(i) \tag{4.28}$$

②利用一次累加生成数列按照式（4.19）去拟合微分方程，即

$$\frac{\mathrm{d}x^{(1)}}{\mathrm{d}t} + ax^{(1)} = u$$

③利用式（4.27），得到参数 a 和 u，有：$\hat{a} = \begin{bmatrix} a \\ u \end{bmatrix} = (\boldsymbol{B}^{\mathrm{T}}\boldsymbol{B})^{-1}B^{\mathrm{T}}Y_N$。该式中，$\boldsymbol{B}^{\mathrm{T}}$ 是 $\boldsymbol{B}$ 的转置矩阵；$(\boldsymbol{B}^{\mathrm{T}}\boldsymbol{B})^{-1}$ 是矩阵 $(B^{\mathrm{T}}B)$ 的逆矩阵；n 为原始数列的数据个数；Y_N 和 $\boldsymbol{B}$ 分别由式（4.25）和式（4.26）而得。

④求解上述微分方程，得到时间响应函数，有

$$\hat{x}^{(1)}(t+1) = \left[x^{(0)}(1) - \frac{u}{a}\right]\mathrm{e}^{-at} + \frac{u}{a} \tag{4.29}$$

⑤对时间响应函数求导还原，最终得到预测方程如下：

$$\hat{x}^{(0)}(t+1) = -a\left[x^{(0)}(1) - \frac{u}{a}\right]e^{-at} \tag{4.30}$$

（3）精度检验。构建好 GM（1，1）模型实施预测后，可计算如下相关量进行预测进度的检验。

①计算各期残差为

$$q(t) = x^{(1)}(t) - \hat{x}^{(1)}(t) \tag{4.31}$$

②残差均值为

$$\bar{q} = \frac{1}{n}\sum_{t=1}^{n}q(t) \tag{4.32}$$

③原始数据的方差为

$$S_1^2 = \frac{1}{n}\sum_{t=1}^{n}[x^{(0)}(t) - \bar{x}]^2 \tag{4.33}$$

其中，$\bar{x} = \frac{1}{n}\sum_{t=1}^{n}x^{(0)}(t)$。

④残差的方差为

$$S_2^2 = \frac{1}{n}\sum_{t=1}^{n}[q(t) - \bar{q}]^2 \tag{4.34}$$

⑤原验差比值为

$$C = S_2 / S_1 \tag{4.35}$$

⑥小误差概率为

$$P = P\{|\,q(t) - \bar{q}\,| < 0.6745S_1\} \tag{4.36}$$

根据 P 和 C 值的大小，结合表 4-7，可确定所建 GM（1，1）模型的预测精度等级。

表 4-7　模型的预测精度等级

精度等级	好	合格	勉强	不合格
P	$P>0.95$	$0.8\,P\leqslant0.95$	$0.7<P\leqslant0.8$	$P\leqslant0.7$
C	$C<0.35$	$0.35\leqslant C<0.45$	$0.45\leqslant C<0.65$	$C\geqslant0.65$

现以一个算例来展示如何构建灰色 GM（1，1）模型实施预测，并检验其预测精度。

例 4-3　假定有一原始数列，将其列于表 4-8 中，建立相应的 GM（1，1）模型，并进行精度检验。

表 4-8　算例中的原始数列

t	1	2	3	4	5	6
$x^{(0)}(t)$	3.936	4.575	4.968	5.063	5.968	5.507

按照 GM（1，1）建模步骤，可得：

①由式（4.28），对表 4-8 中原始数列作一次累加生成，得到：

$$x^{(1)}(1) = x^{(0)}(1) = 3.936, \quad x^{(1)}(2) = \sum_{i=1}^{2} x^{(0)}(i) = 8.511$$

$$x^{(1)}(3) = \sum_{i=1}^{3} x^{(0)}(i) = 13.479, \quad x^{(1)}(4) = \sum_{i=1}^{4} x^{(0)}(i) = 18.542$$

$$x^{(1)}(5) = \sum_{i=1}^{5} x^{(0)}(i) = 24.510, \quad x^{(1)}(6) = \sum_{i=1}^{6} x^{(0)}(i) = 30.017$$

②由式（4.25）和式（4.26），分别构造出向量 $\boldsymbol{Y}_N$ 和矩阵 $\boldsymbol{B}$ 如下：

$$\boldsymbol{Y}_N = [x^{(0)}(2), x^{(0)}(3), x^{(0)}(4), x^{(0)}(5), x^{(0)}(6)]^T = [4.575, 4.968, 5.063, 5.968, 5.507]^T$$

$$\boldsymbol{B} = \begin{bmatrix} -\dfrac{1}{2}[x^{(1)}(1) + x^{(1)}(2)] & 1 \\ -\dfrac{1}{2}[x^{(1)}(2) + x^{(1)}(3)] & 1 \\ -\dfrac{1}{2}[x^{(1)}(3) + x^{(1)}(4)] & 1 \\ -\dfrac{1}{2}[x^{(1)}(4) + x^{(1)}(5)] & 1 \\ -\dfrac{1}{2}[x^{(1)}(5) + x^{(1)}(6)] & 1 \end{bmatrix} = \begin{bmatrix} -6.2235 & 1 \\ -10.995 & 1 \\ -16.0105 & 1 \\ -21.526 & 1 \\ -27.2635 & 1 \end{bmatrix}$$

③根据式（4.27），计算出 $\hat{a}$ ，具体过程如下：

$$(\boldsymbol{B}^T\boldsymbol{B})^{-1} = \begin{bmatrix} 0.00360726 & 0.0591725 \\ 0.0591725 & 1.17065 \end{bmatrix}$$

$$\boldsymbol{B}^T\boldsymbol{Y}_N = \begin{bmatrix} -442.7611 \\ 26.081 \end{bmatrix}$$

$$\hat{a} = \begin{bmatrix} a \\ u \end{bmatrix} = (\boldsymbol{B}^T\boldsymbol{B})^{-1}\boldsymbol{B}^T\boldsymbol{Y}_N = \begin{bmatrix} -0.054 \\ 4.332 \end{bmatrix}$$

即 $a = -0.054$ ， $u = 4.332$ 。

④列出微分方程： $\dfrac{\mathrm{d}x^{(1)}}{\mathrm{d}t} + ax^{(1)} = u$ ，由上述 a 和 u 的值，可得

$$\frac{\mathrm{d}x^{(1)}}{\mathrm{d}t} - 0.054x^{(1)} = 4.332$$

求解微分方程，得到时间响应函数： $\hat{x}^{(1)}(t+1) = \left[x^{(0)}(1) - \dfrac{u}{a} \right] \mathrm{e}^{-at} + \dfrac{u}{a}$

将 $x^{(0)}(1) = 3.936$ 代入后得

$$\hat{x}^{(1)}(t+1) = 84.158\mathrm{e}^{0.054t} - 80.222$$

⑤求导还原得到预测方程： $\hat{x}^{(0)}(t+1) = -a\left[x^{(0)}(1) - \dfrac{u}{a} \right] \mathrm{e}^{-at}$ ，此算例中预测方程为

$$\hat{x}^{(0)}(t+1) = 4.545\mathrm{e}^{0.054t}$$

最后，对所构 GM（1,1）模型进行精度检验，分别计算各期残差、残差均值、原始数据的方差及残差的方差。各期残差的计算结果如表 4-9 所示。

表 4-9　各期残差的计算结果

t	1	2	3	4	5	6
$\hat{x}^{(1)}(t)$	3.936	8.600	13.522	18.717	24.199	29.984
$x^{(0)}(t)$	3.936	8.511	13.479	18.542	24.510	30.017
残差 $q(t)$	0	−0.089	−0.043	−0.175	0.311	0.033

由表 4-9 中各期残差数据，可算出残差均值为

$$\bar{q} = \frac{1}{n}\sum_{t=1}^{n} q(t) = 0.006$$

可得原始数据方差为

$$S_1^2 = \frac{1}{n}\sum_{t=1}^{n}[x^{(0)}(t) - \bar{x}]^2 = 80.307$$

其中，$\bar{x} = \dfrac{1}{n}\sum_{t=1}^{n} x^{(0)}(t) = 16.499$。

残差的方差为

$$S_2^2 = \frac{1}{n}\sum_{t=1}^{n}[q(t) - \bar{q}]^2 = 0.023$$

进而得出原验差比为

$$C = S_2 / S_1 = 1.855 \times 10^{-2}$$

以及小误差概率为

$$P = P\{|\,q(t) - \bar{q}\,| < 0.6745S_1\} = 1$$

最终，由 P 和 C 值的大小，结合表 4-7，可以确定该算例中所建 GM（1，1）模型的预测精度等级为好。

5. 神经网络预测法

人工神经网络（artificial neural network，ANN）是 20 世纪 80 年代以来人工智能领域兴起的研究热点，它由许多并行的、高度相关的计算处理单元组成，这些单元类似生物神经系统的神经元。具体来说，人工神经网络是一种以生物神经网络为原型的运算模型，它由相互连接的多个神经元构成，通过模仿动物的思考方式来处理信息。人工神经网络能够根据系统的复杂程度，通过调整其内部不同网络层间多个节点之间的相互连接关系来完成对信息的处理，并且能够基于不同的网络连接方式和激活函数输出不同的信息，尤其是人工神经网络具有良好的学习特性与智能化特点，其所特有的非线性适应性信息处理能力能够克服传统人工智能方法对于直觉（如模式、语音识别、非结构化）信息处理方面的缺陷，使之在神经专家系统、模式识别、智能控制、组合优化以及预测等领域得到成功应用。

下面以人工神经网络中的一种常见的多层前馈神经网络——BP 神经网络（back propagation neural network，BPNN）为例，介绍如何应用人工神经网络方法进行预测决策。

1）BP 神经网络的基本原理

BP 神经网络是 1986 年由 Rumelhart 和 McClelland 等科学家提出的概念，是一种按照

误差逆向传播算法来训练网络权值的多层前馈神经网络，主要通过前馈来计算网络误差，然后通过反向传播来更新网络权重，其主要特点是具有强大的非线性拟合能力和自适应学习性能，是应用最广泛的神经网络模型之一。换言之，BP 神经网络拥有较强的模式分类能力和多维函数映射能力，它采用监督学习的方法，可以根据具体情况来设定网络的中间层数、各层的处理单元数及网络的学习系数等参数，具有很强的灵活性，因此 BP 神经网络能在预测决策中发挥重要作用。传统的 BP 神经网络模型包含输入层、隐含层和输出层三个部分，典型的 BP 神经网络模型如图 4-5 所示。

BP 神经网络训练的基本原理如下：基本 BP 算法包括信号的前向传播和误差的反向传播两个过程，即计算误差输出时是按照从输入到输出的方向进行，而调整权值和阈值时则是从输出到输入的方向进行；当正向传播时，输入信号通过隐含层作用于输出节点，经过非线性变换产生输出信号，如果实际输出与期望输出不相符，就会转入误差的反向传播过程；而误差反传就是将输出误差通过隐含层向输入层逐层反传，并将误差分摊给各层所有单元，以从各层获得的误差信号作为调整各单元权值的依据，通过调整输入层节点与隐含层节点的连接强度、隐含层节点与输出层节点的连接强度以及阈值，使误差沿梯度方向下降，最后经过反复学习训练，直至确定与最小误差相对应的权值和阈值等网络参数才宣告停止训练。如此，经过训练的神经网络能够对类似样本的输入信息进行自行处理，然后输出经过非线性转换的、误差最小的信息。

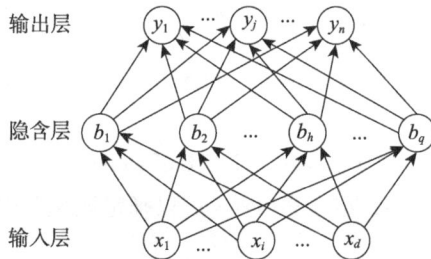

图 4-5　BP 神经网络模型

2）BP 神经网络建模过程

下面对 BP 神经网络结构实施建模，如图 4-6 所示，BP 神经网络模型需包含输入层、隐含层、输出层。定义输入层的输入向量为 X，$X \in R^n$，且 $X = (x_1, x_2, \cdots, x_i, \cdots, x_n)^T$；如果加入 $x_0 = -1$，可为隐含层神经元引入阈值；相应地，隐含层输出向量为 Y，$Y \in R^m$，且 $Y = (y_1, y_2, \cdots, y_j, \cdots, y_m)^T$，若加入 $y_0 = -1$，可为输出层神经元引入阈值；输出层输出向量为 O，$O \in R^l$，且 $O = (o_1, o_2, \cdots, o_k, \cdots, o_l)^T$；期望输出向量为 D，$D \in R^l$，且 $D = (d_1, d_2, \cdots, d_k, \cdots, d_l)^T$。

输入层到隐含层之间的权值矩阵用 V 表示，$V \in R^m$，且 $V = (V_1, V_2, \cdots, V_j, \cdots, V_m)$，其中列向量 V_j 为隐含层第 j 个神经元对应的权向量；隐含层到输出层之间的权值矩阵用 W 表示，$W \in R^l$，且 $W = (W_1, W_2, \cdots, W_k, \cdots, W_l)$，其中列向量 W_k 为输出层第 k 个神经元对应的权向量。另设输入层第 i 个神经元到隐含层第 j 个神经元的权值为 v_{ij}，相应地，设隐含层第 j 个神经元到输出层第 k 个神经元的权值为 w_{jk}。

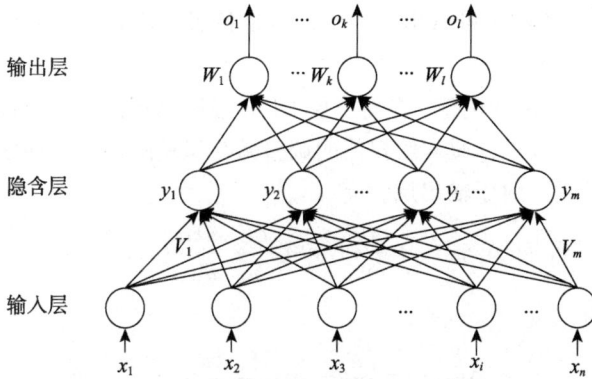

图 4-6 BP 神经网络结构的建模

（1）BP 神经网络各层神经元的输出建模。通过明确 BP 神经网络各层神经元的输出条件来分析网络各层间的关联关系。

对于输出层，有

$$o_k = f(u_k) = f\left(\sum_{j=0}^{m} w_{jk} y_j\right)(k = 1, 2, \cdots, l) \tag{4.37}$$

对于隐含层，有

$$y_j = f(u_j) = f\left(\sum_{i=0}^{n} v_{ij} x_i\right)(j = 1, 2, \cdots, m) \tag{4.38}$$

在上述两式（4.37）和（4.38）中，传输函数 $f(x)$ 均可采用如式（4.39）的单极性 Sigmoid 函数：

$$f(x) = \frac{1}{1 + e^{-x}} \tag{4.39}$$

式（4.39）中的 $f(x)$ 具有连续、可导特点，且有 $f'(x) = f(x)[1 - f(x)]$。当然，针对不同应用需求，$f(x)$ 有时也可采用双极性 Sigmoid 函数。

（2）各层网络误差的计算。当 BP 神经网络各层输出与期望输出不相等时，会产生各层网络误差如下。

输出层的误差为

$$E = \frac{1}{2}(D - O)^2 = \frac{1}{2}\sum_{k=1}^{l}(d_k - o_k)^2 \tag{4.40}$$

将输出层的输出表达式（4.37）代入上式（4.40），即将输出层误差反传至隐含层，可得

$$E = \frac{1}{2}\sum_{k=1}^{l}[d_k - f(u_k)]^2 = \frac{1}{2}\sum_{k=1}^{l}\left[d_k - f\left(\sum_{j=0}^{m} w_{jk} y_j\right)\right]^2 \tag{4.41}$$

将隐含层的输出表达式（4.38）代入上式（4.41），则将误差进一步反传至输入层，可得

$$E = \frac{1}{2}\sum_{k=1}^{l}\left\{d_k - f\left[\sum_{j=0}^{m} w_{jk} f(u_j)\right]\right\}^2 = \frac{1}{2}\sum_{k=1}^{l}\left\{d_k - f\left[\sum_{j=0}^{m} w_{jk} f\left(\sum_{i=0}^{n} v_{ij} x_i\right)\right]\right\}^2 \tag{4.42}$$

由式（4.41）和（4.42）可看出，网络误差是各层权值 v_{ij}、w_{jk} 的函数，故通过适当调整权值可以改变误差 E。

（3）BP 神经网络权值的调整。在对三层 BP 神经网络权值调整的过程中，调整权值的原则是使各层误差不断减小，通常使权值的调整量与误差的梯度下降成正比。

①计算权值调整量，对于输出层，有

$$\Delta w_{jk} = -\eta \frac{\partial E}{\partial w_{jk}} = -\eta \frac{\partial E}{\partial u_k} \cdot \frac{\partial u_k}{\partial w_{jk}} \tag{4.43}$$

对于隐含层，有

$$\Delta v_{ij} = -\eta \frac{\partial E}{\partial v_{ij}} = -\eta \frac{\partial E}{\partial u_j} \cdot \frac{\partial u_j}{\partial v_{ij}} \tag{4.44}$$

在式（4.43）和式（4.44）中，负号表示梯度下降；常数 $\eta \in (0,1)$ 表示比例系数，在神经网络训练中反映了学习速率，η 的值不能太大，也不能太小，η 太大会导致参数在最优参数附近来回跳动，η 太小会降低算法的效率。BP 这类学习规则算法常被称为误差的梯度下降算法。

对输出层和隐含层各定义一个误差信号，令：

$$\delta_k^o = -\frac{\partial E}{\partial u_k}, \delta_j^y = -\frac{\partial E}{\partial u_j}$$

综合式（4.37）、式（4.38）及上述误差信号两式，可将式（4.43）和式（4.44）的权值调整式改写为

$$\Delta w_{jk} = \eta \delta_k^o y_j \tag{4.45}$$

$$\Delta v_{ij} = \eta \delta_j^y x_i \tag{4.46}$$

如此，可以看出，只要计算出误差信号 δ_k^o 和 δ_j^y，就可以计算出权值调整量。

②计算误差信号。接下来，详细推导如何计算误差信号 δ_k^o 和 δ_j^y。

对于输出层，δ_k^o 可展开为

$$\delta_k^o = -\frac{\partial E}{\partial u_k} = -\frac{\partial E}{\partial o_k} \cdot \frac{\partial o_k}{\partial u_k} = -\frac{\partial E}{\partial o_k} f'(u_k) \tag{4.47}$$

对于隐含层，δ_j^y 可展开为

$$\delta_j^y = -\frac{\partial E}{\partial u_j} = -\frac{\partial E}{\partial y_j} \cdot \frac{\partial y_j}{\partial u_j} = -\frac{\partial E}{\partial y_j} f'(u_j) \tag{4.48}$$

对于输出层，根据式（4.40），可得

$$\frac{\partial E}{\partial o_k} = -(d_k - o_k) \tag{4.49}$$

对于隐含层，根据式（4.41），可得

$$\frac{\partial E}{\partial y_j} = -\sum_{k=1}^{l} (d_k - o_k) f'(u_k) w_{jk} \tag{4.50}$$

将式（4.49）、式（4.50）分别代入式（4.47）、式（4.48），并应用性质 $f'(x) = f(x)[1 - f(x)]$，得：

$$\delta_k^o = (d_k - o_k)o_k(1 - o_k) \tag{4.51}$$

$$\delta_j^y = \left[\sum_{k=1}^{l}(d_k - o_k)f'(u_k)w_{jk}\right]f'(u_j) = \left(\sum_{k=1}^{l}\delta_k^o w_{jk}\right)y_j(1 - y_j) \tag{4.52}$$

至此，已完成 δ_k^o 和 δ_j^y 两个误差信号的完整推导过程。

综上，可得到 BP 神经网络的权值调整公式为

$$\begin{cases} \Delta w_{jk} = \eta\delta_k^o y_j = \eta(d_k - o_k)o_k(1 - o_k)y_j \\ \Delta v_{ij} = \eta\delta_j^y x_i = \eta\left(\sum_{k=1}^{l}\delta_k^o w_{jk}\right)y_j(1 - y_j)x_i \end{cases} \tag{4.53}$$

由式（4.53）可以看出，在 BP 神经网络的权值调整算法中，各层权值调整公式的形式基本相同，均由 3 个因素决定：即学习速率 η、本层输出误差信号 δ 和本层输出信号 Y（或 X）。

3）基于 BP 神经网络的预测步骤

BP 神经网络是应用较为广泛的人工神经网络之一，常被作为重要的预测方法和手段用于需求预测决策中。基于前述 BP 神经网络建模、网络权值调整以及误差计算过程，现将 BP 神经网络用于预测的具体步骤阐述如下。

（1）初始化。对权值矩阵 W、V 赋随机值，将样本计数器 p 和训练次数计数器 q 设置为 1，将误差 E 设置为 0，而学习速率 η 设为 0～1 之间的常数，并把网络训练后达到的精度 $E_{\min}$ 设为一个较小的正数。

（2）输入训练样本，计算各层网络输出。运用当前样本 X^p、D^p 对向量数组 X 和 D 赋值，根据式（4.37）和式（4.38）计算 O 和 Y 中的各分量。

（3）计算网络输出误差。设共有 P 对训练样本，网络对应不同的样本具有不同的误差 E^p。这里，可采用其最大误差 $E_{\max}$ 代表网络的总误差，也可用其均方根 $E_{RME} = \sqrt{\dfrac{1}{P}\sum_{p=1}^{P}(E^p)^2}$ 作为网络的总误差。

（4）计算各层误差信号。根据式（4.47）和式（4.48）计算误差信号 δ_k^o 和 δ_j^y。

（5）调整网络各层权值。运用式（4.53）来计算权值矩阵 W、V 中的各分量。

（6）检查是否对所有样本完成一次轮训。若 $p < P$，计数器 p、q 增加 1，返回步骤（2）；否则，转到步骤（7）。

（7）检查网络总误差是否达到精度要求。例如，当用 E_{RME} 代表网络总误差时 $E = E_{RME}$，若 $E < E_{\min}$，训练结束，转到步骤（8）；否则，E 设置为 0，p 设置为 1，返回步骤（2）。

（8）输入原始数据，利用训练好的 BP 神经网络最终得到经过非线性转换的、误差最小的预测结果。

4.2　应急资源储备选址规划

除了要做好应急资源需求预测外，灾前应急物流规划包含的另一重要任务是应急资源

储备库的选址规划。灾害情景下应急资源储备库的合理布局可谓十分关键，科学的储备选址规划能够在一定程度上保障应急资源的快速有效调度。为做好应急物资保障工作，应急管理部、国家发展改革委、财政部、国家粮食和储备局联合印发了《"十四五"应急物资保障规划》，该规划明确提出"十四五"时期应急物资储备网络体系更加完善的建设目标，具体体现在完善"中央—省—市—县—乡"五级应急物资储备网络，储备品种、规模和布局更加科学合理，应急物资社会化协同保障更加有序，形成中央储备和地方储备补充联动、政府储备和社会储备相互结合、实物储备和产能储备相互衔接的应急物资储备体系。

4.2.1 应急资源储备选址概述

作为应急资源布局的关键环节，科学的应急资源储备库选址规划，能够保障应急资源的及时供应，对提高救援速度、稳定受灾者心态、减少灾区人民的生命财产损失具有重要意义。为了加强应急资源储备库选址规划的可行性、合理性和科学性，首先需要了解应急设施选址的影响因素和一般原则。

1. 应急资源储备库选址影响因素

在进行应急资源储备选址规划时会受到各种因素的影响与限制，为合理地进行应急设施的布局与设计，需要对选址规划相关影响因素进行综合评估分析。通过梳理归纳，可总结出应急储备库选址决策受以下因素的影响，具体影响因素如图 4-7 所示。

图 4-7　应急资源储备库选址影响因素

1）自然因素

对应急资源储备库进行选址规划时，首先需要考虑的是储备库所在地的自然条件，包括水文、地质、气候条件等。在选择储备库建设地点时，要特别考察当地灾害发生的情况，需注意避开灾害频发区域，尽可能选择安全系数比较高的位置，以保证储备库在突发事件发生后能够及时、充分地提供应急资源补给。

2）人口因素

不同于一般设施，应急资源储备库的建设是为了保障人民群众的生命财产安全，因此人口特性也是储备库选址规划过程中需要考虑的重要影响因素之一。涉及的人口因素具体包括人口数量、人口密度、人口构成、人口分布等基本信息。

3）交通因素

当突发事件发生后，应急资源储备库通常会成为辐射区域的物资集散地。因此，应保障从储备库至受灾需求点处物流通畅和交通便利，如此才能保证应急资源的高效调度，从而提高应急救援效率、最大限度地降低突发事件造成的损失。

4）成本因素

应急储备库选址所涉成本主要包含建造成本、应急资源存储和维护成本以及运输成本等。虽然经济成本不应是应急储备库选址的首要考虑因素，但也应当在满足资源需求覆盖的基础上，通过合理规划选址布局、科学控制物资储存量等方式来减少不必要的花费。

5）政策因素

考虑到应急资源储备库的建设和运行涉及占地用地、供水供电等问题，若中央及地方政府能够给予相应配套政策支持（如土地征收、税收减免等政策），那么储备库的建设和后续投入使用就能够得到更好的保障；反之，如果没有相应政策支持，储备库的建设和运行可能会受到一定限制。

6）社会因素

在进行储备库选址过程中，需要考虑受周围环境的影响，同时也要避免对周围环境的破坏。具体而言：①在建设应急资源储备库时，要尽可能利用周边区域的资源生产能力，这样不仅能提高应急救援资源的保障能力，还可以有效减少库存、避免资源浪费。②也要注意对储备库周边环境的保护，即储备库的建设不能给当地居民的生命健康和正常生活造成不利影响。

2. 应急资源储备库选址原则

在应急资源储备库选址规划过程时，除了综合考虑选址有关影响因素外，选址决策和资源的配备还应当遵循以下原则。

1）整体性原则

在进行应急资源储备库选址规划时，不能只考虑应急储备库自身的建设需求与影响因素，而应该与整个应急物流规划体系相协调，以便能够在最大程度上实现对应急资源的整合和利用，从而成功构建起一个储备充足、反应迅速、抗冲击能力强的应急物流规划体系。

2）安全性原则

应急资源储备库是救援保障的基础，是整个应急管理体系顺利运转的资源保证条件。故在建设储备库时，应首先关注储备库的防灾抗灾能力，因此，保证资源和设施的正常与安全存储是需要遵循的首要原则。同时，也要注意避免储备库的建设和使用对周围环境和居民造成不安全影响，如应急燃料和其他危险品必须存放在远离居民区的位置。

3）广泛性原则

应急资源储备库的覆盖范围、储备规模和储备品类应在一定程度上遵循广泛性原则。即应急储备库的布局要实现辐射范围尽可能大，可为尽可能多的受灾需求点提供资源保障；应急储备库的库存规模需合理规划，尽量做到能应对常见的不同程度灾害；应急储备库内物资和设施需尽量全面多样且较为充足，以便能最大限度地满足受灾需求点的需要。

4）统筹性原则

统筹性原则是指应急资源储备库的选址规划应从全局出发，需综合分析与选址有关的各类影响因素，如储备库的覆盖范围、响应速度、成本费用等多方面，选址决策力求做到统筹兼顾。经统筹规划所得的最优选址方案，往往不能仅局限于立足当前实际

知识拓展 4-3

应急需要，有时还需要与未来应急需求结合起来。

4.2.2　经典资源储备选址方法

　　常用的资源储备选址方法大致有定性分析法、定量分析法，以及定性与定量相结合的方法。定性分析法是专家学者凭借自身实践经历和主观思考分析能力，结合对已有信息和实际情况的判断做出综合选址优化决策的一种分析方法。例如，德尔菲法（Delphi）是在选址决策中应用比较广泛的一种定性分析方法。该方法是在 1946 年由美国兰德公司创始实行，最早用于预测，后被推广到决策中。德尔菲法是依据系统的程序，采用匿名发表意见的方式，由管理人员将需要解决的问题单独发送给各位专家征询意见，然后回收汇总并整理出综合意见，再将综合意见反馈给各位专家，请他们再次发表意见，如此循环往复，最终形成代表专家组意见的方案。

　　定量分析法则主要是根据历史统计数据科学建立定量数学模型，然后基于模型计算出的各项指标数值来综合选择选址方案。定性与定量分析方法之间应是相辅相成的：定性是定量分析的基础，基于定性分析结果实施的定量研究往往更有效；同时定量建模又是定性分析的补充，使定性分析更具客观性。故定性与定量分析相结合的方法也常被广泛应用于资源储备选址决策中。下面重点介绍几种常用的选址方法。

1. 重心选址法

　　重心选址法，又称选址决策中的解析法，该方法的核心是找到各个需求点的重心位置，其基本原理是：在构造的参照坐标系中各需求点的坐标是已知的，而供应点的坐标并不确定，需要依据建立的模型与求解方法，找到运输成本最小时供应点的坐标，这个坐标就是优化求得供应点的最终选址位置。

　　1）重心选址法步骤

　　以一个具体场景为例，解释重心法模型的基本框架及模型求解步骤：假设有 N 个需求点，其各自坐标分别为 (X_i, Y_i) $(i=1,2,\cdots,n)$，现需设置一个供应点，其坐标为 (X_0, Y_0)，供应点到各需求点 i 处的运输费为 h_i，从供应点到需求点 i 处的货物运输量为 v_i，从供应点处至需求点 i 处的运输距离为 d_i，则供应点到所有需求点的总运费为

$$T = \sum_{i=1}^{n} h_i v_i d_i = \sum_{i=1}^{n} h_i v_i [(X_0 - X_i)^2 + (Y_0 - Y_i)^2]^{\frac{1}{2}} \tag{4.54}$$

$$d_i = [(X_0 - X_i)^2 + (Y_0 - Y_i)^2]^{\frac{1}{2}} \tag{4.55}$$

　　选址决策目标是使总运费最小，故由式（4.54）分别求 X_0 和 Y_0 的偏导数并令其等于 0，得：

$$\frac{\partial T}{\partial X_0} = \sum_{i=1}^{n} h_i v_i (X_0 - X_i) / d_i = 0 \tag{4.56}$$

$$\frac{\partial T}{\partial Y_0} = \sum_{i=1}^{n} h_i v_i (Y_0 - X_i) / d_i = 0 \tag{4.57}$$

由式（4.56）和式（4.57）求得最合适的供应点选址坐标位置为 X_0^* 和 Y_0^*，表达式如下：

$$X_0^* = \frac{\sum_{i=1}^{n} h_i v_i X_i / d_i}{\sum_{i=1}^{n} h_i v_i / d_i} \tag{4.58}$$

$$Y_0^* = \frac{\sum_{i=1}^{n} h_i v_i Y_i / d_i}{\sum_{i=1}^{n} h_i v_i / d_i} \tag{4.59}$$

式（4.58）和式（4.59）的右端 d_i 包含 X_0^* 和 Y_0^*，导致这两个等式的两端都含有未知数 X_0^* 和 Y_0^*，通常采用迭代法对其进行求解，详细步骤如下：

（1）给出供应点设施的初始坐标地址 (X_0^0, Y_0^0)，一般做法是将各需求点之间的几何重心作为初始坐标地址 (X_0^0, Y_0^0)，如式（4.60）和式（4.61）所示：

$$X_0^0 = \frac{\sum_{i=1}^{n} h_i v_i X_i}{\sum_{i=1}^{n} h_i v_i} \tag{4.60}$$

$$Y_0^0 = \frac{\sum_{i=1}^{n} h_i v_i Y_i}{\sum_{i=1}^{n} h_i v_i} \tag{4.61}$$

（2）利用式（4.54）和式（4.55），计算出与 (X_0^0, Y_0^0) 相对应的总运费 T^0。

（3）把 (X_0^0, Y_0^0) 代入式（4.55）、式（4.58）和式（4.59）中，计算出供应点设施的改善地址 (X_0^1, Y_0^1)。

（4）再次运用式（4.54）和式（4.55），计算出与 (X_0^1, Y_0^1) 相对应的总运费 T^1。

（5）将 T^0 与 T^1 进行比较，若 $T^1 \geqslant T^0$，则说明 (X_0^0, Y_0^0) 就是最优解；若 $T^1 < T^0$，则返回步骤（3），将 (X_0^1, Y_0^1) 代入式（4.55）、式（4.58）和式（4.59）中，计算出供应点设施再次改善的地址 (X_0^2, Y_0^2)。如此反复迭代，直到 $T^{k+1} \geqslant T^k$，求出相应最优解 (X_0^k, Y_0^k) 为止。此时的 (X_0^k, Y_0^k) 即为供应点设施的最佳选址坐标地址 (X_0^*, Y_0^*)，该坐标下对应的 T^k 即为所获最小运费 T^*。

2）重心选址法算例

例 4-4　现以一个应急场景算例来展示如何应用重心法实施选址决策。

（1）构造参照系坐标。依据应急保障方案，某应急保障队负责某次突发事件的应急保障任务，提供应急保障服务的运输费率统一为 5 元/（t·km），将四个应急服务需求点 A、B、C、D 的地域坐标和各位置点的需求量列于表 4-10。

表 4-10　应急服务需求点坐标及所需物资量

应急服务需求点	坐标	物资需求量（t）
A	（2，2）	2
B	（11，3）	3
C	（10，8）	2.5
D	（4，9）	1

（2）重心法求解地理坐标。根据应急保障方案，需尽快在突发事件地域开设实施救援任务的应急物流中心。将各应急服务需求点的实际地理位置转化为参照系上的坐标点后，采用重心法来进行应急物流中心的选址决策。

首先，根据式（4.60）和式（4.61），计算出由各应急服务需求点位置坐标所构成多边形的重心，以此作为应急物流中心的初始选址位置：

$$X_0^0 = \frac{(2\times2+3\times11+2.5\times10+1\times4)\times5}{(2+3+2.5+1)\times5} = 7.8$$

$$Y_0^0 = \frac{(2\times2+3\times3+2.5\times8+1\times9)\times5}{(2+3+2.5+1)\times5} = 4.9$$

（3）按上述步骤（2），由式（4.55）得：$d_1=6.5$，$d_2=3.7$，$d_3=3.8$，$d_4=5.6$。并将数据代入式（4.54）求出总运费 T^0，有：

$$T^0 = (2\times6.5+3\times3.7+2.5\times3.8+1\times5.6)\times5 = 196$$

（4）按上述步骤（3），把 (X_0^0, Y_0^0) 代入式（4.55）、式（4.58）和式（4.59）中，计算出应急物流中心的改善地址 (X_0^1, Y_0^1)，有 $X_0^1=8.6$，$Y_0^1=5.1$。

（5）按上述步骤（4），再利用式（4.54）和式（4.55），算出与改善地址（8.6，5.1）相对应的总运费有：

$$d_1=7.3,\ d_2=3.2,\ d_3=3.2,\ d_4=6.0$$
$$T^1 = (2\times7.3+3\times3.2+2.5\times3.2+1\times6)\times5 = 191$$

因为 $T^1 < T^0$，所以继续返回步骤（3），计算出 (X_0^2, Y_0^2)，有 $X_0^2=9.0$，$Y_0^2=5.2$。

再按照上述步骤（4），计算与改善地址（9.0，5.2）相对应的总运费 T^2，得 $T^2 = T^1 = 191$。

此时，停止迭代，求得应急物流中心的最佳地址为（8.6，5.1）或（9.0，5.2）。

2. 最优化规划选址方法

最优化规划是指在给定的一系列约束条件下，从所有备选方案中选出目标最优方案的一种优化方法，具体步骤包括：①收集有关数据和资料，提出选址的最优化问题。②建立选址问题的数学模型，确定模型相关参数和变量，并构建模型目标函数和约束条件。③分析选址模型，选择合适的求解方法。④模型求解并检验最优解，一般通过应用合适的求解算法对模型实施求解，得到最优选址方案。这四个步骤中的过程是相互支持、相互制约的，在实践应用中常常反复交叉进行并相互论证。

在采用最优化规划方法进行选址决策时，构建合适的选址规划模型是解决问题的关键，常见的四种经典选址优化模型有：集合覆盖选址、最大覆盖选址、P-中心选址、P-中值选址问题。

1）集合覆盖模型

集合覆盖问题（set covering problem）最早是在 1971 年由托雷加斯（Toregas）等人提出的，该问题研究的是在服务设施覆盖全部需求点并满足其需求的前提下，如何实现服务设施数量或设施建设成本最小。

集合覆盖模型可被应用在救助点或消防点等公共应急服务设施的选址问题中，其相关参数符号说明如下：I 是需求点的集合，$I = \{i \in I | i = 1, 2, \cdots, m\}$；$J$ 是服务设施候选点的集合，$J = \{j \in J | j = 1, 2, \cdots, n\}$；用 a_{ij} 这个 0-1 输入变量来描述需求点被覆盖的情况，$a_{ij} = 1$ 意味着设施点 j 能够覆盖并服务于需求点 i，否则 $a_{ij} = 0$；f_j 是备选设施点 j 的建设成本。集合覆盖模型中唯一的决策变量是 y_j；y_j 为 0-1 变量，$y_j = 1$ 表示设施点被选中，否则 $y_j = 0$。

经典集合覆盖选址模型表达如下：

$$\min \sum_{j \in J}^{n} f_j y_j \tag{4.62}$$

$$\text{s.t.} \quad \sum_{j \in J}^{n} a_{ij} y_j \geq 1, \forall i \in I \tag{4.63}$$

$$y_j \in \{0, 1\}, \forall j \in J \tag{4.64}$$

目标函数（4.62）的含义是寻求服务设施建设总成本最小的选址方案；约束条件（4.63）表示每个需求点至少由一个设施点 j 提供覆盖服务；约束条件（4.64）表示决策变量的取值范围，是决策变量的类型约束。

2）最大覆盖模型

最大覆盖问题（maximum covering problem）是在服务设施数量和服务范围都确定的前提下，探究如何选择最佳设施点位置以使需求最大限度地被满足。不同于集合覆盖选址，最大覆盖模型并不保证所有的需求点都能被覆盖，它考虑的是设立固定数量的服务设施，使其能够在既定的时空范围内让更多的需求被覆盖被满足。

最大覆盖选址模型的相关参数符号说明如下：I 是需求点的集合，$I = \{i \in I | i = 1, 2, \cdots, m\}$；$J$ 是服务设施候选点的集合，$J = \{j \in J | j = 1, 2, \cdots, n\}$；用 a_{ij} 这个 0-1 输入变量来描述需求点被覆盖的情况，$a_{ij} = 1$ 意味着设施点 j 能够覆盖并服务于需求点 i，否则 $a_{ij} = 0$；h_j 表示需求点 j 处的需求；P 是设施点的建设数量。最大覆盖模型中的决策变量有：y_j 为 0-1 变量，$y_j = 1$ 表示设施点被选中，否则 $y_j = 0$；x_i 也是 0-1 变量，$x_i = 1$ 意味着需求点被覆盖，否则 $x_i = 0$。

经典最大覆盖选址模型描述如下：

$$\max \sum_{i=1}^{m} h_i x_i \tag{4.65}$$

$$\text{s.t.} \quad x_i \leq \sum_{j \in J}^{n} a_{ij} y_j, \forall i \in I \tag{4.66}$$

$$\sum_{j \in J} y_j = P \tag{4.67}$$

$$x_i, y_j \in \{0,1\}, \forall i \in I, \forall j \in J \tag{4.68}$$

目标函数（4.65）表示该模型寻求最大化覆盖需求量的选址方案；约束条件（4.66）强调当被选中的设施点能够实施覆盖服务条件时，需求点 i 才能被覆盖；约束条件（4.67）是建设服务设施点的数量限制；约束条件（4.68）表示决策变量的取值范围，是决策变量的类型约束。

3）P-中心选址模型

P-中心问题（P-center problem）也被称为最小最大化问题，该模型的决策目标是在给定备选范围内选择若干个设施服务点进行建设，使需求点到服务于它的最远设施点之间的距离最小化。P-中心选址模型的基本思想是随着设施点位置的改变，它与需求点之间的距离也会发生变化，把追求最远供应服务距离的最小化作为决策目标，既能保证服务效率，又可以在一定程度上兼顾服务的公平性。

P-中心模型中相关参数符号说明如下：I 是需求点的集合，$I = \{i \in I \mid i = 1,2,\cdots,m\}$；$J$ 是服务设施候选点的集合，$J = \{j \in J \mid j = 1,2,\cdots,n\}$；$P$ 是设施点的建设数量；用 d_{ij} 表示设施点 j 到需求点 i 的距离。P-中心模型中的决策变量有：x_{ij} 为 0-1 变量，$x_{ij} = 1$ 意味着需求点 i 被设施点 j 覆盖，否则 $x_{ij} = 0$；y_j 为 0-1 变量，$y_j = 1$ 表示设施点被选中，否则为 $y_j = 0$。

经典 P-中心选址模型表达如下：

$$\min \max(d_{ij} y_j) \tag{4.69}$$

$$\text{s.t.} \quad \sum_{j \in J}^{n} x_{ij} = 1, \forall i \in I \tag{4.70}$$

$$x_{ij} - y_j \leqslant 0, \forall i \in I, \forall j \in J \tag{4.71}$$

$$\sum_{j \in J}^{n} y_j = P \tag{4.72}$$

$$x_{ij}, y_j \in \{0,1\}, \forall i \in I, \forall j \in J \tag{4.73}$$

目标函数（4.69）的含义是寻求使得设施点 j 到需求点 i 之间的最大距离最小化的选址方案；约束条件（4.70）表示有且仅有一个设施点 j 为需求点 i 提供服务；约束条件（4.71）表示只有备选设施被选中后才能为覆盖范围内的需求点提供服务；约束条件（4.72）是有关设施点的数量限制；约束条件（4.73）是决策变量的取值类型约束。

4）P-中值选址模型

P-中值问题（P-median problem）是在 1964 年由哈基米（Hakimi）最早提出的，该问题研究的是在若干个服务设施备选点中选出 P 个设施点，使其在覆盖所有需求点的基础上实现到各需求点之间的加权距离最小。值得一提的是，此经典模型中的加权距离指的是需求点到最近设施点的距离与该需求点处需求量的乘积，事实上可理解为以需求量为权重的距离。当然，目标函数也可被替换成运输时间或运输成本。

P-中值模型中相关参数符号说明如下：I 是需求点的集合，$I = \{i \in I \mid i = 1,2,\cdots,m\}$；$J$

是服务设施候选点的集合，$J = \{j \in J \mid j = 1,2,\cdots,n\}$；$P$ 是设施点的建设数量；用 d_{ij} 表示设施点 j 到需求点 i 的距离；h_i 是需求点 i 处的需求量，表示权重系数。P-中值模型中的决策变量有：x_{ij} 为 0-1 变量，$x_{ij} = 1$ 意味着需求点 i 被设施点 j 覆盖，否则 $x_{ij} = 0$；y_j 为 0-1 变量，$y_j = 1$ 表示设施点被选中，否则为 $y_j = 0$。

经典 P-中值选址模型表达如下：

$$\min \sum_{i=1}^{m} \sum_{j=1}^{n} h_i d_{ij} x_{ij} \tag{4.74}$$

$$\text{s.t.} \quad \sum_{j \in J}^{n} x_{ij} = 1, \forall i \in I \tag{4.75}$$

$$x_{ij} - y_j \leqslant 0, \forall i \in I, \forall j \in J \tag{4.76}$$

$$\sum_{j \in J}^{n} y_j = P \tag{4.77}$$

$$x_{ij}, y_j \in \{0,1\}, \forall i \in I, \forall j \in J \tag{4.78}$$

目标函数（4.74）的含义是寻求使得设施点 j 与需求点 i 之间总加权距离最小的选址方案；约束条件（4.75）表示有且仅有一个设施点 j 为需求点 i 提供服务；约束条件（4.76）强调只有备选设施点被选中后才能为覆盖范围内的需求点提供服务；约束条件（4.77）是有关设施点的数量限制；约束条件（4.78）是决策变量的取值类型约束。

总体而言，最优化规划的优点是从优化理论角度帮助决策者更好地进行资源配置、减少资源浪费和成本支出；而不足之处在于对于一些复杂情形有时很难建立合适的规划模型，且若构建的选址优化模型过于复杂，往往很难求得最优解，抑或所得的最优解可能在实际选址中很难被实现。

3. 其他选址方法

除了重心选址法和最优化规划方法外，还有一些定性定量相结合的常用选址方法，如综合评价法和仿真方法等。

1）综合评价法

综合评价法是指对影响选址的多个因素进行全面考量，然后以赋权的方式来确定各个影响因素的权重，并根据制订的评价标准对各个方案进行打分，通过比较分析得出最优的选址方案。这类方法包括主成分分析法、数据包络分析法、模糊评价法和层次分析法等。

综合评价法的优点是：①综合性较强，可以对选址相关的影响因素有较为全面的考量。②灵活性较强，可以根据不同的评价对象对评价目标进行灵活调整，得到更符合实际情况的评价结果。综合评价法的缺点在于评价指标和相关权重的选取存在一定主观性，而这些主观性可能会影响评价结果的准确性和有效性。

2）仿真方法

仿真方法是一种通过建立数学模型和实施计算机模拟来研究和分析现实系统行为的方法，它在工程设计和决策选择等领域有广泛的应用。具体而言，仿真选址方法就是借助计算机模拟等来构建选址仿真模型，在仿真选址系统搭建完成之后，分析者通过反复改变和调整相关参数来模拟不同的选址方案，根据仿真模型运行状态和变化过程来评价不同选址方案的优劣。

仿真方法的特点和优势在于：①灵活性较强，可以根据需要对仿真系统进行不同约束条件和参数的设置，且在面对需求变动的情形时能够快速实现动态模拟。②可控性较强，可以对仿真系统进行不同的实验条件设置，以观察和比较不同条件下的系统行为。③经济性较好，可以减少真实决策方案实施的成本和时间，提高决策效率。④安全性较高，可以通过模拟一些不安全的现象和情况，提前预防和解决某些风险问题。仿真方法的局限性主要体现在其受限于数据质量、算法精度和软件功能等多个方面。例如，在某些情况下，仿真方法可能无法直接生成初始方案，而只能对已有的备选方案进行优化。而初始方案的质量在很大程度上影响着最终的仿真结果，这成为仿真方法的一个潜在不足。

4.2.3　应急资源储备选址方法

由于应急设施选址决策与一般选址问题相比具有紧迫性、不确定性以及救援公平性等特征，管理者和决策者在进行应急资源储备选址优化布局时，往往需要根据不同应急场景、决策目标和决策偏好等影响因素，对经典选址模型做进一步调整和改进。本节选择以考虑应急设施的可靠性、应急设施选址的公平性、应急选址决策的动态性为例，简要介绍几种应急设施选址模型，旨在为突发事件应急场景下的资源储备选址规划提供一定方法支撑。

1. 考虑设施可靠性的应急选址模型

由于突发事件下决策环境的复杂化，应急设施选址布局优化决策面临各种中断风险，故为提高应急设施运行的可靠性和抵御中断风险的能力，研究中断情境下的应急设施选址决策问题十分必要。决策者需充分考虑中断情境下应急设施的非完全可靠性，力求寻找到确保即使应急设施发生中断其应急服务系统和应急服务网络仍能处于良好运行状态的最优选址方案。

1）建模准备

在建模前需要考虑如何构建一个考虑设施中断风险与防御可靠性的应急选址模型。具体建模思路为：①从抵御中断风险的视角，以系统成本最小化即应急设施的建设成本和抵御设施中断的加固成本之和最小为目标来反映经济性。②从应急设施服务质量的视角，以最大化覆盖服务质量水平为目标来反映服务的可靠性。同时，均衡考虑加固预算约束和最小最大容量约束，最终确定应急设施点的最优位置，以及各设施点与各需求点间的服务分配关系。

应急服务质量体现了应急设施满足需求点的服务能力和程度，即应急设施对需求点的服务水平或服务感知度。考虑到应急设施与需求点之间距离的改变，应急服务质量往往会随之发生变化。基于此，可在应急设施选址布局决策中构造一个应急服务质量覆盖函数 $G(d_{ij})$，这是一个指数型非线性覆盖函数，其表达如下：

$$G(d_{ij}) = \begin{cases} 1, d_{ij} \leqslant r_{\min} - r_e \\ \mathrm{e}^{-ka^m}, r_{\min} - r_e < d_{ij} \leqslant r_{\max} + r_e \\ 0, d_{ij} > r_{\max} + r_e \end{cases}$$

其中，d_{ij} 是第 i 个需求点与第 j 个应急设施之间的距离；$r_{\min}$ 是需求点获得应急设施覆盖服务的最小临界距离，$r_{\max}$ 是需求点获得应急设施覆盖服务的最大临界距离，显然 $r_{\min} \leqslant r_{\max}$；$r_e(r_e < r_{\min})$ 是有关距离变化扰动的一个度量；参数 $a = d_{ij} - (r_{\min} - r_e)$，$k$ 和 m 是用来刻画感知应急服务质量敏感程度的因子。针对不同应急设施覆盖质量的差异性，应急决策者可按照一定准则基于不同的敏感程度和实际情况构建出不同的覆盖服务质量函数以度量应急服务质量的差异化满意程度。

考虑设施可靠性的应急选址模型中相关参数及符号说明如下：记 I 为需求点的集合，$I = \{i \in I | i = 1, 2, \cdots, m\}$；$J$ 为备选应急设施点的集合，$J = \{j \in J | j = 1, 2, \cdots, n\}$；$P$ 是应急设施点的建设数量；h_i 是需求点 i 处的应急资源需求量；c_{ij} 是应急设施点 j 到需求点 i 的单位运输成本；q_{ij} 表示由应急设施点 j 分配给需求点 i 的应急资源数量；L_{js} 和 L_{ju} 分别是应急设施点 j 处最小和最大容量；如前述，d_{ij} 是需求点 i 与应急设施点 j 之间的距离；p_j 是应急设施点 j 处的中断概率，$0 \leqslant p_j \leqslant 1$，含义是应急设施点 j 以概率 p_j 发生中断；f_j 是建立应急设施点 j 的固定建设费用；需要说明的是，可采取一些加固设施手段使普通具有一定中断概率的应急设施点成为更可靠的应急设施点，但为此需提供额外的加固费用，为便于区分，特将那些虽未经加固但本身无中断风险的应急设施点或历经加固后的应急设施点统称为稳固设施点，对于那些未经加固而面临中断风险的应急设施点，在此假设需采取寻求其他备选设施点替代的方案；用 s_j 来表示基于中断风险考量的应急设施 j 处固定投入费用，r_j 是基于中断风险考量的应急设施 j 处设施加固费用；B 是有关应急设施点加固费用的预算。

考虑设施可靠性的应急选址模型中决策变量有：y_j 为 0-1 变量，$y_j = 1$ 表示应急设施点 j 被选中，否则为 $y_j = 0$；z_j 为 0-1 变量，$z_j = 1$ 表示应急设施点 j 被加固，否则 $z_j = 0$；x_{ij0} 为 0-1 变量，$x_{ij0} = 1$ 表示需求点 i 由稳固应急设施点 j 作为主设施为其提供资源配给服务，否则 $x_{ij0} = 0$；x_{ij1} 为 0-1 变量，$x_{ij1} = 1$ 表示需求点 i 由备用应急设施点 j 作为主设施为其提供资源配给服务，否则 $x_{ij1} = 0$。

2）模型构建

基于上述建模准备，可建立基于中断风险考虑应急设施可靠性的双目标优化选址模型：

$$\min Z_1 = \sum_{j \in J} f_j y_j + \sum_{i \in I} \sum_{j \in J} \left[h_i c_{ij} x_{ij0} (1 - p_j (1 - z_j)) + h_i c_{ij} x_{ij1} \sum_{k \in J, k \neq j} p_k x_{ij0} (1 - z_k) \right] \quad (4.79)$$

$$\max Z_2 = \sum_{i \in I} \sum_{j \in J} h_i G(d_{ij})(1 - p_j(1 - z_j)) x_{ij0} + \sum_{i \in I} \sum_{j \in J} h_i G(d_{ij}) \sum_{k \in J, k \neq j} p_k x_{ij0}(1 - z_k) \quad (4.80)$$

$$\text{s.t.} \quad \sum_{j \in J} x_{ij0} = 1, \forall i \in I \quad (4.81)$$

$$\sum_{j \in J} x_{ij1} = 1, \forall i \in I \quad (4.82)$$

$$x_{ij0} + x_{ij1} \leqslant y_j, \forall i \in I, \forall j \in J \quad (4.83)$$

$$\sum_{j \in J} y_j = P \quad (4.84)$$

$$z_j \leqslant y_j, \forall j \in J \tag{4.85}$$

$$\sum_{j \in J}(s_{cj} + q_j r_{cj})z_j \leqslant B \tag{4.86}$$

$$L_{js}y_j \leqslant \sum_{i \in I}q_{ij} \leqslant L_{ju}y_j, \forall j \in J \tag{4.87}$$

$$y_j, z_j \in \{0,1\}, \forall j \in J \tag{4.88}$$

$$x_{ij0}, x_{ij1} \in \{0,1\}, \forall i \in I, \forall j \in J \tag{4.89}$$

目标函数（4.79）旨在实现考虑应急设施中断风险的系统总成本最小化，该成本由两部分组成：①所有应急设施点的建设成本。②从各应急设施点向需求点分配资源所产生的运输成本之和。其中，$\sum_{j \in J}h_i c_{ij}x_{ij0}(1-p_j(1-z_j))$ 表示的是所有稳固应急设施点到需求点 i 处的期望运输成本，$1-p_j(1-z_j)$ 是稳固应急设施不中断的概率；而 $\sum_{j \in J}h_i c_{ij}x_{ij1}\sum_{k \in J,k \neq j}p_k x_{ij0}(1-z_k)$ 表示的是所有备用应急设施点到需求点 i 的期望运输成本，$\sum_{k \in J,k \neq j}p_k x_{ij0}(1-z_k)$ 表示那些未经加固的应急设施点而面临中断风险的概率。目标函数（4.80）的含义是在设施中断风险情境下寻求最大化期望应急服务质量水平。

约束条件（4.81）和式（4.82）明确规定了每个需求点必须由某个稳固的设施点或某个备用的设施点来提供应急资源的配给服务，以确保应急资源的有效分配和救援服务的连续性；约束条件（4.83）表示唯有被选中的稳固应急设施点或备用应急设施点方能为需求点提供资源配给服务，且任一需求点仅能从这两者中择一获取服务，以确保应急资源分配的高效性与准确性；约束条件（4.84）表示共建设 P 个应急设施点；约束条件（4.85）意味着，仅针对已设立的应急设施才去考虑其潜在的中断风险，并据此进行必要的加固措施以确保设施的稳定性和可靠性。约束条件（4.86）严格规定了应急设施的加固费用必须控制在既定的加固预算范围内；约束条件（4.87）表示各需求点的资源需求必须由已经设立的应急设施为其提供，且须遵守最小最大容量约束；约束条件（4.88）和（4.89）是有关模型决策变量的 0-1 整数类型约束。

2. 考虑救援公平性的应急选址模型

在进行应急储备选址决策时，除了设施可靠性之外，救援的公平性无疑也是一个至关重要的考量因素。应急设施服务范围的广泛程度及其有效可达性，成为衡量应急服务设施规划与布局公平性的关键指标。基于此，诸多学者在传统 P-中心选址模型的基础上进行了针对性的改进，构建了注重救援公平性的应急设施选址模型，旨在更有效地达成公平救援的应急决策目标。

1）建模准备

本节给出一个综合考虑应急救援公平性、效率性和经济性的多目标应急设施选址模型。该模型全面考虑应急救援公平性的要求，在确保所有需求点得到全面覆盖的基础上力求最小化各应急设施点与各需求点之间的最大距离，同时还兼顾救援效率与经济成本的权衡考量，最终优化确定应急设施的选址—分配方案。

考虑救援公平性的应急选址模型中相关参数及符号说明如下：I 是所有需求点的集合，$I = \{i \in I \mid i = 1,2,\cdots,m\}$；$J$ 为候选应急设施点的集合，$J = \{j \in J \mid j = 1,2,\cdots,n\}$；$w_i$ 是需求点 i 的权重；r_j 为应急设施点 j 的建设成本；d_{ij} 为应急设施点 j 与需求点 i 之间的距离；c_{ij} 是应急设施点 j 到需求点 i 之间的运输成本；h_{ij} 为应急设施点 j 至需求点 i 的运输量；P 是预先确定的应急设施点建设数量；q_i 是需求点 i 所要求的为其提供服务的最少应急设施点数量；L 表示各候选应急设施点到各个需求点的最大距离。

考虑救援公平性的应急选址模型中决策变量有：y_j 为 0-1 变量，$y_j = 1$ 表示第 j 个应急设施点被选中进行建设，否则 $y_j = 0$；x_{ij} 为 0-1 变量，$x_{ij} = 1$ 表示应急设施点 j 为需求点 i 提供服务，否则 $x_{ij} = 0$。

2）模型构建

基于上述建模准备，可建立重大突发事件下考虑救援公平性的多目标应急选址模型：

$$\min Z_1 = \sum_{j \in J} r_j y_j + \sum_{j \in J} \sum_{i \in I} c_{ij} h_{ij} \tag{4.90}$$

$$\min Z_2 = L \tag{4.91}$$

$$\min Z_3 = \sum_{j \in J} \sum_{i \in I} w_i d_{ij} x_{ij} \tag{4.92}$$

s.t.

$$\sum_{j \in J} y_j = P \tag{4.93}$$

$$x_{ij} \leqslant y_j, \forall i \epsilon I, \forall j \epsilon J \tag{4.94}$$

$$\sum_{j \in J} d_{ij} x_{ij} - q_i L \leqslant 0 \tag{4.95}$$

$$\sum_{j \in J} x_{ij} \geqslant q_i, \forall i \in I \tag{4.96}$$

$$y_j \in \{0,1\}, \forall j \in J \tag{4.97}$$

$$x_{ij} \in \{0,1\}, \forall i \epsilon I, \forall j \epsilon J \tag{4.98}$$

目标函数（4.90）表示最小化应急救援的总成本，总成本由应急设施点的建设成本和应急资源的运输成本两部分组成，该目标体现了应急设施选址的经济性；目标函数（4.91）力求实现各候选应急设施点至各个应急需求点的最大距离最小化，体现了应急设施选址的公平性；目标函数（4.92）意味着追求从各候选应急设施点到各个需求点的总加权距离最小，体现了应急设施选址的效率性。

约束条件（4.93）表示建立 P 个应急设施点；约束条件（4.94）表示仅当应急设施点被选中并实际建设后，方能向需求点提供救援服务；约束条件（4.95）表示各应急设施点向需求点运输应急资源的总距离限制，以确保应急救援服务的及时性和有效性。约束条件（4.96）明确了为各需求点提供救援服务的应急设施点数量须满足其所需的最低数量要求；约束条件（4.97）和（4.98）是模型决策变量的 0-1 整数类型约束。

3. 考虑灾害动态性的应急选址模型

前述两种应急设施选址模型，无论是基于可靠性还是救援公平性的考量，均刻画的是单阶段决策问题，未能充分考虑突发灾害事件发生后的状态变化及其影响。然而，突发事件的随机性与动态性导致应急设施选址决策本质上是一个复杂的多阶段决策过程，须依据不断更新的资源储备量、资源配置情况以及应急资源需求等实时信息，来动态调整选址与资源分配方案，以确保应急救援活动能高效应对不断变化的灾害情境。

1）建模准备

现给出一个充分考虑应急资源需求量和道路状况等时变因素的应急设施选址模型。该模型聚焦突发事件响应阶段，受灾区域对于应急资源的需求量和道路状况等信息均呈现动态变化状态，为提高应急救援效率并减少资源冗余浪费，应急设施选址决策需随之灵活调整，以确保应急资源的高效配置和及时送达。

考虑灾害动态性的应急选址模型中相关参数及符号说明如下：用 T 表示道路状况和需求量等信息发生变动的时刻的集合，$T = \{t \in T | t = t_1, t_2, \cdots, t_N\}$；$I$ 表示需求点的集合，$I = \{i \in I | i = 1, 2, \cdots, m\}$；$J$ 表示候选应急设施点的集合，$J = \{j \in J | j = 1, 2, \cdots, n\}$；用 q_{it} 表示 t 时刻需求点 i 处有关应急资源的需求量；Q_{jt} 表示 t 时刻应急设施点 j 处有关应急资源的最大容量；V_k 表示救援车辆 k 的平均行驶速度；用 $a_{ijt} \in \{0, 1\}$ 表示应急设施点 j 与需求点 i 之间道路在 t 时刻的实际连接状况，$a_{ijt} = 1$ 表示应急设施点 j 与需求点 i 在 t 时刻存在连接的道路，否则 $a_{ijt} = 0$；用 $d_{ijt} = a_{ijt} \beta \sqrt{(g_j - g_i)^2 + (h_j - h_i)^2}$ 表示应急设施点 j 与需求点 i 在 t 时刻道路状况下应急资源的实际运输距离，其中 (g_j, h_j) 表示应急设施点 j 的坐标、(g_i, h_i) 表示应急需求点 i 的坐标，用道路迂回因子 β 来反映因灾害导致道路被破坏而引发的绕行或选择替代路线情况，即表征应急设施点与需求点间实际距离大于两者直线距离的现象；r_{ijt} 表示应急设施点 j 与需求点 i 之间在 t 时刻实际道路状况对救援车辆行驶速度的影响因子，$0 \leqslant r_{ijt} \leqslant 1$。

考虑灾害动态性的应急选址模型中决策变量有：y_{jt} 为 0-1 变量，$y_{jt} = 1$ 表示 t 时刻第 j 个应急设施点被选中建设，否则 $y_{jt} = 0$；x_{ijt} 为 0-1 变量，$x_{ijt} = 1$ 表示 t 时刻应急设施点 j 为需求点 i 提供资源救援服务，否则 $x_{ijt} = 0$。

2）模型构建

基于上述建模准备，可建立重大突发事件下考虑灾害动态性的应急选址模型：

$$\min Z = \sum_{j \in J} \sum_{i \in I} \sum_{t \in T} \frac{d_{ijt}}{r_{ijt} V_k} x_{ijt} \tag{4.99}$$

s.t.

$$\sum_{i \in I} q_{it} x_{ijt} \leqslant Q_{jt}, \forall j \in J, \forall t \in T \tag{4.100}$$

$$x_{ijt} \leqslant y_{jt}, \forall i \in I, \forall j \in J, \forall t \in T \tag{4.101}$$

$$q_{it} \geqslant 0, \forall i \in I, \forall t \in T \tag{4.102}$$

$$y_{jt} \in \{0, 1\}, \forall j \in J, \forall t \in T \tag{4.103}$$

$$x_{ijt} \in \{0, 1\}, \forall i \in I, \forall j \in J, \forall t \in T \tag{4.104}$$

目标函数（4.99）致力于在综合考虑道路实时动态状况的基础上，实现应急设施点到需求点的总救援时间最小化，该决策目标追求在复杂多变的灾害环境中实现高效且迅速的应急响应；约束条件（4.100）表示应急设施点为需求点提供的应急资源总量不超过其自身最大容量；约束条件（4.101）表示只有选中并建设的应急设施点才能为需求点提供应急资源救援服务；约束条件（4.102）是有关应急资源需求量的非负限制；约束条件（4.103）和（4.104）是模型决策变量的 0-1 整数类型约束。

本章小结

科学合理的灾前应急物流规划是灾后应急救援行动的有力保障，它能够确保在灾害发生时迅速调配资源，从而最大限度地挽救生命并降低财产损失。本章针对灾前应急物流规划，主要从应急资源需求预测和应急资源储备选址两个关键维度进行阐述。首先，详细介绍了应急资源需求的相关基础理论，包括应急资源的定义、应急资源需求的表征与特点、以及应急资源需求预测所应遵循的原则；其次，重点列举了几种常用的应急资源需求预测方法，包括时间序列预测法、回归分析预测法、案例推理预测法、灰色预测法和神经网络预测法；最后，深入探讨了应急资源储备选址规划需要考虑的各类影响因素和基本原则，并在总结经典资源储备选址方法（如德尔菲法、重心选址法、最优化规划选址方法、综合评价法以及仿真方法等）的基础上，特别着重介绍了三种典型的应急资源储备选址模型，这些模型在选址决策过程中充分考量了设施可靠性、救援公平性及灾害动态性等关键应急因素，以确保在复杂多变的灾害环境下能够制定出更为科学、合理的资源储备选址方案。

思考题

1.【中等】什么是应急资源需求？应急资源需求的表征体现在哪些方面？

2.【容易】应急资源需求预测的原则是什么？

3.【中等】在进行应急资源需求预测的过程中，常用的定量预测方法有哪些？简述你所熟悉的 1~2 种定量预测方法。

4.【中等】请简要概述应急资源需求定性预测与定量预测的定义并说明各自优缺点。

5.【容易】应急资源储备库选址的影响因素是什么？

6.【容易】进行应急资源储备选址规划时需要遵循哪些原则？

7.【中等】简述你所了解的 1~2 种资源储备选址方法。

即测即练

参考文献

[1] 国务院办公厅.《"十四五"现代物流发展规划》[EB/OL]. 2022-12-15. https://www.gov.cn/zhengce/content/2022-12/15/content_5732092.htm.

[2] 闪淳昌, 薛澜. 应急管理概论：理论与实践（第二版）[M]. 北京：高等教育出版社，2020.

[3] 左小德, 梁云, 张蕾. 应急物流管理[M]. 广州：暨南大学出版社，2011.

[4] 王亮等. 应急物资系统规划与运作优化模型研究[M]. 北京：经济科学出版社，2018.

[5] 吴丹. 管理决策方法：理论、模型与应用[M]. 南京：河海大学出版社，2014.

[6] 黄宏和, 吴臻, 琚军, 等. 基于物资需求特性量化预测未来需求的方法[J]. 浙江电力，2019，38（07）：75-80.

[7] 于博, 孙安国, 陈丽萍, 等. 基于指数平滑法的云南省物流需求预测[J]. 物流工程与管理，2018，40（12）：39-40+38.

[8] Aamodt A, Plaza E. Case-based reasoning: Foundational issues methodological variation and system approaches[J]. Artificial Intelligence Communications, 1994, 7(01): 39-59.

[9] 马辰坤. 面向案例消耗推理的应急物资需求预测[D]. 兰州：兰州交通大学，2021.

[10] Wang Z, Zi B, Ding H, et al. Hybrid grey prediction model-based auto tracking algorithm for the laparoscopic visual window of surgical robot[J]. Mechanism and Machine Theory: Dynamics of Machine Systems Gears and Power Transmissions Robots and Manipulator Systems Computer-Aided Design Methods, 2018, 123: 107-123.

[11] Deng Z, Ke Y, Gong H, et al. Land subsidence prediction in Beijing based on PS-InSAR technique and improved Grey-Markov model[J]. GIScience & Remote Sensing, 2017, 54(6): 797-818.

[12] Xin T, Famurewa S M, Gao L, et al. Grey-system-theory-based model for the prediction of track geometry quality[J]. Proceedings of the Institution of Mechanical Engineers, Part F: Journal of Rail and Rapid Transit, 2016, 230(7): 1735-1744.

[13] 田地. 基于灰色预测理论的大跨径连续梁桥施工监控研究[D]. 太原：太原科技大学，2019.

[14] 郎茂祥, 傅选义, 朱广宇. 预测理论与方法[M]. 北京：清华大学出版社，2011.

[15] 杨建刚. 人工神经网络实用教程[M]. 杭州：浙江大学出版社，2001.

[16] 闻新. 智能故障诊断技术：MATLAB 应用[M]. 北京：北京航空航天大学出版社，2015.

[17] 张屹南. 基于人工神经网络的交通标识检测算法研究[D]. 兰州：西北师范大学，2021.

[18] 中华人民共和国应急管理部. "十四五"应急物资保障规划[EB/OL]. 2022-10-11. https://www.mem.gov.cn/gk/zfxxgkpt/fdzdgknr/202302/t20230202_441506.shtml.

[19] 周莹. 徐州市应急物资储备库选址优化研究[D]. 济南：济南大学，2021.

[20] 袁生. 基于台风灾害快速救援下应急物资储备中心选址研究[D]. 南昌：华东交通大学，2018.

[21] 杨鹏. 突发情况下应急物资储备库选址的研究[D]. 兰州：兰州交通大学，2019.

[22] 朱自立. 水电工程突发事件应急物资储备库优化建模研究[D]. 宜昌：三峡大学，2020.

[23] 胡婷婷, 万沛. 基于重心法的应急物流中心选址初探[J]. 企业技术开发，2012，31（21）：176-177.

[24] 于冬梅, 高雷阜, 赵世杰. 考虑应急设施中断风险与防御的可靠性选址模型研究[J]. 运筹与管理，2020，29（09）：53-61.

[25] 丁雪枫, 尤建新, 王洪丰. 突发事件应急设施选址问题的模型及优化算法[J]. 同济大学学报（自然科学版），2012，40（09）：1428-1433.

[26] 姚冠新, 温伟锋. 应急物流多设施动态选址模型构建及检验[J]. 商业时代，2013（10）：40-41.

[27] 孟燕萍, 申慢慢. 考虑灾后道路恢复情况下动态应急物资选址问题[J]. 重庆交通大学学报（自然科学版），2019，38（01）：89-96.

第 5 章　灾后应急物流规划

【本章知识脉络图】

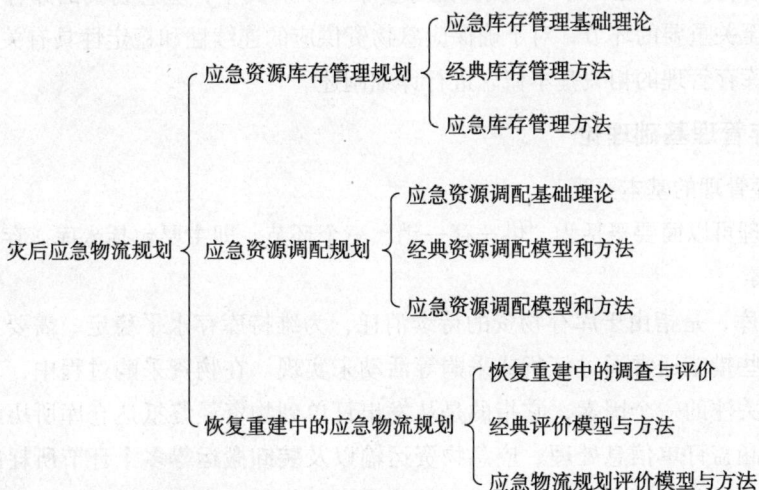

```
                                        ┌── 应急库存管理基础理论
                      应急资源库存管理规划 ┤── 经典库存管理方法
                                        └── 应急库存管理方法

                                        ┌── 应急资源调配基础理论
 灾后应急物流规划 ── 应急资源调配规划 ────┤── 经典资源调配模型和方法
                                        └── 应急资源调配模型和方法

                                        ┌── 恢复重建中的调查与评价
                    恢复重建中的应急物流规划 ┤── 经典评价模型与方法
                                        └── 应急物流规划评价模型与方法
```

　　突发灾害事件发生后，科学合理地调控应急资源存储水平并精心规划应急资源调配路径，能够显著提高整个应急物流规划体系的资源保障能力与应急响应效率，这些举措不仅对于保障受灾群众的生命健康安全和最大程度地减轻灾害损失具有至关重要的意义，而且对灾后恢复重建工作的顺利进行也起到关键的推动作用。此外，在灾后恢复重建过程中，对应急物流规划体系进行综合评价同样必不可少，这样可以全方位地评价应急物流规划的效果，从而为下一次的规划工作提供更有针对性的参考和依据。因此，本章将着重阐述应急资源库存管理规划、应急资源调配规划以及在恢复重建过程中实施的应急物流规划体系评价，具体包括应急资源库存管理、应急资源调配以及应急物流评价的基础理论、模型和方法等相关知识。

5.1　应急资源库存管理规划

　　2020 年 2 月，习近平总书记在中央全面深化改革委员会第十二次会议上强调，"健全统一的应急物资保障体系"是国家应急管理体系建设的重要内容。灾害发生初期，各受灾点主要依赖区域内已有资源进行自救。然而，随着救援工作的深入推进，灾害发生中后期会有大量的应急资源陆续抵达受灾点。若不及时对这些应急资源进行科学有效的库存管理，可能会导致应急资源投放的延误，并造成灾害后期应急资源的积压和浪费。鉴于应急物资在救援资源中的核心地位及在应急救援过程中的决定性影响，本节以应急物资为例，深入探讨应急资源库存控制规划的相关理论和方法。

5.1.1　应急库存管理基础理论

　　科学高效的应急物资管理是保障应急处置与灾害救援工作顺利进行的核心要素。完整的应急物资管理过程涵盖物资的需求预测、采购、储备（包括物资分类、库存管理与回收利用）、筹集（亦称二次采购）以及调配等多个环节。其中，应急物资的库存管理作为整个保障体系至关重要的环节，对于确保应急物资供应的连续性和稳定性具有关键作用。现对应急物资库存管理的相关基本概念进行详细阐述。

1. 库存管理基础理论

1）库存管理的基本要素

库存管理可以简要概括为"供—存—销"三个环节，即主要包括入库、存储和出库这三个基本要素。

（1）入库，是指由于库存物资的持续消耗，为维持库存水平稳定，需要及时采取补充措施，这些措施通常通过订货或采购等活动来实现。在物资采购过程中，订货提前期是需要特别关注的一个因素，它指的是从发出订单到物资最终抵达仓库所历经的时间跨度，这期间涵盖订单信息处理、应急物资运输以及装卸搬运等多个环节所耗的时间。准确把控并优化这些入库所涉环节，对于保障入库工作的稳定进行和及时补充库存物资具有重要作用。

（2）存储，指的是物资自进入仓库起至其被运输出库前这期间所维持的在库状态。鉴于物资需求的不确定性以及物资入库所需的特定时间周期，为确保物资保障的连续性与稳定性，维持一定的安全库存显得格外重要。一般情况下，通过科学合理地调控订货提前期与订货批量，可以在满足物资需求的同时实现库存成本的最小化，进而确保资金与资源利用效率的最优。这一策略旨在从物资供应与降低库存成本之间寻求最佳平衡点，提升物资库存管理的科学与精细化水平。

（3）出库，作为物资管理链条的关键环节，指的是根据实际需求，将物资从仓库中移出并交付给需求方的过程。这一过程涉及物资的核对、拣选、包装、装载以及运输等多个步骤，其目的在于确保物资能够准确、高效地到达指定地点，满足相关方的使用需求。高效的出库操作要求管理者必须对仓库内物资的存储状态、数量、质量等信息有清晰准确的了解，以便面对需求能够迅速、准确地完成出库操作。同时，出库还需遵循一定的程序和规范，如出库单的填写、物资的验收与交接等，以确保出库过程的规范化和透明化。

2）库存管理的目标

库存管理的核心目标在于实现库存水平的精准调控，以确保物资在数量、质量和时间等多维度上均能满足服务需求，从而达到供需之间的动态平衡。换言之，库存管理有两大主要目标：降低库存成本和优化供需平衡服务。首先，从经济效益的角度出发，库存管理致力于降低库存成本。通过精准把控库存量，避免物资过剩或短缺的情况，旨在减少资金的不必要占用和浪费，进而降低仓储、保险、利息等成本支出。其次，库存管理追求物资供需平衡的稳定性。通过实施科学的库存规划和调配策略，确保物资在需求高峰时能够及时供应，避免因缺货而影响正常运营和市场供应。然而，这两大主要目标之间常呈现出一种微妙的对立关系：降低库存成本往往意味着减少库存量或优化库存结构，这可能会在一定程度上影响服务功能的完善与及时响应；反之，服务功能的优化又往往要求库存能够迅速、准确地满足服务需求，这通常需要以较高的库存成本作为支撑。因此，库存管理研究的关键在于寻求这两大主要目标之间的最佳平衡点，通过采取科学的库存策略与管理方法，实现资源配置的最优化，从而在保障服务功能的同时尽可能地降低库存成本。

除上述成本控制和供需平衡服务这两大核心目标之外，库存管理还涉及其他多个维度的综合决策。例如，库存管理须注重提高物资周转率。通过优化库存结构，加快物资的流转速度，提高库存物资的利用效率和周转率，进而提升整体运营效率。而且，物资的质量安全也是库存管理不可忽视的目标之一。通过严格的入库检验、存储养护和出库复核等措施，确保物资在存储期间质量稳定和安全可靠，避免因质量问题给物资需求方带来损失和风险。故库存管理的目标实际是一个综合性的概念，涵盖库存成本控制、供需平衡、周转率提升以及质量安全保障等多个方面的考量。

3）库存管理的成本构成

库存管理应遵循经济性原则，为实现降低库存成本的目标，需深入探究库存系统中的费用构成情况，以便针对性地制订有效的库存成本控制策略。库存管理成本的构成是复杂且多维的，包含多个核心要素，这些要素及其相应描述如表 5-1 所示。

表 5-1   库存管理成本的核心要素

	核心要素	具体描述
库存管理成本	仓储成本	与物资保管直接相关的费用
		与存储物资本身相关的保管费用
	订购成本	购入成本涉及购买费用、税费及运输费
		订货成本涵盖订货手续费、通信费、核对费、差旅费、检查费及入库验收费等
	缺货成本	缺货成本是由于库存供应中断而引发的生产延误、销售损失以及商誉损害等一系列损失
	机会成本	机会成本体现在因持有物资库存而错失的潜在收益

（1）仓储成本是库存管理成本的重要组成部分，主要涉及为保有和管理库存而需承担的各项费用开支。具体而言，仓储成本包括两大类：①与物资保管直接相关的费用，如仓库租金、折旧与维护费、保险费、修理费以及冷暖气费、通风照明费等，同时还包括仓库内部的装卸搬运费和仓库管理费等。②与存储物资本身相关的保管费用，包括物资占用资金所产生的利息或占用费，以及因物资变质或损坏而导致的损失等。这些费用直接关系到库存物资存放和管理的状态，对库存管理的整体运营成本有着显著影响。

（2）订购成本在库存管理成本中也占据重要地位，这包括购买物资的费用、采购中的运输费、关税及订单处理人工成本等。优化订购管理是降低不必要成本、提升库存周转率的关键。具体而言，订购成本可细分为购入成本和订货成本两部分。其中，购入成本涉及购买费用、税费及运输费，而订货成本则涵盖订货手续费、通信费、核对费、差旅费、检查费及入库验收费等。在需求量稳定的情况下，单次订货量增加可减少订货次数，进而降低订货费用。因此，科学的订购管理能有效控制库存管理成本，提升库存管理效率与效益。

（3）库存管理成本中还有一项不可小觑的成本是库存缺货成本。缺货成本是由于库存供应中断而引发的生产延误、销售损失以及商誉损害等一系列损失。换言之，缺货成本涉及因物资缺货而未能有效满足需求所带来的各种额外费用，例如为应对库存不足而采取紧急采购所产生的额外采购成本，以及由于物资供应中断而导致的延迟损失等。尽管这种成本有时难以直接量化，但其造成的负面影响却是显著且不容忽视的。因此，必须高度重视并有效控制缺货成本，以保障库存管理的稳健运营和持续发展。

（4）机会成本也是库存管理成本中不容忽视的重要组成部分，它体现的是因持有物资库存而错失的潜在收益，如物资库存所占用的资金无法被投入其他项目产生回报。优化库存管理、减少不必要的库存积压，有助于降低机会成本，这对于库存管理实现资金的高效利用和长期稳健发展均具有重要意义。

综上，库存管理成本包含仓储、订购、缺货成本以及机会成本等诸多方面。在实施科学的库存管理时，必须全面而细致地考虑这些成本因素，以便制订出高效的库存管理策略，从而实现库存成本的优化和服务效益的最大化。

2. 应急物资库存管理

1）应急物资库存管理的目标

相较于一般物资库存管理，应急物资库存管理更加注重对救援服务需求的高效满足。从优化应急救援服务的视角出发，为了满足突发事件下应急物资的需求，需要在灾前合理预置物资，并确保储备物资的种类丰富、数量充足，以减少灾后应急物资筹备时间，提高应急物资供应效率。因此，应急物资库存管理的核心目标是在突发事件发生的紧急关头，实现物资的快速、准确调拨和供应，以有效应对灾害、减轻灾害带来的损失，并保障受灾地区的基本生活和生产需求。具体而言，这一目标体现在以下几个方面：

（1）应急物资库存管理致力于保障应急物资供应的及时性和充足性。具体地，在灾害发生时，迅速响应并调集充足的应急物资（如食品、饮用水、医疗用品等），确保受灾区域的基本生活需求得到满足。同时，根据灾害的发展趋势和需求的动态变化，及时调整应急物资库存结构和数量，能够有效保障应急物资的连续供应。

（2）应急物资库存管理需注重应急物资的质量和安全性。例如，在存储和保管过程中，要严格遵守相关标准和规范，加强应急物资库存的检验、维护和保养，减少应急物资过期、损坏或失效情况的发生，确保应急物资的质量稳定、安全可靠。而对于过期、损坏或失效的应急物资，应及时进行处理和更新替换，以避免在紧急情况下使用不当而造成更大的损失，确保在面对紧急需求时所预置的应急物资能够发挥应有的作用。

（3）应急物资库存管理还要强调信息的准确性，以有效提升应急物资调配的灵活性。具体而言，须建立完善的库存信息管理系统，优化应急物资库存布局和配送网络，实时更新和监控应急物资的数量、种类、存放位置等信息，力求为决策者提供准确的应急物资数据支持。尤其要加强与相关部门的沟通协作，实现信息共享和快速响应，提高应急物资调配的效率和准确性，以便在紧急时刻能够迅速将物资准确送达灾区。

当然，在力求保障应急物资供应的稳定性、调配的灵活性以及确保应急物资质量安全的基础上，也应重视借助科学的库存管理策略和手段，尽量减少应急物资的库存积压和冗余浪费，即凭借高效的应急物资库存管理提高应急物资的使用效率，为更好地应对各类突发事件提供有力保障，为受灾地区提供及时、有效的救援服务支持。

2）应急物资库存管理的影响因素

应急物资库存管理的最终效果会受到多种因素影响，这些因素不仅包含内部管理层面，还涉及外部环境和技术应用等诸多宏观与微观维度。这些不同维度的影响因素如表 5-2 所示，下文围绕这些方面展开深入探讨。

表 5-2　应急物资库存管理的影响因素

	不 同 维 度	具 体 描 述
应急物资库存 管理的影响因素	内部管理与运作因素	制订合理的需求预测与库存计划至关重要
		库存策略的科学性
		应急物资的供应链管理效能
	外部环境与政策因素	各类突发灾害事件发生的频繁程度和严重程度
		应急物资运输状况
		相关政策法规
	技术应用因素	信息化水平的高低

（1）内部管理与运作因素。需求预测与库存计划是应急物资库存管理的核心影响因素，其准确性直接关系到应急物资库存管理的效果。预测不准确很可能会导致物资短缺或过剩，进而影响到应急救援响应服务的速度和效率。事实上，突发事件爆发后，受灾区域往

往会出现应急物资需求剧增的现象。为合理控制应急物资存储水平，须根据受灾人数、灾害类别和级别等进行科学的需求预测分析：受灾人数直接决定基本物资消耗量，是确定需求量的关键因素；灾害类别亦影响物资存储水平，如水灾需大量防洪沙袋，雪灾则更需保暖物资；灾害级别和频发程度越高，所需应急物资存储量越大。因此，制订合理的需求预测与库存计划至关重要，它不仅能确保物资在关键时刻实现及时供应，还可以优化库存结构、降低库存成本。通过精准的需求预测和科学的库存计划，能够更有效地管理应急物资库存，为应急救援工作提供有力保障。

库存策略的科学性对应急物资库存管理的成功与否也具有重要影响。库存策略的选择，特别是应急物资库存量的设定以及补货策略的制订等，直接关系到库存管理的经济效益和运作效率。过高的库存水平不仅会增加存储和管理成本，还可能造成应急物资的闲置和浪费；而库存不足则可能导致在应急救援关键时刻出现物资短缺，严重影响救援的及时性和有效性。故在制订库存策略时，必须紧密结合突发灾害事件的实际情况和需求变化，力求避免因采取不合理的策略而导致应急物资浪费和管理混乱，从而确保应急物资库存管理水平达到最优状态。

值得一提的是，应急物资的供应链管理效能对于保障物资供应的稳定性和效率也有决定性作用。物资供应链的流畅性和快速响应能力对应急物资库存控制具有重要影响，供应链任一环节的中断或延迟都可能对库存管理的稳定性和效率产生负面影响。所以，优化相关供应链管理、提升供应链的韧性和响应速度，对于确保应急物资库存管理的顺利进行也很重要。

（2）外部环境与政策因素。各类突发灾害事件发生的频繁程度和严重程度直接决定了应急物资需求量和需求频率，进而会对应急物资库存管理产生显著影响。特别是在灾害频发地区，库存管理需要展现出更高的灵活性和效率，以有效应对可能出现的应急物资短缺问题。

应急物资运输状况也是影响应急物资库存管理的重要因素之一。作为应急物流的核心环节，运输的顺畅与否不仅直接关系到救援工作的及时性和有效性，也影响着前期应急物资预置水平的设定。当受灾区域交通网络发达时，应急物资的筹措和调度能更加迅速，从而能够更有效地满足受灾区域的需求。故在交通条件优越的地区，可以适当降低各类应急物资的库存要求，以优化资源配置。相反，若受灾区域交通设施较为脆弱，则应急物资应保持较高的存储水平，以应对可能出现的运输延误和中断情况，确保救援工作的顺利进行。

此外，相关政策法规也对应急物资的储备、调配和管理等方面作出了明确规定和要求，例如，政府对于特定物资的储备标准和调配机制有一些规定，这些规定和要求会直接反映到库存管理的决策和操作流程中。同时，相关标准的制定与实施也会对应急物资库存管理的规范性和科学性提出严格的要求，旨在推动库存管理水平的不断提升。

（3）技术应用因素。信息化水平的高低对应急物资库存管理的效率和准确性也有重要影响。通过现代信息技术、自动化技术和智能化技术的合理应用，如物联网、大数据等先进手段，可以实现对应急库存物资的实时监控和精准管理。这不仅有助于提升库存管理的精细化程度和智能化水平，更能有效减少人为错误和疏漏，从而进一步提升应急物资库存控制的整体效能。通过不断推动信息化建设的深入发展，能够更好地应对各种突发情况，确保应急物资能够高效、准确地服务于应急救援工作。

案例 5-1

综上，应急物资库存管理是一个受多方面因素共同影响的复杂过程。这其中既包括内部管理与运作层面的因素，如需求预测、库存策略等，又涵盖外部环境与政策层面的因素，如灾害频发程度、政策法规要求等，同时还涉及技术应用层面的因素，如信息化水平、自动化技术等。在实际应急库存管理过程中，必须在全面考虑这些因素的基础上探究制订科学合理库存管理策略的方法，以确保应急物资能够及时、准确地供应到所需之处，为应急救援工作提供有力的物资保障。

5.1.2　经典库存管理方法

应急物资库存管理应遵循"分类管理、科学管理、进出规范"的原则，确保采购、入库、保管、出库、维护等各个环节的管理工作得以高效执行。为此，须引入先进的库存管理方法和现代化管理手段，以确保应急物资的供应既保证质量又保障数量。下面将详细介绍一些常用的库存管理模型和方法，以及现代化的库存管理策略，以提升应急物资库存管理的效率和准确性。

1. 常用库存管理策略

库存管理策略主要涉及订货时间的明确、订货数量的精准把控、安全库存的合理设置以及库存检查周期的细致规划等方面，大体可被进一步细分为库存结构控制策略和订货模式选择策略两大类。

1）库存结构控制策略

库存结构控制策略是指针对种类繁多、属性各异的库存物资，通过系统而合理的规划来优化整体的库存结构。在实践中，常用的库存结构控制方法包括 ABC 分析法和 CVA 管理法，这些方法能够有助于更精准地管理库存、提高库存周转效率。

（1）ABC 分类法。ABC 库存分类法是一种高效的库存管理方法，旨在通过对库存物资进行科学的分类，以实现资源的优化配置和管理效率的提升。该方法的核心思想在于按照物资在库存资金占用和品种数目上的比例进行分类，将物资分为 A、B、C 三类，以便针对不同类别的物资采取不同的管理策略。

具体而言，A 类库存物资是指那些价值高、数量少、对生产经营影响较大的特别重要物资，需要采取严格的控制措施，包括定期盘点、实时监控、优先采购等，以确保其供应的稳定性和充足性。B 类库存物资则是价值中等、数量适中、对生产经营有一定影响的一般重要物资，需要采取适中的管理措施，如定期检查和调整库存水平，以保证其供应的及时性和经济性。而 C 类库存物资则是价值较低、数量较多、对生产经营影响较小的不太重要物资，可以采取较为宽松的管理方式，如减少盘点频率、降低库存水平等，以节省管理成本。通过 ABC 库存分类法，可以更加精准地掌握各类库存物资的情况，实现库存的精细化管理，降低库存成本，提高库存周转率，从而提升运营效率和整体竞争力。

现以一个具体示例展示 ABC 分类法的应用，依据"占总库存资金的比例"和"占库存总品种数目的比例"这两个指标来对库存物资分类，如表 5-3 所示。其中，A 类库存的特点在于品种数目相对较少，但资金占用较大，其品种数目通常占库存品种总数的 5%～20%，而资金金额则占据库存资金总额的 60%～70%；相反，C 类库存品种数目众多，但资金占用较少，其品种数目占库存品种总数的 60%～70%，而资金金额仅占资金总额的 10%以下；B 类库存则介于 A 类和 C 类之间，品种数目约占库存品种总数的 20%～30%，资金金额占资金总额的 20%左右。

表 5-3 ABC 分类法示例

类别	品种占用比率（%）	金额占用比率（%）	库存管理策略
A	5～20	60～70	重点管理控制
B	20～30	10～20	一般管理控制
C	60～70	5～10	简便易行控制

根据 ABC 分类法，针对三类物资的不同特性，分别实施重点、一般和简便三种不同级别的库存管理策略。这种差异化的管理方式旨在实现人力、物力和财力的最经济、最有效配置和利用。ABC 分类法不仅操作简便，且能够确保库存控制既突出重点又兼顾一般，即通过更准确地把握各类库存物资的特点，优化了库存结构，有助于实施更精准的库存管理措施。

现以一个简单的算例来展示 ABC 分类法在库存结构分析中的实际应用。

例 5-1 针对某市应急办当前所需的 A、B、C 三种物资，如表 5-4 所示，请运用 ABC 分类法为这三种物资选择最为合理的库存管理方式，以确保物资的高效管理与及时供应。

表 5-4 某市应急办的物资需求表

类别	品种数	金额数（万元）
A	30	162.5
B	75	62.5
C	195	25

物资 A 的品种占有率为 $30/(195+75+30)=10\%$；物资 B 的品种占有率为 $75/(195+75+30)=25\%$；物资 C 的品种占有率为 $195/(195+75+30)=65\%$。

物资 A 的金额占用率为 $162.5/(162.5+62.5+25)=65\%$；物资 B 的金额占用率为 $62.5/(162.5+62.5+25)=25\%$；物资 C 的金额占用率为 $25/(162.5+62.5+25)=10\%$。

根据表 5-3 所示的分类标准，本算例中三种物资所应采取的管理方式可见表 5-5。

表 5-5 三种物资库存管理方式对应表

类别	品种占用比率（%）	金额占用比率（%）	库存管理策略
A	10	65	重点管理控制
B	25	25	一般管理控制
C	65	10	简便易行控制

（2）CVA 分类法。CVA 库存分类法，也被称为关键因素分析法，是一种针对库存物资重要性和价值进行分类的库存管理方法。该方法的核心思想在于，根据物资对经营活动的关键程度，将其划分为 3～5 个优先级别，对不同优先级的库存物资实施差异化管理措施（表 5-6），确保关键物资得到优先保障的同时优化整体库存结构，提升库存管理效率。

表 5-6　CVA 分类法示例

优先级别	库存物资特点	库存管理策略
最高优先级	关键性物资	不允许缺货
较高优先级	基础性物资	允许偶尔缺货
中等优先级	比较重要的物资	允许合理范围内缺货
较低优先级	需要但可替代性强的物资	允许缺货

如表 5-6 所示，最高优先级物资，是指那些在经营活动中起关键性作用的物资，这些物资在库存管理中必须确保充足，绝不允许出现缺货的情况；较高优先级物资则是经营活动中的基础性物资，这类物资在库存管理中允许偶尔缺货；中等优先级物资是指那些在经营活动中比较重要，但在保证一定服务水平的前提下可以允许适量缺货的物资；而较低优先级物资，则是指那些虽然需要但可替代性较高的物资，它们在库存管理中可以被允许缺货，以便更好地优化库存结构并降低库存成本。

在 CVA 库存分类法中，需综合考量物资的价值、采购难度、替代性以及缺货损失等关键要素，用以划分不同物资类别。每一类物资均根据其对运营、客户满意度和成本效益的综合影响程度进行评估，进而确定其关键性程度。通过这种分类，能够精准识别对生产经营至关重要的物资，并施以更精细、高效的管理策略。具体而言，对于关键性高的物资，企业将采取更严格的管理措施，如优先采购、增加库存及强化监控等，以保障其供应稳定；而对于关键性较低的物资，企业则采取相对宽松的管理方式，以实现成本节约和效率提升。

可以发现，CVA 库存管理方法与 ABC 分类法之间存在明显差异。ABC 方法主要依据物资在库存资金占用和品种数目上的比例进行分类，这种方法简单明了，便于操作，能够快速识别出资金占用大、品种数目少的 A 类物资，以及资金占用小、品种数目多的 C 类物资。不过，它过于注重物资的经济属性，而忽视了物资对生产经营的重要性。故对于某些价值不高但对生产经营至关重要的物资，ABC 分类法可能无法准确反映其真实价值。相比之下，CVA 库存分类法更注重物资对经营活动的关键程度，它综合考虑了物资的价值、采购难度、替代性、缺货损失等多个因素，可以更加准确地评估物资的重要性。这种方法能够确保关键物资得到侧重管理和保障，降低关键物资的缺货风险。不过，CVA 分类法相对较复杂，需要投入更多的时间和精力进行数据收集和分析。

换言之，两种库存结构控制策略的优缺点体现在：ABC 分类法操作简单、易于实施，能够快速识别出重点物资，降低库存成本，但可能忽略了部分物资对生产经营的重要性，导致某些关键物资得不到应有的关注；而 CVA 方法则能更精准地评估物资重要性，确保关键物资得到优先保障，但其操作相对复杂，需要较高的库存管理水平。因此，在选择库存结构控制策略时,应根据自身的实际情况和需求进行综合权衡,可将 CVA 分类法和 ABC 分类法结合使用,以明确物资优先级和关键性,全面提升库存管理效率与水平。

2）订货模式选择策略

除了合理设置物资库存结构外,库存管理还需关注的另一核心问题就是如何确定订货模式。根据不同的标准,订货模式可划分为多种类型。其中,定量订货法和定期订货法是最常用的两种订货选择策略。选择合适的订货模式,可实现高效的库存管理,以确保物资供应的连续性和稳定性。

（1）定量订货法。定量订货法,又称为固定订货量法,该库存管理策略的核心在于合理设定一个固定的订货点和订货批量。当库存量降至设定的订货点时,系统将自动触发订货机制,按照预设的订货批量进行补充,以确保库存水平稳定,定量订货法的原理如图 5-1 所示。此方法的关键在于精准把握订货时机,通过科学确定订货点和订货批量,保证库存既不会积压过多,也不会因缺货而影响正常的生产经营活动。通常,可结合历史库存数据、需求预测结果以及补货周期等因素来制订出合适的定量订货策略。

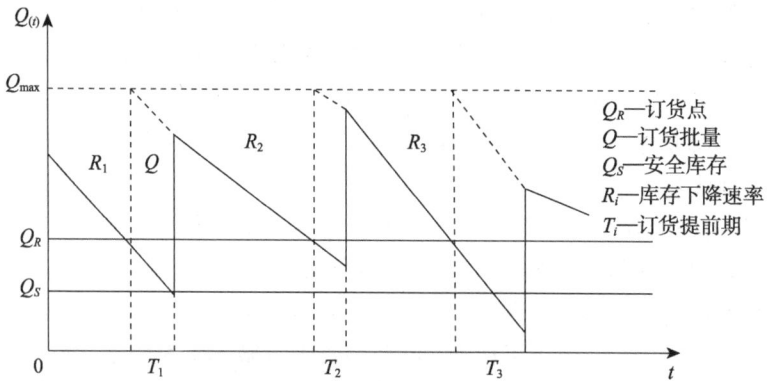

图 5-1　定量订货法的原理示意图

①订货点的设定不仅与安全库存有关,更直接受到订货提前期内平均需求量的影响。实际上,当需求量和订货提前期均明确且稳定时,安全库存的设置并非必要,因为此时的库存管理相对可控和可预测。在这种情况下,订货点的计算可以简化为

$$Q_R = D \cdot LT \tag{5.1}$$

式（5.1）中,Q_R 是订货点;D 是单位时间内的需求量;LT 是订货提前期。

而当需求量和订货提前期存在不确定性时,设置安全库存就显得尤为重要,它能有效应对潜在的供需波动,确保库存的稳定性和供应的连续性。在此情形下,订货点的计算公式应为订货提前期内平均需求量与所需安全库存量之和,有如下表达式：

$$Q_R = D_{\text{agv}} \cdot LT_{\text{max}} + Q_s \tag{5.2}$$

式（5.2）中,Q_R 是订货点;D_{agv} 是单位时间平均需求量;LT_{max} 是最长订货提前期;Q_s 是安全库存。

②订货批量即每次订货的物资数量,它不仅决定了物资库存量的高低,也直接影响着物资供应的满足程度。在定量订货法中,针对每一种特定的物资,每次的订货批量都是固定的,通常选取经济批量作为订货批量,以实现库存成本效益的最优化。

（2）定期订货法。定期订货法，又称周期订货法，也是一种常用的库存管理订货策略，其核心在于按照固定的时间周期来检查和补充库存。这种方法设定了固定的订货周期，如每周、每月或每季度进行一次库存检查。在每次订货周期结束时，系统会根据当前库存、安全库存、需求预测结果以及订货提前期等因素，计算出所需的订货批量并进行相应的补充，定期订货法的原理如图 5-2 所示。

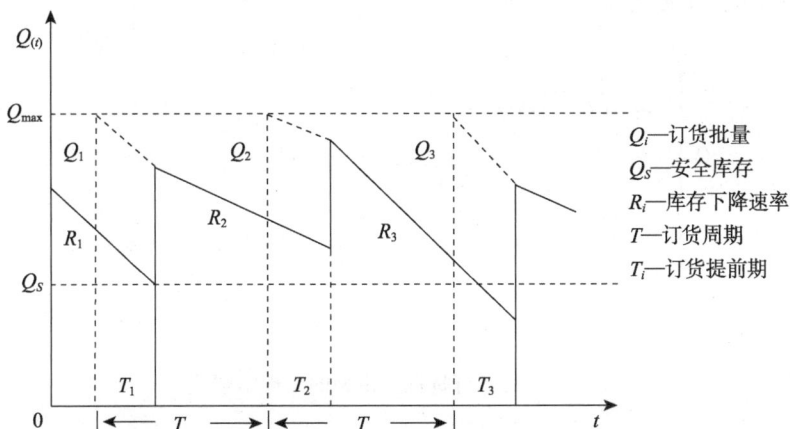

图 5-2　定期订货法的原理示意图

定期订货法的优点在于其操作简便，且遵守固定的订货周期有时能减少订货次数和订货成本，同时确保库存水平始终维持在合理范围内。然而，该方法对于需求波动较大的物资可能不太适用，因为固定的订货周期可能难以及时应对突发的应急需求变化。故应急场景下是否选择采用定期订货法，须综合考虑物资的需求特性、库存成本以及管理效率等因素。

2. 常用的库存管理模型

为了实现优化库存水平、降低库存成本并提升库存运营效率的目标，往往需要借助一些库存管理模型。这些模型常通过一系列精确的数理、经济和统计等分析来实现库存最优配置。常用的库存管理模型有经济订货批量模型、实时库存模型、安全库存模型以及数量折扣模型等。其中，经济订货批量模型是通过深入分析订货成本和库存持有成本之间的动态关系，确定一个最佳的订货批量，以达到总库存成本最低的目的，这种模型在需求稳定且不允许缺货的情况下尤为适用；实时库存模型则是借助先进的信息技术，通过实时监控库存状态和需求变化来及时调整库存策略，以确保库存能够迅速应对供需波动，实现高效库存管理，这种模型适用于需求波动大、需要快速响应的运作环境；安全库存模型则是为应对不确定性因素而设计的方法，首先设定一个安全库存水平，当库存量低于这一水平时系统自动触发补货机制以确保库存的稳定供应，该类模型虽然一定程度上能够减少缺货风险，但也会增加库存持有成本；而数量折扣模型则侧重于考虑物资折扣优惠对订货成本的影响，通过合理利用数量折扣来优化订货策略、降低采购成本，进而提升整体库存管理的效率。现详细介绍经济订货批量和数量折扣这两种定量库存管理模型。

1）经济订货批量模型

经济订货批量模型（economic order quantity，EOQ）是一个基于固定需求率的库存管理模型。在该模型中，假设库存量按照恒定的需求速率进行稳定消耗，直至库存量耗尽、降至零点，此时会触发订货行为，随着货物到达库存量会迅速回升至一个预设的最高库存水平。如此循环往复的库存消耗和订货补货过程，构成了多周期经济订货批量模型的核心，经济订货批量模型的原理如图 5-3 所示。

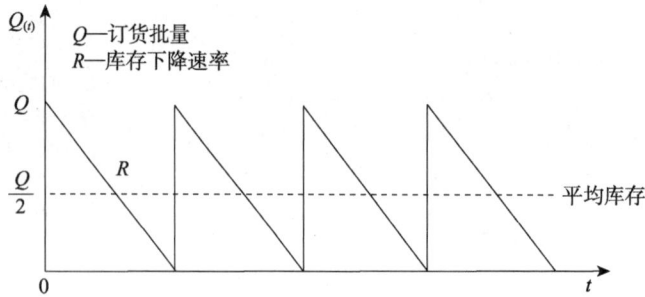

图 5-3　经济订货批量模型的原理示意图

EOQ 模型通过精准构建库存总成本表达式（5.3），在已知需求、相关订购成本以及库存持有成本的条件下，计算出使含订货、存储和购买成本在内的总库存成本最低的最佳订货批量。

$$TC = \frac{HQ}{2} + \frac{DS}{Q} + PD \qquad (5.3)$$

式（5.3）中，库存总成本 TC 是存储成本 $\frac{HQ}{2}$、订货成本 $\frac{DS}{Q}$ 和购买成本 PD 的总和。其中，用 H 表示单位物资存储成本，Q 是订货批量，D 表示总需求量，S 是单次订货费用，P 表示单位价格。

对式（5.3）求有关 Q 的一阶条件，可得出库存总成本最小情况下该物资的最佳经济订货批量 Q^* 为

$$Q^* = \sqrt{\frac{2DS}{H}} \qquad (5.4)$$

这一经济订货批量的计算结果，为库存管理的科学化提供了有力依据，有助于优化库存水平并有效控制库存成本。EOQ 模型尤其适用于那些整批间隔进货且不允许缺货的存储场景，在这些情形下，该模型能够确保库存量始终维持在满足需求的水平上，不仅能有效避免库存短缺的风险，也能通过合理的订货批量设定来降低过高的库存持有成本，实现库存管理的高效与经济。

2）数量折扣模型

数量折扣实际上是一种常用的营销手段，旨在鼓励增加物资单次订购量。其一般形式表现为：当订购量达到或超过某一特定数量界限时，则给予一定程度价格上的优惠。对于需求方而言，按照优惠价格所要求的订货数量进行采购，虽能够降低物资的购买成本和订

货成本，但也意味着物资的存储费用可能会有所增加。因此，在决定是否采用数量折扣模型进行物资库存补充时，需求方需全面考虑购买成本、订货成本以及存储成本等因素，进行综合权衡，以制订出最合理的库存决策方案。

与经济订货批量模型类似，同用 D 表示物资总需求量，Q^* 表示订货批量，S 表示单次订货费用，H 表示单位物资存储成本，P 表示单位价格。此外，为了体现数量折扣的影响，引入 q 表示折扣数量，C 表示因达到折扣数量而享受的价格折扣值（如若价格优惠为九折时，$C=10\%$）。

如此，以折扣数量 q 订购物资所节省的购买成本为 DPC。而以折扣数量 q 进行订购时，所需的订货成本为 $\dfrac{DS}{q}$。将该成本与按照经济订货批量所耗的订货费用 $\dfrac{DS}{Q^*}$ 相比较，两者的差额表示如下式：

$$\frac{DS}{Q^*}-\frac{DS}{q}=DS\left(\frac{1}{Q^*}-\frac{1}{q}\right) \tag{5.5}$$

此外，以折扣数量 q 进行订购而导致增加的物资存储成本为：$\dfrac{H}{2}(q-Q^*)$。故当 $DPC+DS\left(\dfrac{1}{Q^*}-\dfrac{1}{q}\right)>\dfrac{H}{2}(q-Q^*)$ 时，意味着物资购买成本和订货成本的节约额大于库存存储成本的增加额，此时选择按折扣数量 q 进行物资库存补充订购是合理的；反之，则应该按经济订货批量 Q^* 进行订购库存物资的订购，以确保更为经济高效的库存管理决策。

3. 现代库存管理理念

上述无论是广泛应用的库存管理策略还是常见的库存管理模型，往往仍倾向于传统的库存管理模式。在数智化浪潮席卷而来的今天，特别是在供应链竞争日趋激烈的背景下，现代库存管理实践已经对高效库存管理提出了更高要求。决策者在进行库存管理时，必须突破局部优化的界线，将整条供应链上各节点的库存控制纳入全面考虑，以追求供应链整体库存的最优化配置。换言之，现代库存管理方法实际上已逐步演化为供应链库存管理的理念，其核心目标是致力于整条供应链的整体效能提升，通过系统规划、有序组织、精细控制和全面协调供应链上的库存流动，努力将各环节的库存量压缩至最低水平，从而实现供应链库存成本的降低和整体绩效的优化。随着管理实践的深入发展，多种有效的库存控制管理策略应运而生，它们共同构成了供应链库存管理的重要组成部分，为供应链的顺畅运作和高效管理提供了有力支撑。

1）供应商管理库存

供应商管理库存（vendor managed inventory，VMI）是现代库存管理尤其是大型供应链管理体系中常用的一种库存管理策略，其核心理念在于秉持共同合作、互惠互利、目标一致及持续改进等原则，以实现上游供应商与下游客户库存信息的透明化。在此过程中，上游供应商依据下游企业的销售计划、生产计划、需求计划以及安全库存等关键信息，通过定制化订单和及时补货等手段，对下游客户的库存进行精准储备管理。

VMI 模式的实施对企业管理信息系统的完善度提出了较高要求，具体体现在如电子数据交换（electronic data interchange，EDI）、ID 代码、条码及条码应用标识符、连续补给程序等技术手段运用方面。在这些信息系统的支持下，下游企业能通过网络平台与上游供应商共享销售信息、库存信息等关键数据，从而帮助上游供应商更加精准、及时地把握需求及其动态变化，进而快速做出科学的库存调整与补货决策。

理论和实践证明，VMI 通过强化信息共享机制可以显著削弱牛鞭效应带来的负面影响，从而增强供需双方对市场需求的精准把握和快速响应能力。具体而言，VMI 模式的应用在多个层面展现出其显著优势：首先，VMI 通过促进供应链上下游环节的紧密协作，大幅缩短了供应商对需求变化的响应时间。这不仅有效减少了上游供应商的缺货现象、确保了供应的稳定性，也显著提升了下游企业的客户满意度，增强了整个供应链的竞争力。再者，在库存管理方面，VMI 使得上下游企业能够依据实时需求信息及时调整库存水平，大大降低供应短缺或库存积压的风险，这种动态的库存管理策略不仅有助于优化库存结构、降低库存成本、提升库存周转率，而且能有效提升供应链的响应速度和整体绩效、助力实现供应链的高效协同与共赢。不过，VMI 的实施也面临一系列挑战，如因信息共享机制引发的信息泄露风险、以及供应链成员间潜在的信任问题等，故在推行供应商管理库存模式时，需在综合考虑其潜在风险的基础上采取针对性措施加以防范和应对。

2）联合库存管理

作为一种先进的库存管理方法，前述的供应商管理库存模式在优化库存结构和提升供应链响应速度方面表现出一定成效。但 VMI 模式中的库存费用、运输费用以及意外损失等风险主要由供应商承担，这无疑大大增加了供应商的经营压力。为了克服 VMI 系统这一局限性，并规避传统库存控制中常见的"牛鞭效应"，联合库存管理（jointly managed inventory，JMI）这一新型库存管理策略应运而生。联合库存管理，这种现代库存管理模式，旨在通过加强供应链中各参与方之间的合作与协调，实现库存水平的优化和库存成本的降低。其关键在于，通过整合各成员企业的库存信息和资源，形成一个统一的库存管理系统，从而实现对库存的集中控制、共同管理和共享使用。

事实上，联合库存管理是在 VMI 模式的基础上进一步发展和完善的产物，它强调供应商与下游企业客户之间的深度合作与共同决策，是一种双方共同参与库存计划的制订、共同承担库存风险，真正实现利益共享与风险分担的供应链库存管理策略。在联合库存管理模式下，供应链中的各个节点企业不再是孤立的个体，而是形成了一个紧密协作的网络。这些企业通过信息共享和协同决策，共同制订库存计划，确保库存水平既能够满足市场需求，又不会造成过多的积压和浪费。同时，联合库存管理还强调对库存风险的共同承担和分担，通过合理的利益分配机制，激发各成员企业的积极性和责任感。

换言之，JMI 的核心思想在于建立一个协调中心来强化供应链节点企业间的协作关系，包括横向（同一层级分销商、零售商间）与纵向（上下游企业间）的一体化合作。JMI 倡导供应链节点企业通过协调中心共享需求信息、共同参与库存计划的制订，从相互协调的视角出发充分利用资源，确保相邻节点企业间的需求预测高度一致，实现库存同步化运作。这一模式有效减少了供应链环节中的不确定性及需求信息误差，从而缓解了库存波动与需求变异放大现象，在满足需求的同时实现最小化供应链库存。此外，JMI 还强调风险共担，通过实施合理的风险、成本与效益平衡策略，建立防御与分担库存管理风险的机制，确保库存成本与运输成本的合理分担，并设立与风险成本相应的利益分配制度，激励供需双方的同时能够有效规避短视行为和局部最优现象。

需要强调的是，联合库存管理的实施离不开先进信息技术与管理手段的支撑。通过构建高效且可靠的供应链信息系统，能够确保各节点企业间实现实时信息共享与数据交换，进而促进供应链中各参与方的紧密合作与协同发展。此外，为确保联合库存管理的顺利实施与有效运行，还需制订一套完善且严谨的库存管理制度和流程，以规范各方的行为，保障库存管理活动的有序进行。通过 JMI 策略的实施，供应链各成员能够更加精准地洞察终端需求，能更有效地应对需求变化，从而进一步优化库存水平、降低库存成本和库存风险，提升供应链整体竞争力。可以说，联合库存管理不仅是对 VMI 模式的有益补充和完善，更是推动供应链深度协同与共赢的重要手段。

总结而言，联合库存管理 JMI 的优点主要体现在以下几个方面：①信息优势。通过构建上下游节点间的战略性合作伙伴关系，JMI 实现了各节点间库存管理上的信息共享，这种信息共享机制确保了供应链上游企业能够及时、准确地获取下游企业的需求信息，进而使各节点企业的运营活动能够紧密围绕需求的变化而调整，从而提高了整个供应链响应速度和灵活性。②成本优势。通过实现供应链各节点企业在库存管理方面的一体化，JMI 促进了各方之间的协同作业和准时采购。准时采购不仅有助于降低库存水平，减少库存积压和浪费，还能加快库存周转速度，缩短订货和交货周期，从而有效降低库存成本，提高资金利用效率。③联盟优势。JMI 打破了传统库存管理模式的局限性，强调供应链一体化管理思想，鼓励各方共同参与库存计划的制订和风险的分担。这种协同作战的方式有助于消除库存过高现象和"牛鞭效应"，从而提高了整个供应链的稳定性和竞争力。不过，联合库存管理也面临着一些现实挑战和困难。例如，各节点企业之间的利益冲突、信息不对称、信任缺失等问题都可能影响联合库存管理的实施效果。因此，在推行联合库存管理模式时，需要充分考虑这些因素并采取相应的措施加以有效应对。

3）多级库存优化管理

多级库存优化管理也是一种先进的供应链库存管理策略，旨在实现整个供应链网络中各级库存的全局最优配置与协同控制。这一管理方法不仅关注单一节点或某环节的库存水平，更着眼于整个供应链网络的库存流动和协调。通过综合考虑各级库存的需求预测、生产计划、物流运输以及销售策略等因素，多级库存优化管理能够确保各级库存之间的平衡与衔接，减少库存积压和浪费，提高库存周转率和资金利用效率。同时，多级库存优化管理也能够加强供应链各节点企业之间的信息共享与协同作业，提升整个供应链的响应速度和灵活性，以应对终端需求的快速变化。通过实施多级库存优化管理，能够实现对整个供应链库存的全面掌控和优化，从而降低库存成本、提高运营效率，并增强整个供应链的竞争力。

实际上，多级库存优化与管理是在单级库存控制的基础上逐步发展而来的。最早开始多级库存研究的学者是克拉克（Clark）和斯卡夫（Scarf），他们提出"级库存"这一核心概念，并将其定义为：某一库存节点现有的库存量加上那些已经转移或正在转移至后续节点的库存量。"级库存"概念一经提出，为全面理解和管理多级库存提供了有力的理论支撑。

多级库存优化管理的显著特点在于其涵盖上游多个供应商与下游多个分销商，原材料和产成品等物流量均较大，其框架模型如图5-4所示。企业在实施多级库存控制时，不仅要关注本库存节点的库存数据，还需检查下游需求方的库存状态，从而确保信息准确传递、避免信息扭曲现象的发生。多级库存管理与优化的核心目标是在确保供应链总库存成本最小的前提下有效协调供应链上各个节点的库存活动。具体地，供应链库存成本包括库存维持成本、交易成本、缺货损失成本和运输成本等，而总库存成本则是这些成本要素的总和。

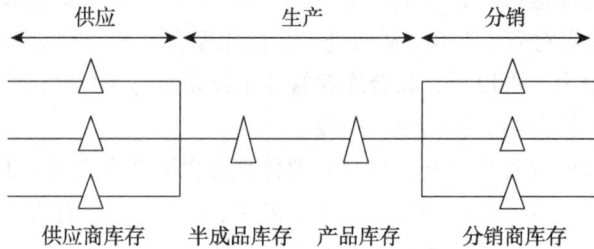

图 5-4　供应链多级库存模型

常用的多级库存管理策略有两种：一种是中心化（集中式）策略，另一种是非中心化（分布式）的策略。中心化库存管理策略的核心是将控制中心聚焦于核心企业，由其对供应链系统的多级库存进行控制，并协调上下游企业的库存管理活动。通过这种方式，核心企业能够在把握供应链系统上各库存点相互关系的基础上，更为全面地掌控整条供应链系统的运行情况。采用中心化库存管理策略的优势在于其能够从整体上对供应链的运作进行较为全面的掌握，进而协调各个节点企业的库存活动，优化各节点企业库存配置、提高供应链整体库存周转效率。然而，这种策略在管理上的协调难度也相对较高，特别是在供应链层次较多、结构较为复杂的情况下，难以协调的问题显得更为突出。

相较而言，非中心化库存管理是一种分散式的库存管理模式，由各个库存点独立实施各自库存的策略。在这种模式下，供应链的库存控制被划分为三个成本归结中心：制造商成本中心、分销商成本中心和零售商成本中心。每个中心都基于自身库存成本最优化原则来做出库存控制决策，订货点的确定则依据单点库存的订货策略进行。虽然各节点的库存决策相对独立，但它们之间必须保持协调，以确保供应链整体的顺畅运作。采用非中心化库存管理策略的优势在于管理上相对简便，各节点企业能够根据自己实际情况独立地做出决策，这有利于发挥其自身的自主性和灵活性。然而，这种策略主要关注的是局部优化，可能无法确保供应链整体利益的最优性。此外，非中心化库存管理对信息的依赖性较高，需要实现高度的信息共享，以确保各节点企业之间的协同作业和库存平衡。

无论是采用中心化还是非中心化库存管理策略，均需要结合实际情况充分评估各策略的适用性，并考虑所在供应链的具体情况制订科学的协调机制，且根据实时信息进行适当的调整和优化，以确保库存管理策略的高效实施。

4）协同规划、预测和补给

协同规划、预测和补给（collaborative planning，forecasting，and replenishment，CPFR）是一种先进的协同式供应链库存管理策略，它是在共同预测和补货的基础上，进一步推动共同计划的制订，即供应链上各节点企业不仅实行协同预测和补货，而且将原来属于各企业内部事务的计划工作（如生产计划、库存计划、配送计划、销售规划等）也由供应链各企业共同参与。CPFR 旨在通过提高供应链伙伴之间的信息共享和协同合作，实现更准确的预测、更高效的库存规划以及更及时的补给。该策略强调供应链上下游企业之间的紧密合作，共同制订计划、共享销售数据、分析市场需求，并根据这些信息来优化库存水平和补货策略。

协同规划、预测和补给是一种管理哲理，即通过共同管理业务过程和共享信息来改善伙伴关系、提高预测的准确度，力求达到提高供应链效率、减少库存和提高消费者满意度的目标。作为一种协同式库存管理模式，CPFR 最大的优势是能更加及时准确地预测出由于各项促销措施或异常变化带来的销售高峰和波动，从而使需求方和供应方都能做好充分的准备，避免库存积压或缺货现象的发生。同时，CPFR 还能确保供应链的顺畅运行，降低运营成本，提高客户服务水平，为所在供应链赢得竞争优势。此外，CPFR 还有助于减少供应链中的不确定性，提高供应链的可靠性和韧性。

具体来说，协同式供应链库存管理 CPFR 具备以下特点：

（1）协同管理。供应链上下游企业需共同设定目标，以提升各方绩效，实现整体效益的最大化。为了实现共同的目标，需要各方协同制订销售计划、仓储分类计划以及库存政策变化计划等。这种协同关系强调长期的公开沟通和信息分享，以构建出协同性的经营战略。尤其在设定协同目标时，除了关注各方效益目标外，更应确立协同的赢利驱动性目标，如此才能确保协同性能够真正体现在流程控制和价值创造的核心环节上。

（2）合作规划。①合作规划注重长期性与稳定性。通过签订长期合作协议，供应链伙伴之间能够建立起稳定的合作开展信息共享和协同工作，这种长期稳定的合作关系有助于减少不确定性，提高供应链的可靠性和效率。②合作规划强调目标的一致性。供应链上下游企业通过共同设定目标，这种目标一致性有助于减少冲突和误解，确保各方努力方向一致，提高协同工作的效果。③合作规划还注重灵活性和适应性。在面对各类潜在风险和需求变化等因素时，要求合作方能迅速调整计划，共同应对挑战，这种灵活性和适应性有助于保持供应链的竞争力。

（3）共同预测。在 CPFR 框架下，供应链上的各节点企业须协同完成最终的预测工作，这一过程强调对诸如季节因素和趋势管理等关键信息的整合，这些信息对于供应链上下游企业均至关重要。通过基于这些信息的共同预测，能够提高整个供应链的资源利用率，显著缓解整个供应链体系的低效率问题，减少库存积压。换言之，协同式供应链库存管理 CPFR 共同预测的核心就在于企业间的紧密合作、信息的全面共享、双向的深入互动以及协同合作的精神，这些关键机制使得各节点企业能够更精准地把握需求，优化库存管理策略，提升供应链的整体效率，从而在激烈的竞争中保持领先地位，实现可持续发展。

（4）协同补货。CPFR 协同补货的特点体现在供应链上下游企业之间的紧密合作与协同行动上，通过共同制订补货策略，确保库存水平得到及时、准确的调整以满足需求，避免库存积压或缺货。在协同补货过程中，供应链上下游企业共享销售数据、库存信息以及需求预测等关键信息，通过共同分析这些信息来确定补货时机和数量。这种信息共享和协同决策的方式有助于减少信息不对称和误差，提高补货决策的准确性和及时性。此外，协同补货还强调供应链各方的协同合作和共同责任，尤其在补货过程中各方需要密切沟通，协调各自的补货计划和库存策略，确保补货行动能够顺利进行。这种协同合作有助于减少补货过程中的冲突和延误，提高补货效率，降低运营成本。

总的来说，协同规划、预测和补给是一种注重合作与信息共享的供应链库存管理策略，有助于实现库存优化、降低成本、提高服务质量和应对需求变化。采用CPFR策略能够使得供应链上下游企业更好地协同工作，实现库存的高效补货，更好地满足需求，提升供应链的效率和竞争力。

5.1.3　应急库存管理方法

应急物流规划的决策环境愈发展现出显著的不确定性和复杂性特征，传统库存管理的理论与方法已难以适应现代社会在应急资源保障和防灾减灾方面的新需求。为应对灾害风险的不确定性，往往需要对传统的库存管理模型与方法进行改进。下面以模糊需求下的应急库存控制模型、考虑中断情景与防御的应急选址—库存模型和基于期权契约的应急物资政企联合储备模型为例，分别介绍三种具体的应急库存管理模型与方法。

1. 模糊需求下的应急库存控制模型

应急资源库存管理是突发事件应急物流决策的重要组成部分，研究不确定环境下应急资源库存问题，对提高应急救援工作效率具有举足轻重的作用。不确定性需求条件下的应急资源库存管理是决策者尤其需要关注的关键问题之一。因为应急资源是开展高效应急救援工作的重要基础，是减少人员伤亡、降低灾害损失的有力保障，但是由于突发事件的发展态势和产生影响往往表现出较强的不确定性，相应地，应急资源需求也展现出显著的不确定性特征。

1）建模准备

假设应急库存周期可划分为若干阶段，且各阶段应急物资需求量各异，讨论模糊需求条件下的应急资源动态控制问题，建立一个应急资源动态库存控制模型。模型的决策核心在于，在确保各阶段应急物资需求得到满足的前提下，优化各阶段的应急资源订货量和库存量，以达到在整个研究周期内最小化总费用的目标。

该应急库存模型需遵循以下假设条件：①此模型适用的问题限于具有时间变化需求的单一应急资源库存管理环境。②一个完整的库存管理研究周期（如一年）可以被划分成若干个阶段，总阶段数为 t。③根据以往的应急资源消耗情况，可以预测未来 t 个阶段的应急资源需求量。④各阶段的单位应急资源单位时间的库存费用已知，且为常数。⑤各阶段应急资源的采购价格及订货费用已知，且为常数。⑥发出订货请求后应急资源能立即到库，即假设供货率为无限大。⑦针对实际应急需求，此模型仅考虑不允许缺货的情况。⑧应急资源的初始库存为0。

应急库存模型中相关参数及符号说明如下：t 表示一个应急资源管理研究周期可被划分的阶段总数，T 为划分阶段的集合，$T = \{i \in T \mid i = 1, 2, \cdots, t\}$；$\tilde{d}_i$ 表示第 i 阶段应急资源的需求量，该需求量可用三角模糊数 $\tilde{d}_i = (d_{il}, d, d_{iu})$ 表示，其中 d_{il}、d 和 d_{iu} 分别代表需求量的下限、最可能值和上限；p_i 表示第 i 阶段应急资源的采购价格；f_i 表示第 i 阶段应急资源的订货费用；c_i 表示第 i 阶段单位时间单位应急资源的库存费用；M 是一个无穷大的正数。

应急库存模型的决策变量为：x_i 表示第 i 阶段采购的应急资源数量；s_i 表示第 i 阶段末剩余的应急资源数量；δ_i 为 0-1 决策变量，当在第 i 阶段订货时 $\delta_i = 1$，否则 $\delta_i = 0$。

2）模型构建

基于上述建模准备，可建立模糊需求下的应急资源动态库存控制模型：

$$\min Z = \sum_{i=1}^{t} (f_i\delta_i + p_i x_i + c_i s_i) \tag{5.6}$$

s.t.

$$s_{i-1} + x_i - s_i = \tilde{d}_i, \forall i \in \tag{5.7}$$

$$x_i \leqslant M\delta_i, \forall i \in T \tag{5.8}$$

$$s_0 = 0 \tag{5.9}$$

$$s_i \geqslant 0, x_i \geqslant 0, \forall i \in T \tag{5.10}$$

$$\delta_i \in \{0,1\}, \forall i \in T \tag{5.11}$$

目标函数（5.6）表示整个研究周期内的应急库存管理总费用最小化，具体包括订货费用、采购费用和库存费用；约束条件（5.7）表示第 $i-1$ 阶段剩余应急资源数量与第 i 阶段应急资源订货数量之和等于第 i 阶段应急资源需求量与剩余量之和；约束条件（5.8）明确规定了应急资源采购数量的规划前提，即只有在确定将在第 i 阶段进行订货时，方可进行应急资源的相关采购数量规划；约束条件（5.9）表示应急资源的初始库存为 0；约束条件（5.10）表示模型决策变量的非负约束；约束条件（5.11）是有关模型决策变量的 0-1 整数类型约束。

3）模型求解

由于模型约束条件（5.7）中涉及模糊参数 $\tilde{d}_i$，这导致目标函数的值以及约束条件的范围变得不太明确。为了克服这一难题，需要将上述模型转化为模糊机会约束规划模型，具体地，将约束条件（5.7）转化为式（5.12）形式以更好地理解和处理模型中的模糊性：

$$Pos(s_{i-1} + x_i - s_i = \tilde{d}_i) \geqslant \alpha, \forall i \in T \tag{5.12}$$

其中，$Pos\{\}$ 表示 $\{\}$ 中事件成立的模糊可能性；α 表示实现给定的约束条件的置信水平；约束条件（5.12）表示第 i 阶段应急资源的库存量至少在置信水平为 α 的条件下满足应急资源的需求。

针对式（5.12），可利用下面定理 1 将其转换为等价的表达形式，以便进行后续的分析或计算。

定理 1　设三角模糊数 $\tilde{a} = (a_l, a, a_u)$ 的隶属度函数为 $\widetilde{\mu_a}(x)$，则对任意置信水平 $\beta(0 \leqslant \beta \leqslant 1)$，$Pos(\tilde{a} = b) \geqslant \beta$ 当且仅当 $b \geqslant (1-\beta)a_l + \beta a$，$b \leqslant (1-\beta)a_u + \beta a$。

根据定理 1，模糊机会约束（5.12）可以转化为清晰的等价形式（5.13）：

$$\begin{cases} s_{i-1} + x_i - s_i \geqslant (1-\alpha)d_l + \alpha d \\ s_{i-1} + x_i - s_i \leqslant (1-\alpha)d_u + \alpha d \end{cases} \tag{5.13}$$

如此，便可通过将式（5.13）替换模型中原约束条件（5.7），得到如下确定型混合规划模型：

$$\min Z = \sum_{i=1}^{t} (f_i \delta_i + p_i x_i + c_i s_i)$$

s.t.

$$s_{i-1} + x_i - s_i \geq (1-\alpha)d_l + \alpha d, \forall i \in T$$

$$s_{i-1} + x_i - s_i \leq (1-\alpha)d_u + \alpha d, \forall i \in T$$

$$x_i \leq M\delta_i, \forall i \in T$$

$$s_0 = 0$$

$$s_i \geq 0, \forall i \in T$$

$$x_i \geq 0, \forall i \in T$$

$$\delta_i \in \{0,1\}, \forall i \in T$$

面对混合线性规划问题，可以借助多种高效的软件工具（如 CPLEX）或专业算法来实施模型求解。通过应用这些混合线性规划问题的求解方法，能够有效地获得应急库存模型的最优决策方案。

2. 考虑中断情景与防御的应急选址—库存模型

科学合理的应急资源储备网络，是开展高效应急救援活动的基础，对应急资源的合理分配和应急处置的快速响应具有重要意义。应急储备设施选址—库存问题（location-inventory problem，LIP），是将应急储备设施的选址问题与库存问题进行集成优化的研究，也是应急资源储备网络规划的重要内容。

不过，传统的 LIP 研究往往带有一个隐含的假设：设施是完全可靠且不中断的。显然，这一假设并不符合实际情况，因为自然灾害、事故灾害等突发事件自身的破坏性导致设施中断的情形时有发生。而一旦设施发生中断，应急资源储备网络的结构就会因此改变，这将严重影响整个应急救援系统的服务效率和响应能力。因此，深入研究在中断情景下的应急储备设施选址与库存问题，并据此制订出一套切实可行的选址与库存决策方案，对于应对潜在风险、确保应急响应的及时性和有效性，显得尤为必要。

1）建模准备

在传统 LIP 研究基础上，考虑中断情景、设施设防、设施容量限制等因素，建立一个双目标应急物资储备库选址—库存优化模型。在模型的双目标决策考量中，拟以储备库与需求点间加权距离最短来代表救援时效性，同时以系统总成本最小来体现资源经济性。系统总成本包括设施建立的固定投入成本、设施日常运营成本和未满足需求的惩罚成本。其中，设施日常运营成本用采购成本与库存持有成本之和来表示，不考虑订货成本。在储备库长期运行过程中，相对于采购成本与库存持有成本，订货成本很小，可以忽略。该场景需要解决的问题是：应该建立多少个储备库；储备库建在哪里；储备库内储备的各类资源数量；每个储备库应建立什么级别的设防等级；需求点与储备库之间的分配关系。

应急储备库选址—库存模型需遵循以下假设条件：①应急储备网络中存在多个潜在需求点，且潜在需求点同时也是储备库备选点。②应急储备库可同时储备多种应急资源，但需考虑容量限制问题。③网络中的应急储备库面临中断风险。④若已建立的应急储备库遭遇中断，则该储备库将转变为仅具备物资需求功能的单纯需求点。⑤在进行储备网络规划时，可考虑对应急储备库设施进行不同等级的设防，以降低中断风险。

该应急储备库选址—库存模型中相关参数与符号说明如下：记 I 为需求点的集合，$I=\{i\in I|i=1,2,\cdots,m\}$；$J$ 为备选应急储备库的集合，$J=\{j\in J\,|\,j=1,2,\cdots,n\}$；$L$ 为设施设防等级集合，$L=\{l\in L|l=1,2,\cdots,r\}$；$K$ 为应急资源类型集合，$K=\{k\in K\,|\,k=1,2,\cdots,p\}$；$S$ 为中断情景集合，$S=\{s\in S|s=1,2,\cdots,o\}$；$f_j^l$ 是在备选点 j 处建立 l 级设防储备库的固定成本；h_{jk} 是在储备库备选点 j 处存储 k 类应急资源的单位库存持有成本；δ_{ik} 表示需求点 i 处对 k 类应急资源需求未得到满足时所需承受的单位惩罚成本；U_j 是储备库备选点 j 的最大存储容量；b_k 为 k 类应急资源所需的单位存储空间；D_{ik}^s 为情景 s 下需求点 i 对 k 类应急资源的需求量；ρ^s 为情景 s 发生的概率；d_{ij} 是需求点 i 到储备库备选点 j 的距离；若情景 s 下 l 级设防设施 j 发生中断，$\varphi_j^{sl}=1$，否则 $\varphi_j^{sl}=0$；e_k 为 k 类应急资源单位采购价格；T 为应急储备网络的规划周期长度；M 为一个无穷大的正数。

此应急储备库选址—库存模型的决策变量有：$X_j^l=1$ 表示在备选点 j 处建立 l 级设防储备库，否则 $X_j^l=0$；$Y_{ijk}^s=1$ 表示情景 s 下储备库 j 为需求点 i 配送 k 类应急资源，否则 $Y_{ijk}^s=0$；q_{jk} 表示储备库 j 存储 k 类应急资源的数量；q_{ijk}^s 表示情景 γ_i 下储备库 i 为需求点 b_{ij} 提供 x_{ijk}^h 类应急资源的数量。

2）模型构建

基于上述建模准备，可建立考虑中断情景与防御的应急选址—库存模型：

$$\min Z_1=\sum_s\sum_i\sum_j\sum_k\rho^s d_{ij}q_{ijk}^s \tag{5.14}$$

$$\min Z_2=\sum_j\sum_l f_j^l X_j^l+\sum_j\sum_k(e_k q_{jk}+Th_{jk}q_{jk})+\sum_s\sum_i\sum_k\rho^s\delta_{ik}\left(D_{ik}^s-\sum_j q_{ijk}^S\right) \tag{5.15}$$

$$\text{s.t.}\quad \sum_{j\in J}Y_{ijk}^s=1,\forall i\in I,\forall k\in K,\forall s\in S \tag{5.16}$$

$$\sum_{j\in J}Y_{ijk}^s\leqslant MX_j^l(1-\varphi_j^{sl}),\forall i\in I,\forall k\in K,\forall l\in L,\forall s\in S \tag{5.17}$$

$$\sum_{i\in I}q_{ijk}^s\leqslant q_{jk}Y_{ijk}^s,\forall j\in J,\forall k\in K,\forall s\in S \tag{5.18}$$

$$\sum_{i\in I}\sum_{k\in K}q_{ijk}^s b_k Y_{ijk}^s\leqslant U_j X_j^l(1-\varphi_j^{sl}),\forall j\in J,\forall k\in K,\forall l\in L \tag{5.19}$$

$$\sum_{k\in K}b_k q_{jk}\leqslant U_j,\forall j\in J \tag{5.20}$$

$$\sum_{j\in J}q_{ijk}^s Y_{ijk}^s\leqslant D_{ik}^s,\forall i\in I,\forall k\in K,\forall s\in S \tag{5.21}$$

$$X_j^l\in\{0,1\},\forall j\in J,\forall l\in L \tag{5.22}$$

$$Y_{ijk}^s\in\{0,1\},\forall i\in I,\forall j\in J,\forall k\in K,\forall s\in S \tag{5.23}$$

$$q_{ijk}^s \geq 0, \forall i \in I, \forall j \in J, \forall k \in K, \forall s \in S \tag{5.24}$$

$$q_{jk} \geq 0, \forall j \in J, \forall k \in K \tag{5.25}$$

目标函数（5.14）旨在通过最小化各应急储备库与各需求点间的期望加权距离，实现应急系统效率的最优化，此为效率性目标；目标函数（5.15）聚焦于降低应急系统总成本，包括第一项是设施设防建设的固定投入、第二项是应急储备库的日常运营开销（涵盖应急采购与库存维持成本）以及第三项则是因需求未得到满足而产生的预期惩罚费用，式（5.15）是经济性目标。

约束条件（5.16）确保每个需求点只能由一个储备库为其提供服务；约束条件（5.17）规定只有未发生中断的应急储备库才能为需求点提供服务；约束条件（5.18）和约束条件（5.19）共同确保在任何情境下，储备库提供的应急资源数量既不超过该类资源的储备上限，也不超过储备库的总容量；特别地，式（5.19）还强调在储备库发生中断时，将无法为需求点提供服务；约束条件（5.20）表示应急储备库存储资源所占空间总量不超过其可用容量；约束条件（5.21）保证储备库为需求点提供的资源数量不超过其实际需求量；约束条件（5.22）和约束条件（5.23）是有关模型决策变量的 0-1 整数类型约束；约束条件（5.24）和约束条件（5.25）是模型部分决策变量的非负约束。

上述考虑中断情景与防御的应急选址—库存模型构建完成，求解此混合整数规划问题可直接借助先进的商业优化软件（如 CPLEX、Gurobi）或高效的开源求解器（如 GLPK、CBC）。这些工具内置了包括分枝定界法（branch and bound approach）、割平面法（cutting planes approach）及单纯形法（simplex algorithm）等在内的多种优化算法，旨在高效寻找最优解或符合需求的满意解。此外，也有不少启发式求解策略不仅能够有效应对大规模问题，还能在可控的时间范围内提供高质量的解决方案。

3. 基于期权采购的政企联合应急物资储备模型

鉴于重特大突发事件的不确定性和应急资源储备所需的高昂成本，地方政府单独应对时在资源需求峰值期常显力不从心。为有效提升应急资源保障的效率与覆盖性，亟须构建由各级政府、企业及社会各界共同参与的应急资源储备体系，实现责任的合理分担与高效协同。

在此拟探究构建一个基于期权采购的政企联合应急物资储备模型，通过系统的推导确定政企双方在该模型框架下的最优决策策略，同时清晰界定企业参与联合储备体系的具体条件。还将进一步分析不同现货市场环境下，政企联合储备模式相较于传统的政府单独储备模式，在增强物资总体储备能力，以及有效降低政府库存成本方面的优势，并且给出实现这些优势时所需各契约参数的合理取值范围。

1）建模准备

首先介绍政府单独储备模式，该模式的运作流程大致如图 5-5 所示。在灾害发生前，政府会通过签订批发价格契约的方式，从供应方（即应急物资生产企业）处采购一定数量的物资作为自身储备，供应方在此过程中只负责向政府提供其所采购的物资而并不为政府承担额外储备多余物资的职责；当灾害发生后，政府会迅速响应，执行两项关键操作：①立即调用其预先自身储备以尽可能满足初期的应急需求。②若储备物资不足以覆盖全部需求，政府将转向现货市场寻求补充。然而，由于现货市场的供应能力往往受限于多种因素，且应急物资的时效性要求极高，政府在有限的时间内可能难以从市场上采购到足够数量的物资。因此，一旦出现需求无法被完全满足的情况，政府将面临缺货的风险，这将直接导致缺货成本的产生，对灾害应对工作造成不利影响。

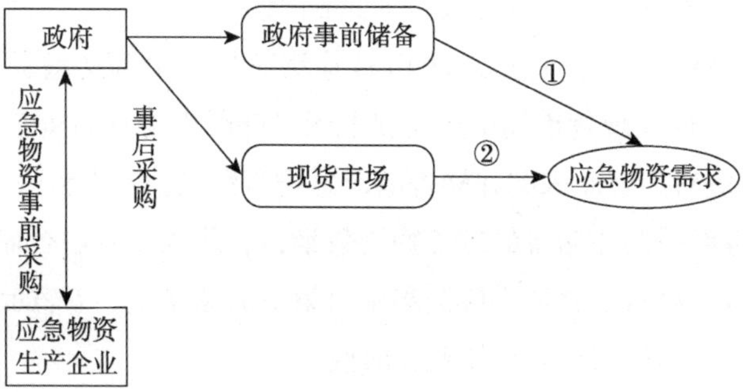

图 5-5　政府单独储备模式的运作流程

政企联合储备模式如图 5-6 所示。在灾害发生前，政府不仅通过批发价格契约向供应方采购一定数量的物资作为自身储备，与此同时还向供应方提供一份期权契约，并支付相应的权利金，约定政府未来将以特定价格向供应方采购不超过约定数量的物资。如此，供应方则根据这份期权契约及政府预先的储备量来规划其自身储备量，形成供应方储备，由此政府通过期权契约实现政企联合储备应急物资模式；当灾害发生后，政府首先动用自身储备来应对初期的应急物资需求。若需求量超出政府储备能力，政府会综合考虑期权执行价格与当前现货市场价格，做出最优决策。具体而言，若期权执行价格相对低廉，政府倾向于执行期权契约，即以较低的契约价格从供应方处获取所需物资；反之，若现货市场价格更为有利，政府则会选择放弃执行期权，转而直接从现货市场采购，以节省成本。但为了不浪费供应方事前所储备的物资以及减少缺货损失，政府会优先按照现货市场价格从供应方处采购，此过程等同于政府按照执行价格与现货市场价格之间的较低者执行期权契约从供应方处采购物资。若灾害所致的物资实际需求总量超出政府和供应方事前储备量之和时，政府将不得不进一步从现货市场采购物资用以满足剩余需求，此情境下若需求仍不能完全得到满足，与政府单独储备模式相似，政府将承担缺货成本。

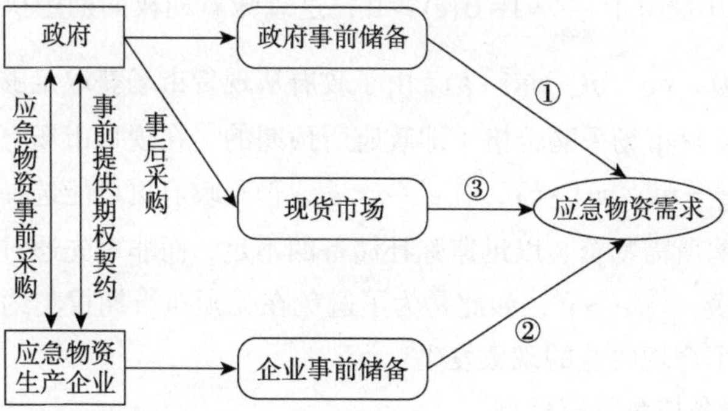

图 5-6　政企联合储备模式

（1）符号说明。该政企联合应急物资储备模型的相关参数及符号说明如下：w 表示单位应急物资的批发价格；c 表示供应方单位应急物资的生产成本；o 表示期权契约中的权利金价格；e 表示期权契约中的执行价格；m 表示单位应急物资的缺货成本；v 表示单位应急物资的剩余价值；r 表示单位应急物资的现货市场采购价格，其分布函数为 $G(r)$，密度函数为 $g(r)$，均值为 η；x 表示某应急物资的随机需求量，其分布函数为 $F(x)$，密度函数为 $f(x)$，最大值为 U，均值为 μ，且 $F(x)$ 连续可导、单调递增，反函数为 $F^{-1}(x)$，$F(x) \in (0,1]$；k 表示政府从现货市场中成功获取到足够所需物资的概率；Q_w 表示政府单独储备模式下，政府为应对灾害而采购并储备的应急物资数量；Q_o 表示政企联合储备模式下，政府同样为应对灾害而采购并储备的应急物资数量；q_o 代表政企联合储备模式下，供应方对应急物资的储备量；Q 表示整体供应链集中决策下的储备量；T 表示期权契约的执行到期日，即政企双方约定的期权权利行使截止时间。

（2）假设与前提条件。建立政企联合应急物资储备模型须遵循以下假设条件：①期权契约的执行到期日与应急物资的保质期限相一致，将此作为应急物资的有效储备周期，这一设定确保了储备的物资在需要时既不过期失效，也充分满足了应急响应的时效性要求。②供应方遵循市场机制自由运作，政府不会通过强制性的行政手段干预供应方的决策过程，即政府无法强制供应方储备特定数量的物资，而是需要通过合作、激励或其他市场机制来达成储备目标，这体现了政企合作中的平等与尊重。③政府和供应方的风险偏好均为中性，且均为完全理性的决策者。

同时为了使结果不失一般性，现对相关参数的范围做如下解释说明：①$v < c < w$，此时供应方能获取正常利润，否则供应方将选择不为政府提供物资。②$o < c - v$，此条件防止供应方无限量地为政府储备物资。③$o + e - \int_0^e G(r)\mathrm{d}r > w$，基于前述分析可知，当应急物资的需求量大于政府自身储备量时，政府从供应方处采购物资的行为，实质上等同于执行一种期权契约，其中执行价格设定为执行价格与现货市场价格两者中的较低值，故其执行期权时的期望执行价格可表达为 $e' = \min(e,r) = e - \int_0^e G(r)\mathrm{d}r$。如此，有 $e' + o > w$，否则，鉴于期权采购成本相对较低的优势，政府将更倾向于通过期权契约而非批发价格来采购其需要储备的物资，并且由于 $\dfrac{\partial e'}{\partial e} = 1 - G(e) \geqslant 0$，这意味着期权的期望执行价格与执行价格是同方向变化的。④$e' + o < \eta k + m(1-k)$，由于政府从现货市场获取足够所需物资的概率为 k，故政府的期望现货市场采购价格（即政府所预期的、在现货市场上采购物资以避免缺货所需的成本）为 $g = \eta k + m(1-k)$，有 $e' + o < g$，否则政府更可能选择直接在灾害事故发生时从现货市场采购所需物资，以迅速弥补储备的不足，而非事先通过期权契约的方式让供应方为其储备物资。⑤$e' > v$，如此是为了避免在无须执行期权契约的情况下，政府过度行使权利而获取不合理收益的现象发生。

2）政府单独储备应急物资模型

在储备周期 T 的期初，政府以批发价格 w 从供应方处采购 Q_w 单位的应急物资作为自身库存储备。在周期 T 内，若应急物资的需求量为 $0 \leqslant x < Q_w$，则由于自身储备充足，政府无须额外采购，且剩余物资可带来每单位 v 的残值收益；若应急物资需求量为 $Q_w \leqslant x < U$，这意味着物资需求超出了政府储备量，此时政府须从现货市场上采购 $(x - Q_w)$ 单位的物资，但因受现货市场供应概率 k 的影响，若当需求无法全部满足时，政府将会承担一定缺货成本，由此可给出政府的成本函数为

$$\Pi_{wp} = wQ_w + rk\max\{x - Q_w, 0\} + m(1-k)\max\{x - Q_w, 0\} - v\max\{Q_w - x, 0\} \quad (5.26)$$

式中，第一项是政府向供应方支付的采购费用，第二项是政府从现货市场采购所支付的采购费用，第三项是政府的缺货成本，第四项是政府储备剩余物资的残值收益，经整理，可得政府的期望成本函数为

$$E\Pi_{wp} = -(g-w)Q_w + (g-v)\int_0^{Q_w} F(x)\mathrm{d}x + g\mu \quad (5.27)$$

对式（5.27）关于 Q_w 求一阶导可得，政府单独储备模式下最优储备量为：$Q_w^* = F^{-1}\left(\dfrac{g-w}{g-v}\right)$。此时，政府期望成本为

$$E\Pi_{wp}|_{Q_w = Q_w^*} = -(g-w)Q_w^* + (g-v)\int_0^{Q_w^*} F(x)\mathrm{d}x + g\mu \quad (5.28)$$

供应方期望利润为

$$E\Pi_{ws}|_{Q_w = Q_w^*} = (w-c)Q_w^* \quad (5.29)$$

3）政企联合储备应急物资模型

在储备周期 T 的期初，政府以批发价格 w 从供应方处采购 Q_o 单位的应急物资作为自身储备，并且向供应方提供一份期权契约，旨在鼓励供应方额外为其储备一部分应急物资。而供应方将会根据政府提供的期权契约以及政府自身储备量 Q_o，来最终确定额外为政府储备的物资量 q。

在储备周期 T 内，应急物资需求量的不同情况决定了政府与供应方联合储备的互动方式：当应急物资需求量为 $0 \leqslant x < Q_o$ 时，政府储备充足，无须执行期权契约，且政府和供应方将会从剩余物资中获得每单位 v 的残值收益；当物资需求量为 $Q_o \leqslant x < Q_o + q_o$ 时，政府自身储备不足，政府将会部分执行期权契约，且以现货市场价格与期权执行价格中较低者 $\min\{r, e\}$ 从供应方处采购 $(x - Q_o)$ 单位的物资，此时供应方将会从剩余物资 $(Q_o + q_o - x)$ 中获得每单位 v 的残值收益；当应急物资需求量为 $Q_o + q_o \leqslant x < U$ 时，政府须全额执行期权契约，并额外从现货市场采购 $(x - Q_o - q_o)$ 单位的物资，且由于政府从现货市场获得足够所需物资的概率为 k，故当应急需求无法完全满足时，政府将承担缺货成本。

（1）供应方决策。鉴于政企联合储备应急物资的决策顺序，供应方的利润函数可表述为

$$\Pi_{os} = wQ_o + oq_o - c(Q_o + q_o) + \min(r, e)\min\{(x - Q_o)^+, q_o\} + v(q_o - \min\{(x - Q_o)^+, q_o\}) \quad (5.30)$$

式中，第一项为政府从供应方处采购物资作为其自身储备的采购成本，第二项是政府为储备物资所需支付的期权费用，第三项为供应方的生产成本，第四项是政府行使期权时

的额外采购成本，第五项是供应方处理剩余物资所获得的残值收益。经整理，可得供应方的期望利润函数为

$$E\Pi_{os} = (w-c)Q_o + (o+e'-c)q_o - (e'-v)\int_{Q_o}^{Q_o+q_o} F(x)\mathrm{d}x \quad (5.31)$$

对式（5.31）求关于 q_o 的导数可知，供应方的最优储备量 q_o^* 为

$$q_o^* = \begin{cases} F^{-1}\left(\dfrac{o+e'-c}{e'-v}\right) - Q_o, & Q_o < F^{-1}\left(\dfrac{o+e'-c}{e'-v}\right) \\ 0, & Q_o \geqslant F^{-1}\left(\dfrac{o+e'-c}{e'-v}\right) \end{cases} \quad (5.32)$$

根据式（5.32），若政府储备量 $Q_o < F^{-1}\left(\dfrac{o+e'-c}{e'-v}\right)$ 时，供应方将接受政府提出的期权契约，并为其额外储备 $F^{-1}\left(\dfrac{o+e'-c}{e'-v}\right) - Q_o$ 单位的应急物资以满足需求；而当 $Q_o \geqslant F^{-1}\left(\dfrac{o+e'-c}{e'-v}\right)$ 时，由于政府的储备量过多，考虑到政府储备量已足够，且 $o < c-v$，即权利金不足以覆盖供应方的额外成本与风险，故此时供应方将拒绝该期权契约，不再为其额外储备应急物资。

（2）政府决策。政企联合储备模式下，政府的成本函数为

$$\Pi_{op} = wQ_o + oq_o + \min\{r,e\}\min\{(x-Q_o)^+, q_o\} + rk\max\{x-Q_o-q_o, 0\} + \\ m(1-k)\max\{x-Q_o-q_o, 0\} - v\max\{Q_o-x, 0\} \quad (5.33)$$

其中，第一项是政府从供应方处采购物资作为自身储备的采购成本，第二项是政府所支付的期权费用，第三项是政府行使期权时所支付的费用（即期权执行成本），第四项是政府从现货市场采购物资所支付的费用，第五项为政府所需承担的缺货成本，第六项为政府处理剩余应急物资所获得的残值收益。

进一步整理式（5.33），有政府的期望成本函数为

$$E\Pi_{op} = -(g-w)Q_o - (g-o-e')q_o + g\mu + (g-e')\int_0^{Q_o+q_o} F(x)\mathrm{d}x + (e'-v)\int_0^{Q_o} F(x)\mathrm{d}x \quad (5.34)$$

当 $Q_o < F^{-1}\left(\dfrac{o+e'-c}{e'-v}\right)$ 时，供应方会接受政府提出的期权契约，并为其额外储备 $q_o^* = F^{-1}\left(\dfrac{o+e'-c}{e'-v}\right) - Q_o$ 单位的应急物资，此时，将 q_o^* 的表达式代入式（5.34），整理得：

$$E\Pi_{op} = -(o+e'-w)Q_o - (g-o-e')F^{-1}\left(\dfrac{o+e'-c}{e'-v}\right) + (g-e')\int_0^{F^{-1}\left(\frac{o+e'-c}{e'-v}\right)} F(x)\mathrm{d}x + (e'-v)\int_0^{Q_o} F(x)\mathrm{d}x \quad (5.35)$$

对式（5.35）求关于 Q_o 的一阶导数和二阶导数，可知政府的期望成本函数为凸函数，这意味着存在唯一的极小值点，在该极值点处，政府的最优初始采购量为：$Q_o^* = F^{-1}\left(\dfrac{o+e'-w}{e'-v}\right)$，且由于 $w > c$，根据反函数的单调性，有 $F^{-1}\left(\dfrac{o+e'-w}{e'-v}\right) < F^{-1}\left(\dfrac{o+e'-c}{e'-v}\right)$，

即 $Q_o^* < F^{-1}\left(\dfrac{o+e'-c}{e'-v}\right)$。这表明政企联合储备模式下政府的最优采购量小于供应方在特定条件下愿意额外储备的应急物资量。

4）联合储备模式下的政企协调运作

政府向供应方采购应急物资的过程，本质上构成了一种供应链交易模式。依据供应链协调的定义，当政企双方合作所实现的总利润等同于整体供应链在集中决策模式下所能达到的利润水平时，供应链即达到协调状态。此状态下，政府与供应方的联合储备效益（可理解为供应链整体利润）实现最大化。在集中决策模式下，整个供应链的利润函数可表述为

$$\Pi = -cQ - rk\max\{x-Q,0\} - m(1-k)\max\{x-Q,0\} + v\max\{Q-x,0\} \tag{5.36}$$

因此，在集中决策模式下，整个供应链的最优储备量为 $Q^* = F^{-1}\left(\dfrac{g-c}{g-v}\right)$。由于 $w>c$，可得出政府单独储备时，政府与供应方的利润之和 $-E\Pi_{wp}\,|_{Q_w=Q_w^*} + E\Pi_{ws}\,|_{Q_w=Q_w^*} \neq E\Pi\,|_{Q=Q^*}$，因此在政府单独储备模式下，供应链无法实现协调。相比之下，在政企联合储备模式下，当 $e' = g - \dfrac{o}{c-v}(g-v)$ 且 $0 < o < \dfrac{g-w}{g-v}(c-v)$ 时，有 $-E\Pi_{wp}\,|_{Q_w=Q_w^*} + E\Pi_{ws}\,|_{Q_w=Q_w^*} = E\Pi\,|_{Q=Q^*}$，此时供应链达到协调状态。

实际上，在优化政企联合储备模式时，为了确保该模式能有效降低政府的应急成本支出并一定程度提升供应方的利润空间，关键在于实现两个核心前提：① 确保政企联合储备模式下政府的期望成本低于其独自储备时的期望成本。② 保障政企联合储备模式下供应方的期望利润高于政府单一储备下的期望利润。

如此，不仅能激励供应方积极参与合作，也能减轻政府的财政负担。联合储备与单独储备两种模式下，政府的成本变化与供应方的利润变化分别表达如下：

$$\Delta\Pi_{op} = E\Pi_{op}\,|_{Q_o=Q_o^{c*},\,q_o=q_o^{c*}} - E\Pi_{wp}\,|_{Q_w=Q_w^*} = -(g-w)(Q_o^{c*}-Q_w^*) -$$

$$\frac{g-c}{c-v}oq_o^{c*} + \frac{o}{c-v}(g-v)\int_0^{Q_o^{c*}+q_o^{c*}}F(x)\mathrm{d}x + (g-v)\frac{c-v-o}{c-v}\int_0^{Q_o^{c*}}F(x)\mathrm{d}x - (g-v)\int_0^{Q_w^*}F(x)\mathrm{d}x \tag{5.37}$$

$$\Delta\Pi_{os} = E\Pi_{os}\,|_{Q_o=Q_o^{c*},\,q_o=q_o^{c*}} - E\Pi_{ws}\,|_{Q_w=Q_w^*} = (w-c)(Q_o^{c*}-Q_w^*) +$$

$$(g-c)\frac{c-v-o}{c-v}q_o^{c*} - (g-v)\frac{c-v-o}{c-v}\int_0^{Q_o^{c*}+q_o^{c*}}F(x)\mathrm{d}x \tag{5.38}$$

为实现政企双赢局面，需满足：

$$\begin{cases}\Delta\Pi_{op} < 0 \\ \Delta\Pi_{os} > 0\end{cases} \tag{5.39}$$

通过分析这一优化条件，可推导出政企联合应急物资储备模型的最优决策方案，从而在保证高效应急响应的同时，促进政企双方的效益最大化，实现双赢局面。

5.2 应急资源调配规划

灾后应急物流规划的另一个重要环节是应急资源的科学调配，尤其应急物资的高效合

理配置更是重中之重。《"十四五"应急物资保障规划》中就明确提出要建立一个统一指挥、资源共享、调度灵活、配送快捷的应急资源快速调配体系。此体系不仅是确保物资即时供应的基石，更是提升应急救援整体效能的关键驱动力。在灾害突发的紧要关头，应急资源调配的迅速响应与精准执行，直接决定了救援行动的有效性与效率，甚至影响着受灾地区的恢复速度与质量。因此，深入探索应急资源调配的基础理论，系统介绍并比较各类常用的资源调配模型与方法，细致剖析其内在运作机制及规划流程，显得尤为重要。

基于此，本节首先从应急资源调配的基本理论框架出发，随后详细介绍常用的资源调配模型和方法，旨在通过理论与方法的紧密结合，提升灾后应急物流规划的科学性与执行力，确保在危机时刻能够迅速、准确地调动各类应急资源，为灾区提供最为及时且强有力的支持。

5.2.1 应急资源调配基础理论

应急资源调配规划的基础理论，是指在突发灾害等紧急情况下，针对各类应急资源进行合理调配与优化的系统性理论框架。其目的是基于灾害发生后的实际需求，结合资源的种类、数量以及地理位置等因素，通过科学分析和决策，力求制订出一套高效、合理的调配方案。应急资源调配规划强调资源调配的时效性、协同性和可持续性，旨在确保应急资源能够迅速到达受灾地区，满足救援和恢复工作需求的同时避免资源的浪费和滥用。为制订科学有效的应急资源调配规划，需全面系统了解应急资源调配决策系统的架构和应急资源调配过程。这些有关应急资源调配规划的基础理论，能为应对各类突发事件提供有力的理论支撑和实践指导，从而确保在紧急情况下能够更科学、更精准地调配应急资源以迅速实现救援响应。

1. 应急资源调配决策系统的架构

应急资源调配决策系统是一套针对各类突发性灾害事件而构建的反应机制，旨在帮助决策主体在紧急情况下确保应急资源能够迅速且有效地进行调配。该系统需明确包含应急资源调配的目标、设计应急资源调配的备选方案、协调处理资源调配过程中的各项工作以及实施调配的过程评价等环节。凭借这一完整的决策系统，决策主体可以更科学系统地进行应急资源的调配决策，从而能够迅速响应突发事件并尽量降低灾害损失。

1）应急资源调配的目标

应急资源调配的核心目标是在面向突发灾害事件时迅速而有效地调配资源，以最大限度地减少人员伤亡、财产损失和社会影响。为实现这一目标，构建高效的应急资源调配决策系统显得尤为关键，它要求决策者在应急状态下精准选择从救援点到受灾点的最优资源调配方案。

精准选择资源调配方案意味着决策者需要充分了解受灾点的实际情况，包括受灾程度、受灾范围、人员伤亡情况等。同时，还需要对救援点的资源储备情况有清晰的掌握，包括各类救援物资、救援人员、救援设备等的数量和种类。在此基础上，决策者可以运用科学的方法和手段（如数学建模、仿真模拟等）对不同的资源调配方案进行评价和比较，并采取加强沟通协作以及积极应用新技术等方式，最终实现最优调配规划。

2）应急资源调配的特点

应急资源最优调配方案应具备以下特点，这些特点共同构成了应急资源调配的核心要素，为有效应对灾害事件提供了有力保障：①时效性。面对突发灾害事件，时间就是生命，晚一秒都可能威胁到受灾群众的生命安全，故应急资源调配方案必须能迅速实施，以便及时为受灾点提供所需的救援资源，从而最大限度减少灾害带来的损失。②有效性。不同的灾害类型和受灾程度有着不同的救援需求，这就要求实施应急资源调配时必须深入了解受灾地区的实际情况，以确保所调配的应急资源与受灾地区需求实现有效匹配，避免应急资源的不足或浪费。③协调性。应急资源调配还需注重协调与合作，灾害应对过程中往往需要多个部门和机构共同参与，有时也需加强跨地区间的合作与交流，这就需要建立一个高效的协调机制，以确保各方能紧密配合、形成合力，从而实现应急资源的共享与互补。④灵活性。应急资源调配需具备灵活性和可调整性，因为灾害事件情况常常千变万化，可能随时出现新的需求和挑战，故应急资源调配方案必须能够根据实际情况进行灵活调整和优化，以适应不断变化的突发灾害所带来的应急需求。

3）数智时代下的应急资源调配

随着科技的不断发展，越来越多的新技术被鼓励并应用于应急资源调配规划中，这些技术的应用能为决策者提供强大的决策支持，可进一步提高应急资源调配决策的精准性和科学性，有助于提升应急管理的水平和效率。例如，充分利用大数据、物联网等技术手段实时监测和分析灾害情况，可以为决策者提供更为准确的信息支持；有效利用人工智能、机器学习等技术可以辅助决策者进行资源调配方案的优化和选择。

具体而言，在备灾阶段，可通过机器学习算法对历史灾害数据进行学习，以此建立预测模型对未来可能发生的灾害事件进行预测，从而提前进行应急资源调配准备，这不仅有助于提高灾后应急响应的速度，也能增强灾后应急资源调配决策的精准性；在资源调配决策过程中，则可利用人工智能和机器学习等先进技术来实施科学的大数据分析，对灾害的严重程度、受灾范围以及资源需求等进行深度挖掘和预测，为决策者提供有力的数据支持；在应急资源调配方案的优化和选择过程中，这些先进信息技术可以帮助决策者对各种备选方案进行模拟和评价，以便快速找出最优的资源调配方案；同时，这些数字化赋能技术还可以实时跟踪和分析资源的调配情况，及时发现并快速调整可能存在的问题，以确保应急资源的有效利用。

4）应急资源调配决策系统

任何一个决策系统均包含决策主体、决策对象（即客体）以及连接主客体的关联要素，它们共同构成了决策的基础框架。应急资源调配决策系统作为其中一种特殊的形式，同样符合这一基本结构，它具体由灾害事件相关信息、资源调配的决策主体与决策对象以及相关资源调配方案等要素组成，形成了一个相互关联、协同运行的有机整体。这一系统结构如图 5-7 所示，通过系统各部分的紧密配合，可确保在面向各类灾害事件时能够迅速有效地实现资源调配。

根据图 5-7 所展现的应急资源调配决策构成要素，可采用一个抽象的数学模型来描述和表达应急资源调配决策的结构。①可采用 S（意为 status）来表示信息输入状态集，实际上指决策环境，即涵盖所有影响应急资源调配决策方案产生、存在和发展的因素的总和。

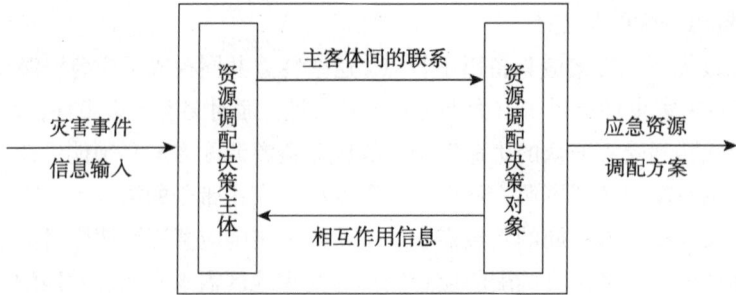

图 5-7　应急资源调配决策系统

应急资源调配决策的正确性、实施顺利程度以及其影响效果，不仅取决于决策者的判断和资源调配方案的制订，更与决策所处的具体环境和条件息息相关。因此，在进行应急资源调配决策时，必须全面考虑并深入分析这些环境和条件因素，以确保决策的科学性和有效性。②用 A（意为 action）来代表行动策略集，即所有可能的应急资源调配方案的总和，这些方案主要包括从各个应急资源救援点向不同受灾点调配应急资源的种类及数量等关键信息。如此，应急资源调配决策的目标函数，即应急资源调配规划的决策目标，可以用 G（意为 goal）来表示，具体为：$G = F(S, A)$。这意味着决策目标 G 是信息输入状态集 S 和行动策略集 A 的函数，借助这个抽象函数能够综合衡量决策环境和调配方案，并最终选出最优的应急资源调配决策方案。

2. 应急资源调配决策过程

根据西蒙（Simon）的决策理论，任何决策过程都应遵循一个完整的四阶段模型，这四个阶段依次为情报收集、方案设计、方案抉择以及方案实施。虽然应急资源调配决策具有高度的复杂性和系统性，但仍可借鉴西蒙的四阶段决策理论，来深入剖析应急资源调配的决策过程，即也可将其视为一个动态循环的四阶段过程，包括信息收集、资源调配决策、调配方案评价，以及方案实施阶段，如图 5-8 所示。

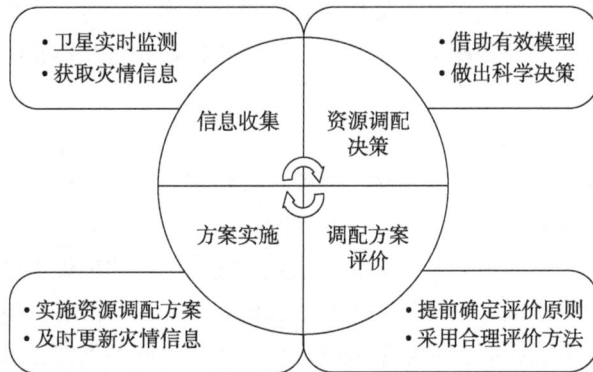

图 5-8　应急资源调配的四阶段流程

（1）信息收集阶段。灾害事件发生后，应立即启动信息获取机制，以确保信息收集的及时性和准确性。可借助卫星遥感探测等先进技术手段，迅速掌握受灾地区的初步情况，包括受灾范围、损失程度等；同时，加强与受灾地区的直接联系，通过沟通及时获取各类应急资源的需求种类、数量以及需求紧迫程度等信息，为后续应急资源的合理调配提供重要依据；此外，还需详尽收集应急资源的现有储备情况，了解灾区路况信息等，以便制订切实可行的应急资源调配方案。这一系列信息收集工作的目的在于为应急资源调配决策提供全面、准确的信息支撑，推动应急救援工作的高效有序进行。

（2）资源调配决策。资源调配决策是应急响应活动中的关键环节，其有效性直接取决于前期信息收集的准确性和完整性。在明确应急资源调配对象与调配决策目标后，决策主体须依据需求分析和资源评价的详尽结果，借助高效的决策模型与科学方法，制订出合理的应急资源调配方案。并且，方案应涵盖调配物资的种类、数量、运送路径以及运输方式等各个方面，以确保物资能够迅速且有效地送达受灾地区，充分发挥其救援作用。制订合理的应急资源调配决策不仅展现出对受灾地区需求的深刻洞察和全面分析，更体现了决策主体在复杂情境中的灵活应变能力和专业素养，为高效应对灾害提供了坚实的决策支持。

（3）调配方案评价。调配方案评价是应急资源调配决策过程中不可或缺的一环，它直接关系到应急救援工作的最终效果。鉴于应急资源调配方案选择的重要性，决策主体必须对各种方案进行综合权衡与评价。在评价过程中，首先需要明确评价原则，以确保方案评价工作有章可循、有据可依。其次可综合运用定性和定量相结合的评价方法，对调配方案的科学性、有效性和可行性进行全面评价。实际上，评价原则的确定和评价方法的选择，不仅是调配方案评价工作的基础，也是确保应急资源调配决策系统高效运行的关键所在。通过客观评价为应急决策主体提供科学支持，能够确保应急资源得到合理调配，从而最大限度地提升应急救援工作的效果。

（4）方案实施阶段。方案实施阶段是紧跟方案评价之后的重要实践环节。在这一阶段，为确保应急资源调配目标的高效实现，各相关部门须紧密配合、协同作战。政府部门应肩负起应急主导职责，高效协调各方资源，确保资源的科学调配与合理使用；非政府组织和社会公众也应积极响应，发挥各自专长，共同投身于应急救援工作中。随着救援工作的逐步深入推进，应急资源需求、资源储备情况及灾区路况等核心数据信息须实时更新并妥善备案，这不仅有助于当前救援工作的顺利进行，更能为下一轮应急资源调配决策提供宝贵参考，为未来灾害事件的高效应对积累丰富经验。

需特别指出的是，在完成如图 5-8 所示的这一完整四阶段流程后，将继续进入下一周期的应急资源调配决策，该循环过程将持续至整个应急救援工作圆满完成。在整个应急资源调配过程中，还需注意遵循一些重要原则，如急需优先原则、均衡分配原则和多方合作原则等，以最大限度保障资源能够得到最为合理和高效的利用。此外，还应加强应急物资储备和配送体系的建设，以切实提升应急资源调配的效率和效果。当然，具体的应急资源调配过程可能会因灾害类型、地区特点等多种因素而呈现出不同的特点，故在实际操作中，需根据具体情况进行灵活调整和优化，以确保资源调配工作能够更加精准、高效地服务于应急救援大局。

5.2.2　经典资源调配模型和方法

应急资源调配决策是一项复杂的系统工程，它常依赖于科学的模型和方法来保障决策的合理性和有效性。面对突发灾害事件下有限资源，往往通过构建数学模型的方式，深入分析灾害发生时的资源需求，进而针对性制订科学合理的应急资源调配路径规划以及资源配置方案，以最大限度提升应急救援的响应效果和效率。同时，随着信息技术的进步，基于启发式算法和人工智能技术的方法（如遗传算法、模拟退火算法等）也逐渐被引入并广泛应用于应急资源调配领域。这些常用的模型和方法不仅能极大提升应急救援的效率和效果、确保在灾害发生时能够迅速有效地调配所需资源，也能为资源调配决策提供更为高效和精准的解决方案，最大程度地减少灾害带来的损失。下面将简要介绍与资源调配相关的一些基础模型和方法。

1. 最短路问题

所谓最短路问题，就是对于给定的网络图 $G = (V, E)$，设其每条弧 (i, j) 都有相应长度 d_{ij}，求图中一点 i 到其他任意点 j 间的最短路径及其对应的最短距离，该问题即为经典最短路问题。后来，最短路问题不仅仅指代地理意义上的距离最短，还被引申到其他如时间、费用、线路容量等度量的最小化。最短路问题是应急物资优化调配决策的基本问题之一，求解最短路问题有多种算法可以选择，如 Dijkstra 算法、Floyd-Warshall 算法（简称 Floyd 算法）、Bellman-Ford 算法等。这些算法各有优缺点，适用于不同的场景。

例如，Dijkstra 作为一种经典的单源最短路径算法，旨在求解给定起始节点至图中其余所有节点的最短路径，其特点在于仅适用于非负权重的图结构，因为负权重边的存在可能导致 Dijkstra 算法无法正确收敛至最短路径；相较之下，Floyd 算法则是一种针对多源最短路径问题的解决方案，它能够计算图中任意两个节点之间的最短路径，尽管其时间复杂度较高，但 Floyd 这一算法具有显著的优势，即能够处理包含负权重边的图结构；Bellman-Ford 算法同样适用于单源最短路径问题，不过不同于 Dijkstra 算法，Bellman-Ford 算法具备处理负权重边的能力，需要特别注意的是，若图中存在负权重的环时，该算法可能会因陷入无限循环而无法正确输出最短路径。下面将简要介绍 Dijkstra 和 Floyd 这两种常用算法，阐述这两种算法各自如何有效解决最短路问题。

1）Dijkstra 算法

当网络图中所有边的权重均为非负时，可采用高效的 Dijkstra 算法来计算最短路径。Dijkstra 算法的基本思路是：从起始节点 s 出发，首先选择距离其最近的节点，并用特定标记 u 进行标注（某点被标注就意味着已找到从起始点到该点的最短路）。接着，从已标注点的集合 B 出发，再逐步向其他点探寻最近点并给以标注。这一过程持续进行，这样每一轮搜索都会有一个节点被标注，直到网络中所有节点都被标注，则计算终止，此时 $B = V$，即已找到从 s 到所有其他节点的最短路径。Dijkstra 算法的具体实施步骤如下所述：

第 1 步，令 $B = \{s\}$，$\bar{B} = V - B$，$u_s = 0$。

第 2 步，在 $\bar{B}$ 中寻找一点 j，使得 $u_j = \min\limits_{(i,j) \in (B, \bar{B})} \{u_i + d_{ij}\}$，令 $B = B \bigcup \{j\}$，若 $B = V$，

则计算终止；否则，重新执行第 2 步。

2）Floyd 算法

若网络图中存在负的长度权重或要计算每两点间的最短距离，则可采用更一般化的 Floyd 算法。Floyd 矩阵算法的基本思想是：用一个矩阵表示当前任意两点之间已求得的最

短距离，考虑若经过第三点到达总距离更近则修改该距离，依次修改直至不能再进行修改为止，其具体步骤如下：

若网络图中存在负的权重边或需要计算每对节点之间的最短距离，则可以采用更为通用的 Floyd 算法。Floyd 算法的基本思想是：通过迭代地更新一个距离矩阵来逐步逼近每对节点之间的最短路径。在每一轮迭代中，Floyd 算法会检查是否可以通过某个中间节点来优化任意两点之间的已知最短距离。如果经过某个中间节点能够找到更短的路径，则更新相应的距离值。这一迭代过程持续进行，直到无法再进一步更新距离矩阵为止，此时矩阵中的每个元素表示的是对应节点对之间的最短路径长度。Floyd 算法的具体实施步骤如下所述：

第 1 步，写出一步距离矩阵 $A_1 = (a_{ij}^{(1)})$。其中，若弧 $(i, j) \in E$，则 $a_{ij}^{(1)} = d_{ij}$；否则，$a_{ij}^{(1)} = \infty$。

第 2 步，计算二步最短距离矩阵 $A_2 = (a_{ij}^{(2)})$。其中，

$$(a_{ij}^{(2)}) = \min_h \{a_{ih}^{(1)} + a_{hj}^{(1)}\}$$

$$\vdots$$

第 k 步，计算 k 步最短距离矩阵 $A_k = (a_{ij}^{(k)})$。其中，$a_{ij}^{(k)}$ 是点 i 到点 j 的 k 步最短距离，

$$(a_{ij}^{(k)}) = \min_h \{a_{ih}^{(k-1)} + a_{hj}^{(k-1)}\}$$

第 $k+1$ 步，若 $A_k = A_{k-1}$，则 A_k 即为最短距离矩阵。

综上，最短路径问题在诸如网络路由、城市规划等多个领域具有广泛的应用价值，在选择和实现不同的最短路径算法时，须根据具体的场景和需求，综合权衡不同算法的效率、适用性以及稳定性等因素以做出科学合理的选择决策。

2. 最小费用流问题

与资源调配决策紧密相关的最小费用流问题，是网络流理论研究中的核心组成部分，也是一类至关重要的组合优化问题。该问题聚焦在给定的网络中寻找一个满足特定条件的流量分配方案，使得整个网络流量传输的总费用达到最小。

具体而言，最小费用流问题可表述为：对于一个给定的有向网络 $G = (V, E)$，V 表示顶点集，E 表示边集。在这个网络 $G = (V, E)$ 中，用 w_{ij} 表示单位物资流经某边（或弧）$e_{ij} = (i, j) \in E$ 的费用。并且，每条边有一个物资容量上界 c_{ij} 和下界 l_{ij}，其含义是这条边能够承载的最大和最小流量。此外，网络中每一个顶点都有一个物资供需量：当这个值大于 0 时，表示该点可供给一定量的物资；当这个值小于 0 时，表示该点需求一定量的物资；当这个值为 0 时，表示该点既不需要也不能提供物资，这样的点在网络中通常被视为物资中转点。最小费用流问题要求找到一个可行流，这个流需要满足两个条件：①流量守恒，即从某个点流出的流量必须等于流入该点的流量，除了起始点 s 和终点 t。②每条边需满足容量限制，即物资流量既不能超过各边的容量上界，也不能低于其容量下界。在满足这些前提条件下，最小费用流问题的目标是找到一个可行流 $x^* = (x_{ij})$，使通过整个网络所有边流量传输的总费用 $\sum_{(i,j) \in E} w_{ij} x_{ij}$ 最小，这里的总费用是指每条边上的单位流量费用乘以该边上的流量，即有 $w(x^*) = \min \left\{ \sum_{(i,j) \in E} w_{ij} x_{ij} \right\}$。

如此，最小费用流问题可表述为如下模型：

$$\min \sum_{(i,j)\in E} w_{ij} x_{ij} \tag{5.40}$$

s. t.

$$\sum_j x_{kj} = \sum_j x_{jk}, k \in E; k \neq s, t \tag{5.41}$$

$$l_{ij} \leqslant x_{ij} \leqslant c_{ij} \tag{5.42}$$

求解最小费用流问题的一种常用方法是使用多项式时间算法，这类算法可以在输入长度的一个多项式时间内找到优化问题的解。最小费用流问题的求解算法具体实施步骤如下所述：

第一步，令所有的 $x_{ij}=0$，此时总流量 $x=0$，对赋权图 $F=(V,E,B)$ 以 w_{ij} 作为其初始权重，即令 $b_{ij}=w_{ij},(i,j)\in E$。

第二步，在赋权图 F 中寻求从起点 s 到终点 t 的最短路，沿此最短路增加运量，即为目前增加运量的最节省路径。记总流量为 X，最大可增加运量为 θ，若 $x+\theta<X$，沿此最短路增加运量 θ 并相应调整 x_{ij}，令 $x=x+\theta$ 并转第三步；否则，在已有运量 x 基础上增加 $X-x$ 即可，且计算结束。

第三步，修改赋权图 F 的权重：$b_{ij}=\begin{cases} w_{ij}, x_{ij}<c_{ij} \\ \infty, x_{ij}=c_{ij} \end{cases}$，$b_{ji}=\begin{cases} -w_{ij}, x_{ij}>0 \\ \infty, x_{ij}=0 \end{cases}$，转第 2 步。

在实际应用中，最小费用流问题经常出现在各种资源调配和物流优化问题中，例如应急网络中的救援车辆调度优化、生产线上的物料配送以及计算机网络中的数据传输等。通过求解最小费用流问题，可以有效地降低资源调配的成本，提高调配系统的整体效率。

3. TSP 问题

TSP（traveling salesman problem，旅行商问题）由 Dantzig 等人于 1959 年首次提出，是一个典型的组合优化问题。经典 TSP 问题可以描述为：一位推销员要去若干个城市推销商品，该推销员从一个城市出发，需要遍历所有城市之后，再回到出发地，应如何选择该推销员的行进路线，使得总距离最短。从图论的角度来看，该问题实质是在一个带权完全无向图中，寻找一个权值最小的哈密顿回路（Hamiltonian cycle）。具体可表述为：对于一个给定的无向网络 $G=(V,E)$，V 表示顶点集，E 表示边集，c_{ij} 表示顶点 i 与顶点 j 之间连边的权重（通常可用距离、成本等表示），$x_{ij}=\begin{cases} 1,若(i,j)在回路路径上 \\ 0,其他 \end{cases}$。TSP 问题的目标就是找到从起点（可以是任意点）出发，依次不重复地经过所有其他点，最终返回至起点的一条路径 $x^*=(x_{ij}^*)$，使得通过整个网络的路径权和最小，即 $\min\sum_{i=1}^{n}\sum_{j=1}^{n}c_{ij}x_{ij}$。

基于此，经典 TSP 问题可表述为如下模型：

$$\min \sum_{i=1}^{n}\sum_{j=1}^{n} c_{ij} x_{ij} \tag{5.43}$$

$$\sum_{i=1}^{n} x_{ij} = 1, \forall j \in V, i \neq j \tag{5.44}$$

$$\sum_{j=1}^{n} x_{ij} = 1, \forall i \in V, i \neq j \tag{5.45}$$

$$\sum_{i\in S}\sum_{j\in S} x_{ij} \leqslant |S| - 1, \forall S \subset V, 2 \leqslant |S| \leqslant n-1 \tag{5.46}$$

$$x_{ij} \in \{0,1\}, \forall i, j \in V \tag{5.47}$$

目标函数式（5.43）表示通过整个网络的路径权和最小；式（5.44）和式（5.45）是节点访问的流量守恒条件，式（5.44）表示对于网络中任一节点，在最优路径解集中，流入该节点的边总数为 1，此为路径访问的唯一性约束；相应地，式（5.45）表示对于网络中的每一个节点，在最优解路径集合中，从该节点流出的边总数为 1，这确保了路径出口的唯一性，是路径离开约束；式（5.46）中，集合 S 是所有顶点集合 V 的真子集，该式保证了没有任何子回路解的产生，即所求解的路径集合中不包含任何形式的子环路；式（5.47）是决策变量的类型约束。

关于 TSP 问题的求解方法，可大致划分为精确算法与近似算法两大范畴。其中，求解 TSP 问题的精确算法主要包括单纯形法、动态规划法（dynamic programming approach）、割平面法、分枝定界法以及回溯法（back tracking method）等。这些方法通过直接针对问题的完整约束集进行求解或利用详尽的枚举过程来确保解的最优性，尽管这些方法能够获得问题的精确解，但由于计算复杂度较大，其在处理大规模的 TSP 问题方面表现欠佳。针对大规模 TSP 问题，一般需要借助近似算法，主要指启发式算法，例如最近邻法、插入法、模拟退火算法、蚁群算法、遗传算法、粒子群算法、禁忌搜索算法、人工神经网络算法等。这类启发式算法以其广泛的适用性、高效的求解能力、强大的鲁棒性和良好的灵活性而著称，尽管它们通常不能保证找到全局最优解，但能够在合理时间内找到高质量的可行解，很多情形下也能够较好地满足 TSP 问题实际求解的需求。

4. VRP 问题

VRP（vehicle routing problems，车辆路径问题）最初由 Dantzig 和 Ramser 于 1959 年首次提出，是一个经典的优化问题，主要应用于物资调配领域，可以大幅度提升物流效率和降低运营成本。VRP 的核心研究内容是从配送中心出发，在物资需求量、物资供应量、配送时间窗口、配送车辆的载重限制以及行驶距离上限等特定约束条件下，如何选择最佳的行车路径为具有不同物资需求量的需求点进行高效的物资调配，以使得在满足所有需求点物资需求的同时，实现诸如行驶总路程最短、运输成本最低、配送时间最优化以及使用车辆数量最少等目标。

1）VRP 基本模型

VRP 问题通常涉及物流配送中心使用有限数量的车辆，为多个具有已知位置和需求量的客户需求点进行送货服务。在这些服务中，每辆车都有一个特定的最大载重量限制。解决 VRP 问题的关键在于制订一个优化的配送路线方案，该方案需要满足以下关键条件：每个客户需求点只能由一辆车进行访问，并且仅访问一次，以确保服务的高效性和准确性；所有车辆都必须从物流配送中心出发，并在完成送货任务后返回该中心，这确保了车辆资源的合理调度和有效利用；所有客户需求点的需求量必须得到完全满足，即每辆车所装载的货物量必须能够满足其服务路线上所有客户需求点的需求。通过满足上述条件，并寻求最小化成本（如行驶距离、所需车辆数、总配送时间等）或最大化效率（如客户满意度、车辆利用率等）的目标函数，VRP 问题的解决方案能够确保物流配送过程的高效、经济和准确。

VRP 问题可以描述为：对于一个无向完全图 $G = \{V, E\}$，V 代表该完全图的顶点集合 $V = \{0, 1, 2, \cdots, N\}$，此集合由各个客户需求点和配送中心组成；$E$ 是该完全图的边的集合 $E = \{i, j | i, j \in V, i \neq j\}$，该集合由 V 中不同节点之间的连接线组成。VRP 模型相关的符号标记和变量定义如表 5-7 所示。

表 5-7　VRP 数学模型的符号说明

符　号	定义与说明
O	配送中心
V_o	需求点集合，$V_o = \{1, 2, \cdots, N\}$
V	配送网络中的节点集合，$V = V_o \cup \{O\}$
Q	车辆最大容量
M	投入使用车辆数目的最大限额
k	同类型车辆集合，$k \in K, K = \{1, 2, \cdots, M\}$
$G = \{V, E\}$	VRP 配送网络的完全图表示
q_i	需求点 i 处的物资量需求
d_{ij}	需求点 i 和 j 之间的距离
c_0	单位距离的运输成本
x_{ijk}	决策变量，如果运输车辆 k 从需求点 i 行驶到需求点 j，则为 1；否则为 0；$i, j \in V, k \in K$
y_{ik}	决策变量，若车辆 k 服务于需求点 i，则为 1；否则为 0；$i \in V, k \in K$

基于上述符号定义与说明，基本 VRP 问题的数学模型如下：

$$\min \sum_{k \in K} \sum_{i \in V} \sum_{j \in V, i \neq j} c_0 d_{ij} x_{ijk} \tag{5.48}$$

s. t.

$$\sum_{i \in V_o} q_i y_{ik} \leqslant Q, \forall k \in K \tag{5.49}$$

$$\sum_{j \in V_o} \sum_{k \in K} x_{ijk} = 1, \forall i \in V_o \tag{5.50}$$

$$\sum_{i \in V} \sum_{k \in K} x_{ijk} = 1, \forall j \in V_o \tag{5.51}$$

$$\sum_{j \in V_o} x_{ojk} \leqslant 1, \forall k \in K \tag{5.52}$$

$$\sum_{i \in V_o} x_{iok} \leqslant 1, \forall k \in K \tag{5.53}$$

$$\sum_{i \in V_o} x_{irk} - \sum_{j \in V_0} x_{rjk} = 0, \forall r \in V_o, k \in K \tag{5.54}$$

$$x_{ijk} \in \{0,1\}, i,j \in V, k \in K \tag{5.55}$$

$$y_{ik} \in \{0,1\}, i \in V, k \in K \tag{5.56}$$

目标函数式（5.48）表示最小化车辆配送的总成本；式（5.49）定义了车辆的容量限制，确保每辆车不会超载；式（5.50）和式（5.51）是分配约束，确保每个需求点都被分配至一辆车进行需求满足服务；式（5.52）和式（5.53）规定了车辆行驶路径的完整性，即每辆车必须从配送中心出发，完成其物资需求分配的任务后，再返回至配送中心；式（5.54）保证了每辆车的行驶路径是连续的；式（5.55）和式（5.56）表示决策变量类型约束。

2）VRP 问题常用的求解算法

从上述 VRP 基本模型可看出，VRP 问题中配送车辆有限且具有载容量限制，每个配送点有一定的需求量，且不同配送点之间的距离和耗时可以不同。VRP 问题有多种求解方法，如枚举法、模拟退火、遗传算法、蚁群算法以及改进型粒子群优化算法等，这些求解方法在不同规模和复杂度的 VRP 问题中的有效性各不相同，需要根据具体场景进行选择和应用。与 TSP 类似，求解 VRP 问题的方法也主要分为精确算法和启发式算法两类。

（1）精确算法。精确算法是基于严格的数学原理进行求解的，其求解结果在数学理论上通常是最优的。不过，随着问题规模的增大，精确算法的计算量往往呈指数级增长。特别是当面对复杂的调配系统以及对配送的多元化要求时，精确算法在获取全局最优解上的难度急剧上升，同时也造成求解 VRP 问题的成本剧增。因此，在实际应用中，精确算法多仅在解决较小规模的 VRP 问题时表现优秀、能够找到问题的最优解，其适用范围相对有限，它们更多地被用于求解中小规模的确定性 VRP 问题或物资调配的局部优化问题。常见的精确算法包括分枝定界法、割平面法、网络流算法（network flow approach）以及动态规划方法等。

（2）启发式算法。启发式算法的基本思想是从与研究问题相关的基本模型及求解方法中寻找灵感，通过类比和启发，形成解决当前研究问题的新思路和策略，从而找到问题的解，这通常是次优解或局部最优解。不同的启发式算法在优化机制上可能有所不同，但它们在优化流程上展现出了较大的相似性，通常都遵循一种"邻域搜索"的结构。这些算法通常从一个或多个初始解出发，在关键参数的控制下，通过邻域函数生成一系列的邻域解。然后，根据特定的接受准则（确定性、概率性或混沌方式），算法会更新当前状态，并基于一定的调整准则对关键参数进行修改。这个过程会重复进行，直到满足算法的收敛准则，最终得到问题的优化结果。启发式算法因其灵活性和高效性，在求解复杂且规模较大的 VRP 问题时，显示出了广泛的应用前景。

用于求解 VRP 问题的主要的启发式算法包括模拟退火、遗传算法、蚁群算法、粒子群算法等。这些算法通过模拟自然界的某些现象或过程来求解问题，如模拟蚂蚁寻找食物的过程（蚁群算法）或模拟生物进化的过程（遗传算法）。这些启发式算法在特定场景下尤其解决大规模或复杂 VRP 问题时往往能够发挥出色的性能，具有较高的求解效率。

5.2.3 应急资源调配模型和方法

灾后应急资源调配路径的选择涉及多个方面，包括应急物资配送路径、伤员救援路径以及灾民撤退路径等优化决策。无论哪种路径的选择，都是一个多目标决策过程，需综合考量救援效率、救援有效性和公平性等因素。而且，灾害情境下的资源稀缺性、基础设施（如道路）的损毁状况、以及因受灾程度不同所致各受灾区域差异化的需求紧迫度，这些也均构成路径选择决策过程中需纳入分析的关键因素。

基于此，本节拟从不同角度切入，介绍四种具体的应急资源调配模型与方法，分别是带时间窗的车辆路径问题、基于需求紧迫度的约束性应急物资调配模型、考虑通行约束和运力限制的应急物资联合调度模型、以及考虑效率和公平的跨区域协同应急救援路径优化模型。这些模型与方法的综合运用，以期能够为灾后应急资源调配提供科学、系统且高效的解决方案。

1. 带时间窗的车辆路径问题

除 5.2.2 节所介绍的 VRP 基本模型之外，实际上 VRP 问题还有很多复杂而多变的衍生情况。在这些众多 VRP 变体及衍生模型中，带时间窗的车辆路径问题（vehicle routing problem with time windows，VRPTW）因其严格的时间窗限制，尤其适用于应急资源调配这一高度时间敏感的场景。换言之，VRPTW 作为 VRP 的一个重要变体，通过引入时间窗约束，能够确保物资配送、伤员救援或灾民疏散等任务在计划时间内高效完成。事实上，在应急响应场景中，时间的紧迫性不言而喻，每一分钟的延误都可能对救援效果产生重大影响。VRPTW 通过精确设定每个需求点的救援服务时间窗口，能够相对有效地管理资源配送的时效性，确保关键资源可被准时送至最需要的地方。这种特性使得 VRPTW 模型在应对突发事件、优化资源分配、提升救援效率方面展现出一定优势，下面详细介绍 VRPTW 的问题描述与建模过程。

1）VRPTW 问题描述

VRPTW 是在经典 VRP 的基础上，增加了服务时间窗的约束。这意味着，在规划运输车辆的行驶路线时，除了需要满足 VRP 问题中的基本限制条件（如车辆容量、行驶距离等），还必须确保物资在特定的时间窗内送达各个需求点。这些时间窗限定了每个需求点能接受物资服务的最早和最晚时间。

VRPTW 问题可进一步细分为硬时间窗和软时间窗两种情况：硬时间窗严格要求车辆必须在规定的时间窗内到达，既不能提前于最早时间，也不能晚于最晚时间；而软时间窗则给予了一定的灵活性，允许车辆在时间窗之外到达，但早到或晚到都会产生额外的成本，若早于最早时间到达需要支付机会损失成本、晚于最晚时间到达则需支付迟到的惩罚成本。

因此，在解决 VRPTW 问题时，除了需要优化运输车辆在空间上的行驶路径，还需要精确计算和管理每辆车的行驶时间，以确保满足时间窗的约束，这就使得 VRPTW 问题的求解过程相较于基本 VRP 问题更为复杂。

2）VRPTW 问题数学建模

与 VRP 一样，VRPTW 问题同样构建于一个无向完全图 $G = \{V, E\}$ 之上，其中，V 代表该完全图的顶点集合 $V = \{0, 1, 2, \cdots, N\}$，此集合由所有应急需求点和物资救援配送中心组成；$E$ 是该完全图的边集合 $E = \{i, j | i, j \in V, i \neq j\}$，该集合由 V 中不同节点之间的直接连接路径组成。VRPTW 数学模型的符号说明如表 5-8 所示。

表 5-8　VRPTW 数学模型的符号说明

符　号	定义与说明
O	配送中心
V_o	需求点集合，$V_o = \{1, 2, \cdots, N\}$
V	物资配送网络中所有节点的集合，$V = V_o \cup \{O\}$
Q	车辆最大容量
M	投入使用车辆数目的最大限额
k	同类型车辆集合，$k \in K, K = \{1, 2, \cdots, M\}$
$G = \{V, E\}$	VRPTW 物资配送网络的完全图
q_i	需求点 i 处的物资量需求
$[a_i, b_i]$	需求点集合 V_0 中任意需求点 i 的时间窗，a_i 为最早开始救援服务时间，b_i 为最晚开始救援服务时间
st_i	满足需求点 i 的需求所需的服务时间
s_i	车辆在需求点 i 的开始服务时间
e_i	车辆到达需求点 i 的时间
l_i	车辆离开需求点 i 的时间
d_{ij}	需求点 i 和 j 之间的距离
t_{ij}	车辆从需求点 i 到需求点 j 所需的时间
x_{ijk}	决策变量，如果运输车辆 k 从需求点 i 行驶到需求点 j，则为 1；否则为 0；$i, j \in V, k \in K$
y_{ik}	决策变量，若车辆 k 服务于需求点 i，则为 1；否则为 0；$i \in V, k \in K$

基于上述符号说明，以最小化所需车辆数为决策目标，VRPTW 问题可被建模成如下数学模型：

$$\min \sum_{k \in K} \sum_{j \in V} x_{ojk} \tag{5.57}$$

$$\min \sum_{k \in K} \sum_{i \in V} \sum_{j \in V, i \neq j} x_{ijk} d_{ij} \tag{5.58}$$

s. t.

$$\sum_{i \in V_o} q_i y_{ik} \leqslant Q, \forall k \in K \tag{5.59}$$

$$\sum_{j \in V} \sum_{k \in K} x_{ijk} = 1, \forall i \in V_o \tag{5.60}$$

$$\sum_{i \in V} \sum_{k \in K} x_{ijk} = 1, \forall j \in V_o \tag{5.61}$$

$$\sum_{j \in V_o} x_{ojk} \leqslant 1, \forall k \in K \tag{5.62}$$

$$\sum_{i \in V_o} x_{iok} \leqslant 1, \forall k \in K \tag{5.63}$$

$$\sum_{i \in V_o} x_{irk} - \sum_{j \in V_0} x_{rjk} = 0, \forall r \in V_o, k \in K \tag{5.64}$$

$$s_i = \max\{a_i, e_i\}, \forall i \in V_o \tag{5.65}$$

$$s_i + st_i + t_{ij} = e_j, \forall i \in V_o \tag{5.66}$$

$$a_i \leqslant s_i \leqslant b_i, \forall i \in V_o \tag{5.67}$$

$$x_{ijk} \in \{0,1\}, i, j \in V, k \in K \tag{5.68}$$

$$y_{ik} \in \{0,1\}, i \in V, k \in K \tag{5.69}$$

第一个目标函数式（5.57）旨在实现所需车辆数量的最小化；第二个优化目标函数式（5.58）聚焦于最小化所有车辆的总行驶距离。式（5.59）明确规定了每辆车的容量限制，防止任何车辆出现超载情况。式（5.60）和式（5.61）是分配约束，确保所有需求点均能被有效分配到一辆车进行物资需求满足服务。式（5.62）和式（5.63）共同保障了车辆行驶一个闭环路径，即每辆车必须从配送中心出发，完成其物资需求分配的任务后，再返回至配送中心。式（5.64）确保了每辆车的行驶路径是连续的，无断裂或重复访问的情况。式（5.65）规定了车辆服务时间的起始准则，即每辆车在任一需求点处开始提供物资需求满足服务的时间应不早于以下两个时间点中较晚的一个：车辆到达该需求点的时间，以及该需求点本身所规定服务时间窗的开始时间。式（5.66）确保车辆一旦完成当前需求点的物资需求满足服务后将直接前往下一个需求点。最后，式（5.67）规定了车辆服务时间的合理性，即每辆车在每个需求点的开始服务时间必须完全落在该需求点给定的服务时间窗约束之内。式（5.68）和式（5.69）表示决策变量的类型约束。

面向灾害应急场景处理 VRPTW 这类复杂车辆路径规划模型时，其求解方法的核心策略与基本 VRP 问题是相似的，均广泛采用精确求解法与启发式求解法这两大类方法。如前所述，精确求解法理论上能确保解的最优性，但在处理大规模或复杂情境时，往往面临计算时间长、资源消耗大的挑战。相比之下，启发式求解法则侧重于在合理时长内找到高质量的解，尽管这些解可能不是绝对最优的。启发式方法包括但不限于遗传算法、模拟退火、蚁群优化等，它们通过模拟自然过程或利用问题特性来指导求解搜索过程，从而在解的质量和求解效率之间取得平衡。在实际求解操作中，可根据问题规模和求解需求，灵活选择精确或启发式求解方法，以实现对带时间窗车辆路径问题的有效处理。

2. 基于需求紧迫度的约束性应急物资调配模型

应急物资，作为应对突发事件不可或缺的关键资源，其配送策略的科学性与时效性对于保障受灾民众的生命安全、财产安全及基本生活需求具有至关重要的作用，同时深刻影响着受灾地区的经济恢复进程与社会稳定状态。鉴于救援资源往往有限，难以全面及时覆盖所有受灾区域，加之各受灾点因地理条件、受损程度及时间差异，展现出不同的物资需求紧迫程度。此外，灾后初期，医疗援助与生活必需品的需求急剧上升，物资调配与运输体系面临前所未有的压力，需在高强度物资流与运输流的双重挑战下高效运作。鉴于此，深入探究并构建基于受灾点需求紧迫度的约束性应急物资调配模型，以科学指导突发灾害事件下的物资分配决策，显得尤为迫切且意义深远。

1）建模准备

为了精准刻画应急救援差异化的紧迫需求，详细介绍一个基于需求紧迫度的约束性应急物资调配模型。具体而言，首先采用层次分析法对需求紧迫度进行赋权分级，然后依托需求拆分与优化策略，规划出最优化的车辆配送路径与物资送达序列，确保应急物资能高效地从多个供应救援站分发至各受灾需求点，实现快速补给并融入循环调度体系。在物资配送过程中主要考虑载重量限制、软时间窗以及行驶长度等约束性条件，旨在达成整个应急过程总调度服务时间最短、配送延误惩罚最小、需求未满足率最小的综合优化目标。通过构建这一基于需求紧迫度的多目标应急物资调配模型，不仅能够有效应对资源稀缺与受灾程度不均的复杂挑战，确保高紧迫性受灾点优先获得必要支持，同时亦能在全局范围内维持救援行动的高效性与公平性。

（1）假设条件与符号说明。构建基于需求紧迫度的约束性应急物资调配模型需要遵循以下假设：①车辆额定装载量已知，且受灾点需求可拆分，可接受多配送车辆的多次服务。②引入基于需求紧迫度的单边软时间窗，即约束了配送任务须在决策周期内完成，同时又允许一定的时间灵活性，以应对实际操作中可能遇到的不确定性，确保高紧迫性需求得到优先满足。③明确设定车辆的最长连续行驶时间，且要求规划路径长度不能超过车辆单次调度行驶的上限。④允许配送车辆执行多条配送路径，在完成当前所有配送任务后，车辆需停靠在最后一个服务点等待新的调度指令。模型符号说明如表 5-9 所示。

表 5-9　模型符号说明

符　号	含　义
I	救援站集合，$\forall i \in I$
J	受灾需求点集合，$\forall j \in J$
V	所有节点集合，包括救援站和需求点，$\forall u, v \in V$ 且 $V = I \cup J$
M	车辆集合，$\forall m \in M$
C_m	车辆 m 行程集合，$\forall c_m \in C_m$
L_m	额定装载量，表示车辆 m 的最大装载能力
Q_j	需求点 j 处的应急物资需求总量
q_{j,c_m}	拆分的需求量，表示需求点 j 由行程 c_m 供应的应急物资量
c_m^j	车辆行程任务序列，表示行程 c_m 服务的需求点 j 及其之前的需求点序列
T_m	行驶时间上限，表示车辆 m 在一次调度中的最长行驶时间
s_j	车辆在需求点 j 的服务时间，包含车辆在各需求点卸载应急物资的停留时间
$[0, t_j]$	应急物资送达需求点 j 的软时间窗限制
t_{j,c_m}	车辆经由行程 c_m 到达需求点 j 的时刻
$l_{u,v}$	表示任意两节点 u, v 之间的行驶时长
$O_{c_m}^{u,v}$	车辆行程 c_m 途径节点 u, v 间的道路通行状态
$x_{c_m}^{u,v}$	决策变量，车辆行程 c_m 途经节点 u 到节点 v 时取值为 1，否则为 0
$y_{c_m}^j$	决策变量，车辆行程 c_m 服务于节点 j 时取值为 1，否则为 0

（2）受灾点需求拆分策略。基于车辆载重限制与受灾需求点阶段性需求的现实情况，设计受灾点的需求拆分策略如下：

$$N = \begin{cases} 0, Q_j \leqslant L_m \\ \left\lceil \dfrac{Q_j}{L_m} \right\rceil, Q_j > L_m \end{cases} \qquad (5.70)$$

其中，$\left\lceil \dfrac{Q_j}{L_m} \right\rceil$ 表示向上取整；N 为需求拆分数量。当 $Q_j \leqslant L_m$，一辆车便可满足其需求，无须进行需求拆分；当 $Q_j > L_m$，须将需求点 j 处的应急物资需求总量拆解为 $Q_{mj1}, Q_{mj2}, \cdots, Q_{mjN}$。

（3）受灾点需求紧迫度分析。鉴于不同需求点的受灾程度和需求紧迫度存在差异，充分考虑应急响应特有属性并结合已有研究成果，拟从人员、设施及其他影响因素等多维考虑，使用层次分析法（AHP）对各受灾点的需求紧迫度进行赋权分级。

①构建一套系统化的需求紧迫度评估体系，见表5-10。②采用 AHP 中常用的指数标度法来构造判断矩阵，这一过程旨在量化各评价指标之间的相对重要性。③利用方根法（也称为几何平均法）计算得出判断矩阵的特征向量，该特征向量反映了各评价因素的权重分配情况。④为确保评价体系的科学性与合理性，须进一步实施一致性检验，以验证判断矩阵的逻辑一致性，即确保各评价因素之间的相对重要性关系在逻辑上是自洽的。

表 5-10　需求紧迫度评估体系

目标层	准 则 层		指 标 层		指标层总权重
	影响因素	权重	影响因素	权重	
受灾程度影响因素（A）	人员受灾情况（A_1）	0.78	死亡人数（$A_{1,1}$）	0.42	0.3276
			受伤人数（$A_{1,2}$）	0.15	0.1170
			被困人数（$A_{1,3}$）	0.05	0.0390
			紧急转移人数（$A_{1,4}$）	0.38	0.2964
	基础设施情况（A_2）	0.07	道路损坏面积（$A_{2,1}$）	0.23	0.0161
			房屋损坏间数（$A_{2,2}$）	0.77	0.0539
	其他指标（A_3）	0.15	自主抗灾能力（$A_{3,1}$）	1.00	0.1500

经分析发现，在准则层（即一级评价指标）中，人员受灾情况（A_1）的权重占据主导地位，这深刻体现了灾后应急响应工作中"人民至上、生命至上"的核心价值理念，强调了将保障人民生命安全作为首要救灾要素的决策导向。进一步观察指标层（即二级评价指标）的总权重结果可知，死亡人数（$A_{1,1}$）和紧急转移人数（$A_{1,4}$）的权重显著较高。死亡人数直接反映了当前灾情的严峻性，对即时救援决策具有直接影响；而紧急转移人数则预示着未来短期内可能面临的灾害影响范围与程度，对灾情控制的中短期规划具有重要意义。因此，这两个指标在评估需求紧迫度时发挥着至关重要的作用，影响着当前及未来短期的灾情应对策略与资源调配。

在评估出各需求点的紧迫度差异后，能够为每个需求点分配相对合理的单边软时间窗，即采用这些不同时间窗刻画各需求点的紧迫程度差异。如此，便可构建如下模型，通过差异化的单边软时间窗设置来量化并反映不同需求点的紧急性与优先级。

2）模型构建

由上述建模准备，可建立基于需求紧迫度的约束性应急物资调配模型如下：

$$Z_1 = \min \sum_M \sum_{C_m} \left[\sum_V l_{u,v} O^{u,v}_{c_m} x^{u,v}_{c_m} + \sum_J s_j y^j_{c_m} \right] \qquad (5.71)$$

$$Z_2 = \min \sum_J \left[\sum_M \sum_{C_m} \min\{\max\{t_{j,c_m} - t_j, 0\}, (t_{j,c_m} - t_{j,c_m-1})\} \cdot \left(Q_j - \sum_M \sum_{C_m} y^j_{c_m} q_{j,c_m-1} \right) \right] \qquad (5.72)$$

$$Z_3 = \min \sum_J \sum_M \sum_{C_m} \frac{Q_j - y^j_{c_m} q_{j,c_m}}{Q_j} \qquad (5.73)$$

$$\text{s.t.} \quad \sum_J q_{j,c_m} y^j_{c_m} \leqslant L_m, \forall c_m \in C_m \qquad (5.74)$$

$$\sum_V l_{u,v} x^{u,v}_{c_m} \leqslant T_m, \forall u,v \in V, \forall c_m \in C_m \qquad (5.75)$$

$$x^{u,v}_{c_m} - x^{v,u}_{c_m} = \begin{cases} 1 \\ 0 \ , \forall u,v \in V, \forall c_m \in C_m \\ -1 \end{cases} \qquad (5.76)$$

$$\sum_V \sum_{C_m} x^{v,j}_{c_m} \geqslant 1, \forall j \in J \qquad (5.77)$$

$$\sum_{C_m} y^j_{c_m} \geqslant 1, \forall j \in J \qquad (5.78)$$

$$x^{v,j}_{c_m} \geqslant y^j_{c_m}, \forall j \in J \qquad (5.79)$$

$$t_{i,c_m} = 0, \forall i \in I \qquad (5.80)$$

$$t_{j,c_m} = \sum_{u,v \in V} (t_{u,c_m} + s_u + l_{u,v}) x^{u,v}_{c_m} \qquad (5.81)$$

$$x^{u,v}_{c_m}, y^j_{c_m} \in \{0,1\}, \forall u,v \in V, \forall j \in J, \forall c_m \in C_m \qquad (5.82)$$

目标函数式（5.71）旨在实现车辆调度服务总时间最小化；目标函数式（5.72）则聚焦于配送延误惩罚的最小化，惩罚大小取决于时间窗、实际延误时长以及累积延误量；目标函数式（5.73）表示系统需求未满足率最小化。

式（5.74）表示车辆 m 在其配送路径上所承载的物资总量不超过该车辆额定装载量 L_m；式（5.75）表示车辆 m 在任意连接弧上的通行时间不得超过该车辆的行驶时间上限 T_m；式（5.76）确保车辆 m 必须从救援站出发，并在完成所有任务后返回或停留在路径的最后一个服务点等待后续调度；式（5.77）表示至少存在一条从某个起点通向需求点 j 的路径；式（5.78）表示每个需求点 j 至少被服务一次；式（5.79）指出只有车辆 m 实际服务于某需求点时，该需求点所在的弧才会被包含在车辆 m 的行驶路径中；式（5.80）表示任意车辆 m 从车场出发的时刻均为 0；式（5.81）详细展示了车辆到达各需求点时间之间的逻辑关联关系；式（5.82）是模型决策变量的类型约束。实际上，这里所构的基于需求紧迫度的约束性应急物资调配模型，其核心本质仍是一种扩展的带时间窗的车辆路径优化问题，其求解策略与方法可参考 VRPTW 领域的经典和常用算法。

3. 考虑通行约束和运力限制的应急物资联合调度模型

突发事件的发生，尤其是重大及特别重大的自然灾害，往往导致道路网络遭受不同程度的破坏，进而阻碍救援装备及物资有效抵达受灾区域，给应急响应工作的迅速展开带来巨大困难和挑战。鉴于这一严峻形势，传统的单一救援运输方式已难以满足高效救援的需求，运用"车辆与直升机"协同运输救援物资模式正逐渐成为一种向受灾地区输送救援物资的重要应急方式。

鉴于灾后路网受损严重，导致应急物资运输面临极大挑战，在此介绍应急响应中一种"车辆—直升机"联合调度的路径优化模型。在灾害导致的通行障碍与救援资源有限性的双重约束下，这里将通行能力受限与运输工具运力不足作为核心考量因素，设计了一种创新的"车辆—直升机"协同运输策略。具体而言，该策略针对完全孤立的受灾区域仅依赖直升机进行物资投送，而其余受灾区域则结合车辆与直升机的双重优势进行联合运输。为提升救援效率并控制救援成本，在该联合调度模型的构建过程中，不仅着眼于最小化灾后救援物资联合运输的平均等待时间，还致力于实现决策体系总成本的最低。

1）建模准备

在遭遇大规模灾害时，通往受灾区域的交通路径常因损毁而受阻，而道路疏通或修复具有一定的时滞性。因此，高性能且航线灵活的直升机成为关键救援物资运输的重要工具。该联合调度模型的建模背景是：针对孤立受灾点，直升机承担直接且高效的物资输送任务；而对于一般受灾点，则采取直升机剩余运力与地面救援车辆协同运输的策略，以实现资源的最优配置，具体协同模式如图 5-9 所示。直升机不仅独立服务于孤立灾区，还通过其剩余运力增强地面运输网络的灵活性，加速救援物资向普通受灾区的流动，进而缩短救援响应时间，显著提升资源利用效率和整体救援效能。

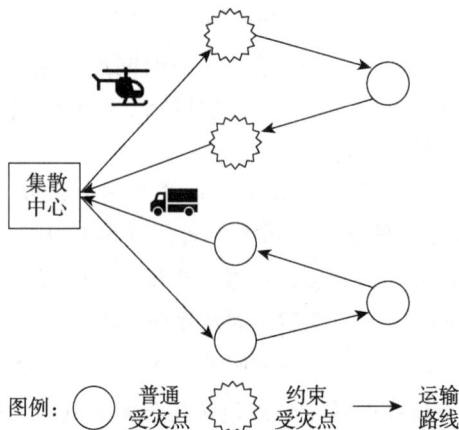

图例：○ 普通受灾点　　✧ 约束受灾点　　→ 运输路线

图 5-9 "直升机—车辆"协同运输示意图

考虑到能够及时调动的应急救助交通工具数量有限，一些直升机或是车辆救援运输工具可能会被反复派出进行多次物资的运送。假定一条子路径代表救援时的一次任务，那么一个救援工具的所有运输路径由其全部运输子路径构成。灾后，以集散中心作为起点，直升机以及救援车在完成一条子路径的物资运输后，均返回集散中心以重新装载物资进行下一次的配送，并据此循环往复，直至所有既定救援任务圆满完成。

考虑通行约束和运力限制的应急物资联合调度模型构建时的主要假设如下所述：①假定决策系统中包含一个物资集散中心与多个受灾点，各受灾点受特定通行约束限制，所有地点的地理位置及相互间的距离均已知。②暂不考虑物资分配和多样化资源配送问题，假定物资集散中心储备的物资量充足且种类单一，即所有救援运输工具（直升机、车辆等）仅负责单种物资的运输任务。③遥感飞机能够观测到灾害发生后物资运输路径的状态，故假定各受灾点的具体类型以及所需救援资源的需求量已知，且为优化救援效率，设定各受灾点仅接受一次救援访问。④假设可动用的直升机与车辆数量、各自装载容量均为已知，且平均速度不变，运行时长不受限制，同时忽略救援工具因维护而可能导致的服务中断时间。

该模型中相关参数及符号说明如下：采用一个有向完全图 $G=(V,A)$ 来刻画整个救援物资调度体系，其中 $V=\{0,1,2,\cdots,num\}$ 表示所有节点的集合，$\{0\}$ 代表救援物资集散中心，$V'=V/\{0\}$ 代表所有受灾点的集合，用 V'_c 代表那些有通行约束的受灾点集合，用 p 来表示这些带通行约束的受灾点的数量；用 $A=\{(i,j)|i,j\in V,i\neq j\}$ 表示救援物资调配网络的弧集；$K=K_1\cup K_2$ 是所有运输工具的集合，其中 $K_1=\{k|1,2,\cdots,k_1\}$ 代表直升机集合，$K_2=\{k|k_1+1,k_1+2,\cdots,k_1+k_2\}$ 代表地面车辆集合；D_i 表示节点 i 对救援物资的需求量；d_{ij} 表示节点 i 到节点 j 的距离，且有 $d_{ij}=d_{ji},i,j\in V$；N_k 代表运输工具 k 的子路径集合；g_k 表示救援运输工具 k 的单位距离运输成本；Q_k 表示运输工具 k 的最大承载容量；t^n_{ik} 表示运输工具 k 到达第 n 子路径中节点 i 的时刻，t^n_{0k} 代表运输工具 k 在第 n 条子路径上从集散中心出发的时刻，$t^n_{m+1,k}$ 表示运输工具 k 在第 n 条子路径上返回集散中心的时刻；s_i 表示运输工具在受灾点 i 实施物资救援工作的时长，$s_0=0$；c_k 代表运输工具 k 的固定成本费用；v_k 表示运输工具 k 的平均速度。

该模型的决策变量为：$x^n_{ijk}=\begin{cases}1,\text{其他运输工具}k\text{经由第}n\text{条子路径从节点}i\text{到节点}j\\0,\text{其他}\end{cases}$，其中 $(i,j)\in A,k\in K,n\in N_k$。

2）模型构建

在灾害应对与救援管理中，确保救援物资的及时供给至关重要。若长时间救援物资匮乏，不仅会错失救援伤亡人员的最佳时间，还可能引发受灾民众的心理恐慌情绪，不利于应急救援工作的开展。故将决策目标聚焦于最小化受灾地区物资等待时间的平均时长，即把追求各受灾点等待物资时间之和与受灾点数量的比值最小化作为首要目标，旨在提升救援效率：

$$f_1=\sum_{k\in K}\sum_{n\in N_k}\sum_{j\in V'}\frac{x^n_{ijk}t^n_{jk}}{num} \tag{5.83}$$

其中，num 是受灾点的数量；而 t_{jk}^n 的表达式为 $t_{jk}^n = t_{ik}^n + \dfrac{d_{ij}}{v_k} + s_i$，如前所述，$t_{ik}^n$ 是运输工具 k 抵达第 n 条子路径中节点 i 的时刻，s_i 是在受灾点 i 进行救援工作所需的时长，而应急救援运输工具从节点 i 到节点 j 的时长由两受灾点间的距离 d_{ij} 以及应急救援运输工具 k 的平均行驶速度 v_k 所决定。如此，对于 $x_{ijk}^n = 1$，救援运输工具 k 抵达受灾点 j 的时刻为 $t_{jk}^n = t_{ik}^n + \dfrac{d_{ij}}{v_k} + s_i$。假设忽略救援运输工具在集散中心装配应急物资的时间，那么下一条子路径的起始时刻等同上一条子路径直升机或车辆返回集散中心的时间，即 $t_{0k}^{n+1} = t_{m+1,k}^n$。

此外，由于直升机自身的保养和运行都需要较高成本，在进行救援的过程中还会产生优先通过费用、夜航和盲降保障费等其他成本，总体经济费用较高。为降低政府财政负担，模型第二位目标追求调用全部运输工具所耗费的成本最小化，具体包含运输工具的总派出和总运输成本。其中，运输工具的总派出成本为 $\sum\limits_{k \in K} \sum\limits_{n \in N_k} c_k$，救援运输工具的总运输成本为 $\sum\limits_{k \in K} \sum\limits_{n \in N_k} \sum\limits_{(i,j) \in A} d_{ij} x_{ijk}^n g_k$，第二个目标函数表达式如下：

$$f_2 = \sum_{k \in K} \sum_{n \in N_k} c_k + \sum_{k \in K} \sum_{n \in N_k} \sum_{(i,j) \in A} d_{ij} x_{ijk}^n g_k \tag{5.84}$$

如此，应急物资联合调度模型可表述为：

$$f_1 = \min \sum_{k \in K} \sum_{n \in N_k} \sum_{j \in V'} \frac{x_{ijk}^n t_{jk}^n}{num} \tag{5.85}$$

$$f_2 = \min \sum_{k \in K} \sum_{n \in N_k} c_k + \sum_{k \in K} \sum_{n \in N_k} \sum_{(i,j) \in A} d_{ij} x_{ijk}^n g_k \tag{5.86}$$

s.t.

$$\sum_{i \in V} x_{ijk}^n = \sum_{i \in V} x_{jik}^n, \forall j \in V, k \in K, n \in N_k \tag{5.87}$$

$$\sum_{k \in K} \sum_{n \in N_k} \sum_{i \in V} x_{ijk}^n = 1, \forall j \in V' \tag{5.88}$$

$$\sum_{k \in K_1} \sum_{n \in N_k} \sum_{i \in V} x_{ijk}^n = 1, \forall j \in V_c' \tag{5.89}$$

$$\sum_{i \in V} \sum_{j \in V'} x_{ijk}^n D_j \leqslant Q_k, \forall n \in N_k, k \in K \tag{5.90}$$

$$\sum_{n \in N_k} \sum_{j \in V'} x_{0jk}^n = \sum_{n \in N_k} \sum_{j \in V'} x_{j0k}^n, \forall k \in K \tag{5.91}$$

$$t_{ik}^n + \frac{d_{ij}}{v_k} + s_i - t_{jk}^n \leqslant (1 - x_{ijk}^n) M, \forall i, j \in V, k \in K, n \in N_k \tag{5.92}$$

$$t_{0k}^{n+1} = t_{m+1,k}^n, \forall k \in K, n \in N_k \tag{5.93}$$

$$x_{ijk}^n + x_{jik}^n \leqslant 1, \forall i, j \in V, k \in K, n \in N_k \tag{5.94}$$

$$x_{ijk}^n \in \{0,1\}, \forall i, j \in A, k \in K, n \in N_k \tag{5.95}$$

目标函数式（5.85）表示最小化受灾区域等待物资运送的平均时长。目标函数式（5.86）表示最小化应急调度系统总成本。式（5.87）定义了运输工具的流动性约束，即一旦到达某节点，必须继续前往其他节点，以确保运输的连续性。式（5.88）保证了各受灾点仅有一次获得救援服务的机会。式（5.89）规定了对于存在通行限制的受灾点，仅允许直升机提供且仅提供一次救援服务。式（5.90）严格规定从应急集散中心出发至各受灾点的物资总量不超过该救援运输工具的最大承载容量 Q_k。式（5.91）要求所有运输工具必须从集散中心出发，完成救援物资调度任务后最终返回至集散中心。式（5.92）通过引入大数 M 作为时间关系的调节项，精确描述了运输工具到达各受灾点的时间顺序，即当 $x_{ijk}^n = 1$，救援运输工具 k 经由第 n 条子路径从节点 i 到节点 j 时，到达 j 的时刻应满足不早于到达 i 的时刻加上在 i 点服务时长以及在路径 (i,j) 上的行驶时间；若 $x_{ijk}^n = 0$，由于 M 趋于正无穷，式（5.92）关系仍恒成立。式（5.93）表明救援运输工具 k 在第 n 条子路径上回到集散中心的时间与其在 $n+1$ 条子路径上离开集散中心的时间是相同的，以确保救援运输工具 k 配送物资的连续性。式（5.94）表示排除存在运输子回路的情况。式（5.95）是决策变量的类型约束。

上述所构的考虑通行约束和运力限制的应急物资联合调度模型本质上仍属于较为复杂的车辆路径优化范畴，其求解策略同样可借鉴并参照成熟的 VPR 问题求解算法。

4. 考虑效率和公平的跨区域协同应急救援路径优化模型

应急物资调配是灾后救援响应的关键环节，除快速有效等要求之外，对救援公平性的考量在人道主义场景中也很重要。传统上，大多应急调配模型均采用物资需求满足等救援绩效的客观指标来度量，如以需求满足比例为表征的救援覆盖率最大、未满足需求量的最小、对各灾民施救服务水平间的差异最小等，不过近年来也有研究学者开始从心理感知等主观角度去思考救援公平性问题。实际上，由于应急救援涉及人道主义运作，在应急决策中的确需要重视从心理层面对灾民痛苦、绝望、愤怒等负面情绪的缓解。

下面面向灾害波及多个不同区域的情形，构造相对剥夺成本来度量各受灾点处伤员遭遇痛苦的差异性，介绍一个带有时间窗限制、考虑灾害救援差异的跨区域伤员协同救援问题。具体而言，针对灾后"多出救点、多受灾点"场景下的伤员救援问题，构造相对剥夺成本来衡量各伤员遭受痛苦程度的差异性，以救援时间最短、各灾区伤员绝对和相对层面的心理遭遇痛苦程度最小作为决策目标，构建兼顾效率和公平的应急救援路径优化模型。该模型在两方面展现出创新：①选用剥夺成本来度量灾民灾后心理创伤，在控制运营层面的效率因素的同时（如成本、时间等），做好伤民所受绝对剥夺成本以及相对剥夺成本的权衡与兼顾。②面向灾害所涉多区域场景提出构建一个打破不同区域界限、跨区域伤员协同救援的创新模式。

1）建模准备

研究问题的场景描述如下：某突发灾害的爆发对一些相邻区域内多个地点造成不同程度的影响。每个区域内均设有一个医疗中心，若干救援车辆从各医疗中心出发，对各自所属区域管辖范围内的所有受灾点处伤员实施救援后将其送回医疗中心，要求在应急救援所耗时间最短，且各伤员遭受心理痛苦及差异化程度最低的决策目标下对伤员救援路径进行选择。

（1）模型假设条件。构建考虑效率和公平的跨区域协同应急救援路径优化模型需要遵循以下假设条件：①各区域内有且仅有一个医疗中心，在救援行动开始时医疗中心处没有待救伤员，故不受救援时间窗限制。②相邻区域各受灾点位置和待救伤员数量均已知。③救援车辆数不限且车型相同，车辆最大荷载人数唯一并已知，且任意一个受灾点内伤员数量不超过单车容量。④各受灾点接受有且仅有一辆车对伤员实施救援。⑤救援车辆在各受灾点处停留时间与该受灾点内伤员人数成正比。⑥救援车辆穿梭于各受灾点间的行驶速度与各受灾点间道路受损程度相关。⑦由于受灾害影响程度不同，各区域受灾点内伤员救援的时间窗约束、以及伤员在途可坚持时长（伤员从被接上各救援车辆到顺利至医疗中心接受救治这整个过程中能容忍的最大时间间隔）均存在差异。⑧医疗中心派出的车辆在各区域独自应急的不协同情形下仅负责救援本区域内各受灾点，在协同应急策略下可对其他区域内受灾点处伤员实施救援。

（2）模型符号说明。该模型的相关参数与符号说明如下：

灾害影响总共 H 个区域，任意相邻的两个区域记作 h 和 $h+1$，所有区域的集合表示为 $\mathcal{H} = \{1, 2, \cdots, h, h+1, \cdots, H\}$。各区域内有 N 个受灾点，任一受灾点记作 i 或 j，受灾点的集合表示为 $\mathcal{N} = \{1, 2, \cdots, i, \cdots, j \cdots, N\}$，另用 $\mathcal{N}'$ 和 $\mathcal{N}''$ 分别表示以距离和时间为区域划分原则下的受灾点集合。医疗中心共有 K 辆救援车辆，任一救援车辆记为 k，所有车辆的集合表示为 $\mathcal{K} = \{1, 2, \cdots, k \cdots, K\}$，每辆车荷载限制人数为 W_k。所有救援车辆均从各区域内医疗中心出发，遍历若干受灾点后返回医疗中心，特用 m 来表示医疗中心。

区域 h 内受灾点 i 与点 j 间的距离表示为 d_{ij}^h，用 d_{im}^h 特指区域 h 内受灾点 i 与该区域医疗中心 m 间的距离。另用 $d_{im}^{h,h+1}$ 来表示区域 $h+1$ 处的医疗中心 m 到区域 h 内受灾点 i 的距离，而 $d_{im}^{h+1,h}$ 相应是区域 h 处医疗中心 m 到区域 $h+1$ 内受灾点 i 的距离。车辆 k 在区域 h 内从受灾点 i 行驶到点 j 所耗时间为 t_{ijk}^h，而 t_{imk}^h 表示车辆 k 在区域 h 内从受灾点 i 到该区域医疗中心 m 处所需的行驶时间。类似地，$t_{imk}^{h,h+1}$ 是车辆 k 从区域 $h+1$ 处医疗中心 m 到区域 h 内受灾点 i 所花费的时间，$t_{imk}^{h+1,h}$ 则是车辆 k 从区域 h 处医疗中心 m 到区域 $h+1$ 内受灾点 i 所耗时间。Γ_{ik}^h 表示区域 h 受灾点 i 处伤员等待车辆 k 救援时心理所感知的绝对剥夺成本，区域 h 内受灾点 i 与 j 处伤员等待车辆 k 救援所承受的相对剥夺成本用 $\mathrm{R}\Gamma_{ijk}^h$ 表示。

未受灾情况下车辆 k 在区域 h 内从受灾点 i 到点 j 间的平均行驶速度为 V_{ijk}^{h0}，V_{ijk}^h 表示灾害发生后救援车辆 k 在区域 h 内从受灾点 i 到点 j 路段上的平均通行速度，ε_{ijk}^h 表示车辆 k 在区域 h 内从点 i 到 j 路段上受灾害影响的速度衰减系数。区域 h 内受灾点 i 处需要被救援的伤员人数用 q_i^h 来表示；救援车辆必须在时间窗 $[0, a_i^h]$ 内到达各区域受灾点处，区域 h 内受灾点 i 处伤员在途可坚持时长为 b_i^h；t_{ik}^h 是车辆 k 在区域 h 内受灾点 i 处接收每位伤员上车所耗费的时间。用 0-1 决策变量 x_{ijk}^h 来刻画应急救援路径的选择，$x_{ijk}^h = 1$ 意味着救援车辆 k 途经区域 h 内受灾点 i 与 j 之间，$x_{ijk}^h = 0$ 则表示未经过。另一决策变量 s_{ik}^h 的含义是车辆 k 到达区域 h 受灾点 i 处的时刻，而 s_{mk}^h 特指车辆 k 返回区域 h 内医疗中心处的时刻。

（3）绝对和相对剥夺成本。借鉴文献[26][27]，采用剥夺成本来度量伤员在未收到救援物资时所承受痛苦的程度。不过与文献[26][27]中的剥夺成本存在两处不同，为示区别，下文将其称为绝对剥夺成本。

其一，这里认为伤员心理创伤的主观感受应随应急救援过程的实施呈三阶段形态，即绝对剥夺成本，其概率密度函数表达如下：

$$f(t) = \begin{cases} e^{g_1 t} + e^h, 0 \leq t < s_{ik}^h \\ -g_2 t + h_2, s_{ik}^h \leq t < s_{ik}^h + t_{ik}^h \cdot q_i^h (\forall i \in \mathcal{N}, k \in \mathcal{K}, h \in \mathcal{H}) \\ e^{g_3 t} + e^{h_3}, s_{ik}^h + t_{ik}^h \cdot q_i^h \leq t \leq s_{mk}^h \end{cases}$$

首先，灾害发生后，各灾区伤员在等待车辆救援时，其自身遭遇的绝对剥夺成本随等待时长呈指数上升；其次，车辆抵达灾区，接收伤员上车并实施初步的医疗救助，在此期间伤员痛苦开始缓解，绝对剥夺成本被视为呈线性下降态势；最后，车内伤员在被送至医疗中心的在途行驶过程中，所感知的绝对剥夺成本随行驶时间增加仍出现新的指数上升趋势，鉴于伤员已得到初步医疗救助，故此阶段上升速率相较第一阶段有所趋缓。

其二，为强调人道主义应急救援中的公平性原则，在用三阶段绝对剥夺成本度量各伤员心理遭遇痛苦主观感受的基础上，提出相对剥夺成本概念，通过衡量不同伤员心理创伤的差异性来表征救援的公平性。对相对剥夺成本进行度量的思路来源于经济学中的运用基尼系数来衡量居民收入差距，目的在于通过最小化相对剥夺成本来实现从心理感知层面对救援公平性的保障。事实上，有很多种方式能够被用来刻画代表差异性的相对剥夺成本，如最小化最大值、最小化范围度量、最小化绝对偏差、最小化标准差或最小化基尼系数等。采用最小化任意两受灾点处伤员绝对剥夺成本间的绝对偏差，来刻画用以反映公平性的相对剥夺成本函数，即 $R\Gamma_{ijk}^h = |\Gamma_{ik}^h - \Gamma_{jk}^h|$。

2）模型构建

在伤员救援路径选择中，通过不仅考虑如何令各救援车辆行驶总时长最短，同时关注各灾区伤员承受的绝对和相对剥夺总成本最低等多个决策目标，构建出兼顾效率和公平的跨区域协同应急救援路径优化模型如下：

$$Z_1 = \min \sum_{h \in \mathcal{H}} \sum_{k \in \mathcal{K}} \sum_{i,j \in \mathcal{N}} t_{ijk}^h \cdot x_{ijk}^h \tag{5.96}$$

$$Z_2 = \min \sum_{h \in \mathcal{H}} \sum_{k \in \mathcal{K}} \sum_{i \in \mathcal{N}} \Gamma_{ik}^h \tag{5.97}$$

$$Z_3 = \min \sum_{h \in \mathcal{H}} \sum_{k \in \mathcal{K}} \sum_{i,j \in \mathcal{N}} R\Gamma_{ijk}^h \cdot x_{ijk}^h \tag{5.98}$$

s.t.

$$V_{ijk}^h = V_{ijk}^{h0} \cdot \varepsilon_{ijk}^h, \forall i,j \in \mathcal{N}; k \in \mathcal{K}; h \in \mathcal{H} \tag{5.99}$$

$$t_{ijk}^h = d_{ij}^h / V_{ijk}^h, \forall i,j \in \mathcal{N}; k \in \mathcal{K}; h \in \mathcal{H} \tag{5.100}$$

$$\Gamma_{ik}^h = \int_0^{s_{ik}^h} (e^{g_1 t} + e^h) dt + \int_{s_{ik}^h}^{s_{ik}^h + t_{ik}^h \cdot q_i^h} (-g_2 t + h_2) dt +$$

$$\int_{s_{ik}^h + t_{ik}^h \cdot q_i^h}^{s_{mk}^h} (e^{g_3 t} + e^{h_3}) dt, \forall i \in \mathcal{N}; k \in \mathcal{K}; h \in \mathcal{H} \tag{5.101}$$

$$\mathrm{R}\Gamma_{ijk}^{h} = |\Gamma_{ik}^{h} - \Gamma_{jk}^{h}|, \forall i, j \in \mathcal{N}; k \in \mathcal{K}; h \in \mathcal{H} \tag{5.102}$$

$$\sum_{k \in \mathcal{K}} \sum_{j \in \mathcal{N}} x_{ijk}^{h} = 1, \forall i \in \mathcal{N}; h \in \mathcal{H} \tag{5.103}$$

$$\sum_{i \in \mathcal{N}} q_{i}^{h} \sum_{j \in \mathcal{N}} x_{ijk}^{h} \leqslant W_{k}, \forall k \in \mathcal{K}; h \in \mathcal{H} \tag{5.104}$$

$$\sum_{j \in \mathcal{N}} x_{mjk}^{h} = 1, \forall k \in \mathcal{K}; h \in \mathcal{H} \tag{5.105}$$

$$\sum_{i \in \mathcal{N}} x_{ipk}^{h} - \sum_{j \in \mathcal{N}} x_{pjk}^{h} = 0, \forall p \in \mathcal{N}; k \in \mathcal{K}; h \in \mathcal{H} \tag{5.106}$$

$$\sum_{i \in \mathcal{N}} x_{imk}^{h} = 1, \forall k \in \mathcal{K}; h \in \mathcal{H} \tag{5.107}$$

$$s_{ik}^{h} + t_{ik}^{h} \cdot q_{i}^{h} + t_{ijk}^{h} \leqslant s_{jk}^{h} + B \cdot (1 - x_{ijk}^{h}), \forall i, j \in \mathcal{N}; k \in \mathcal{K}; h \in \mathcal{H} \tag{5.108}$$

$$s_{ik}^{h} \leqslant a_{i}^{h}, \forall i \in \mathcal{N}; k \in \mathcal{K}; h \in \mathcal{H} \tag{5.109}$$

$$s_{mk}^{h} - s_{ik}^{h} \leqslant b_{i}^{h} \quad \forall i \in \mathcal{N}; k \in \mathcal{K}; h \in \mathcal{H} \tag{5.110}$$

$$s_{ik}^{h} \geqslant 0, x_{ijk}^{h} \{0,1\} \quad \forall i, j \in \mathcal{N}; k \in \mathcal{K}; h \in \mathcal{H} \tag{5.111}$$

目标函数（5.96）、目标函数（5.97）和目标函数（5.98）分别表示应急救援车辆行驶总时长、伤员遭遇的绝对和相对剥夺总成本最小化；约束条件（5.99）刻画救援车辆的行驶速度随灾害影响速度衰减系数的改变而变化；式（5.100）是行驶速度、时间和距离之间的关系表达；式（5.101）和式（5.102）分别是伤员感知的绝对和相对剥夺成本函数表达式；约束条件式（5.103）保证对各受灾点处伤员予以施救，且每个受灾点仅有一辆车前往救援；式（5.104）确保救援车辆救助若干受灾点处的伤员总人数不超过该车辆荷载容量限制；式（5.105）、式（5.106）和式（5.107）为标准流量守恒约束，表明各救援车辆从医疗中心出发并最终返回医疗中心；约束条件式（5.108）是车辆抵达前后两受灾点处分别实施伤员救援的时间关联约束，其中 B 代表一个极大的数；式（5.109）是救援车辆到达各区域受灾点处的不同时间窗约束；式（5.110）是对不同区域受灾点处伤员在途可坚持时间窗的约束，以保障伤员能在各自可容忍时长内被顺利送抵医疗中心接受救治；式（5.111）是各决策变量的类型约束。

3）不同区域划分原则下的协同应急救援策略

上述所构模型中存在区域划分的两种原则，具体分别是以距离和以时间为区域划分。在讨论这不同的区域划分原则之前，需先定义各区域独自应急救援的不协同情形：各区域医疗中心派出的车辆仅负责救援本区域内受灾点处伤员，即不协同应急时车辆救援各区域的受灾点集合仍为 $\mathcal{N} = \{1, 2, \cdots, i, \cdots, j \cdots, N\}$。

（1）以距离远近为区域划分的协同原则。以距离远近为区域划分的协同原则是指：面对灾害影响的不同区域，不受固有行政区域的约束，考虑将一些相较而言更靠近邻近区域医疗中心处的受灾点（如遍布在某区域边缘的一些受灾点）划入邻近区域，以作为邻近区域医疗中心施救的对象。这种区域划分方法与商业物流网络中采取从距离最近配送中心调配物资来满足需求的原则相类似，以运输距离的长短作为车辆路径调度的依据。显然，在其他客观因素均相同的条件下，根据距离远近来重新划分区域的协同应急策略将缩短救援车辆行驶的总路程，运输成本相应减少，具有一定经济效益。在该区域划分原则下，协同救援的受灾点集合被调整为 $\mathcal{N}' = \mathcal{N} \cup \{i \mid d_{im}^{h+1,h} \leqslant d_{im}^{h+1}\} \setminus \{i \mid d_{im}^{h,h+1} \leqslant d_{im}^{h}\}$，即把区域 h 内更靠近区域 $h+1$ 医疗中心的受灾点划出并入区域 $h+1$，且将邻近区域 $h+1$ 内更靠近区域 h 医疗中心的受灾点划出并入区域 h。

（2）以行驶时间长短为区域划分的协同原则。以距离远近为区域划分的原则，虽然能够保证车辆通行路程最短，但由于突发灾害发生后有时道路受损情况不一，严重地区甚至可能出现道路完全阻断、无法通行的情况，故也考虑以救援车辆行驶时间长短为区域划分的如下协同原则：将一些相较而言行驶至邻近区域医疗中心所耗时间更短的受灾点划入邻近区域，以作为邻近区域医疗中心施救的对象。这种以行驶时间为依据来划分区域的方法能够保证救援所耗总时长最短，该原则下协同救援的受灾点集合被调整为 $\mathcal{N}'' = \mathcal{N} \cup \{i \mid t_{imk}^{h+1,h} \leqslant t_{imk}^{h+1}\} \setminus \{i \mid t_{imk}^{h,h+1} \leqslant t_{imk}^{h}\}$，即把区域 h 内能更快行至区域 $h+1$ 医疗中心的受灾点划出并入区域 $h+1$，同时将邻近区域 $h+1$ 处能够更快行驶到区域 h 医疗中心的受灾点纳入区域 h。

5.3　恢复重建中的应急物流规划

随着突发事件事态逐渐得到控制，应急管理活动自然而然地进入到恢复与重建阶段，此时应急物流规划的重心亦随之调整，由初期的以抢险救灾为主导，转变为全力支撑后续的恢复与重建工作。恢复重建，是指有效控制突发事件之后，为恢复社会正常状态和秩序所进行的各种善后工作，它不仅要求尽快恢复灾损设施以实现社会生产生活的复原，将灾害影响降到最低，同时还要贯彻可持续发展的理念，把恢复重建作为增强社会防灾减灾能力的契机，以整体提升全社会抵御风险的水平。在恢复重建的进程中，应急物流规划扮演着至关重要的角色，其核心任务是为各项恢复与重建活动提供高效、精准的物流保障。尤其，在恢复重建过程中，对所制定的应急物流规划进行全面而深入的综合评价是不可或缺的重要环节。通过较客观的综合评价，可精准识别应急物流规划中存在的问题与短板，为后续的改进与提升提供有力依据，进而推动应急管理整体效能的提升，完善整个应急管理规划体系的构建。

鉴于此，本节首先从恢复重建的基础理论出发，其次深入剖析恢复重建过程中调查评价的核心原则与实施流程，最后在介绍两种经典评价方法的基础上，特别聚焦于应急物流规划在恢复重建中的实践应用，重点介绍一些主流且适用于应急场景的评价模型与方法。这些评价模型与方法不仅为应急物流规划的持续优化提供有力指导，也可一定程度上促进恢复重建阶段的学习与积累过程，为未来有效应对类似突发事件提供宝贵的参考与借鉴。

5.3.1　恢复重建中的调查与评价

1. 恢复重建基础理论

恢复重建是消除突发事件短期、中期和长期影响的重要过程，主要包括两类活动：①恢复，使社会生产生活运行恢复常态。②重建，对因突发事件影响而不能恢复的设施等进行重新建设。恢复重建不仅意味着补救，也意味着发展，需要在消除突发事件影响的过程中除旧布新。从这个角度看，恢复重建既包含挑战，也蕴藏着机遇，是突发事件处置过程中实现转"危"为"机"的关键环节。

1）恢复重建的任务

恢复重建通常包括以下四种活动：①最大限度地限制灾害结果的升级。②弥合或弥补社会、情感、经济和物理的创伤与损失。③抓住机遇进行调整，以满足人们对社会、经济、自然和环境的需要。④减少未来社会所面临的风险。

从总体上看，突发事件的影响主要可分为四类：社会影响、环境影响、经济影响和心理影响。而恢复重建的任务就是以消除突发事件影响为基础，以谋求未来发展为导向。

（1）消除社会影响。为了消除突发事件的社会影响，恢复重建需要恢复社会生活秩序，为社会公众提供基本的民生保障，使整个社会呈现常态运转的态势。在此过程中，恢复重建要注意三方面的问题：①严防次生灾害的发生，以确保灾区公众的安全。②保障灾后突然激增的一些物资的供应需求，如药品等。③特别关注老人、儿童、残疾人等弱势群体，尽量满足其特殊需要。

（2）消除环境影响。突发事件的环境影响可分为两类：人工环境影响和自然环境影响。从人工环境的角度看，恢复重建要完成的任务包括：修复或重建居民住房，尽快使灾民安居乐业；修复或重建商业设施或工业生产设施，确保商业和工业生产运转的持续性，保持受灾地区的经济活力和发展的连续性；恢复或重建农村基础设施，保证农业生产的顺利进行；恢复或重建关键性的公共设施；恢复或重建"生命线"设施，尤其水、电、气、热、通信、交通等基础设施及服务支撑系统的问题需要优先得到解决。从自然环境的角度看，恢复重建要完成的任务主要有：尽快恢复灾害事件所属生态系统的破坏；废物的处理及污染的管理。尤其在恢复重建初期，突发事件及其应对活动所产生的废物和污染问题必须妥善加以解决，以严防大灾引发大疫。

（3）消除经济影响。消除突发事件的经济影响可以从个人、企业、政府三个层面来加以审视：①个人在恢复重建中需要得到支持和帮助以维持生计，如确保就业安全等。②在恢复重建中，有关部门要帮助企业尽快恢复或重建生产设施，最大限度地保护企业的财产安全，如为企业提供有关决策与规划的信息，或通过刺激消费者信心增长的方式帮扶企业等。③政府在恢复重建过程中要发挥对宏观经济的调控作用，如对灾区企业实施税收减免政策、为个体经营者提供小额贷款等。

（4）消除心理影响。突发事件往往会给一定数量社会公众造成负面的心理影响，甚至造成严重的心理创伤。对此，应急部门在恢复重建的过程中，要注意为这部分社会公众提供心理咨询服务、开展心理危机干预、进行心理辅导。

2）恢复重建的步骤与阶段

灾后恢复重建的步骤一般可概括为：成立重建领导组织、核查灾区灾情、明确灾区范围与恢复方针、提出灾区恢复重建规划并进行审定、制订每一项重建工程的具体计划并进行审定、落实恢复重建计划的资金及材料供应、实施恢复重建规划与计划、依照法规和条例对恢复重建工程进行核查验收并进行质量评定和财务审计。

案例 5-2

基于上述恢复重建的步骤，可以将其基本过程概括为以下四个阶段：准备阶段、计划阶段、实施阶段及验收阶段。同时，本书认为恢复重建的过程还应包括反思阶段，如此，五阶段过程如图 5-10 所示。

图 5-10　恢复重建的过程

（1）准备阶段。建立突发事件恢复重建领导小组，主要负责对受灾地区的状况进行全面评估，并给出损失评估报告。

（2）计划阶段。恢复重建领导小组根据第一阶段损失评估情况，制订具有针对性的恢复重建计划，并向执行部门和社会公众公布。

（3）实施阶段。为恢复重建工作动员、准备、整合各种资源，实施恢复重建计划，包括住房的恢复重建、经济的恢复重建、灾害的损失补偿、管理使用应急救灾资金以及心理干预等方面。

（4）验收阶段。对恢复重建工作进行验收与评估。

（5）反思阶段。从整个应急管理体系角度，对恢复重建工作进行反思，并将经验和教训纳入未来防灾减灾的规划中。

2. 恢复重建中有关应急物流规划的评价

在灾后恢复重建的过程中，对整个应急物流规划进行全面而科学的评价十分重要且必要。它不仅是对过往应急响应效率与效果的深刻反思，更是确保未来能够准确地存储并迅速、有序地调配救援资源的重要手段。通过全面客观的综合评价，能识别出应急物流规划中的亮点与不足，为后续的优化调整提供明确方向，从而构建起更加高效、灵活的应急规划体系，以更好地应对未来可能发生的各种突发事件，保障人民生命财产安全与社会稳定。

1）应急物流规划的调查评价原则

调查是一个系统过程，它遵循既定的流程，由指定的个人、小组或委员会等主体执行，旨在收集关于特定事件、部门、项目或政策等对象的详尽信息。不过，获取这些信息本身并非终点，而是作为后续分析的基石，通过获得相关信息，进而对这些信息加以规范性的判断，这一判断的过程就是评价。调查评价作为一种广泛存在的社会活动，同样在应急管理工作中发挥着重要作用，在此介绍如何对突发事件应对中的应急物流规划进行详尽调查与科学评价。

应急物流规划的调查评价工作，对于发现应急物流管理工作中的问题以及改进和完善应急物流管理乃至整个应急规划体系具有重要意义。值得注意的是，在进行调查评价时，需要遵循一定的原则和流程，以保证调查评价结果的客观性和准确性，具体而言，主要包括以下几个方面。

（1）独立性原则。调查评价的独立性主要表现在几方面：不应受到决策层政治倾向的影响；不应受到执行部门态度的影响；不应受到利益群体的影响；不应受到社会公众或媒体压力的影响；不应受到物质和经济利益的影响。保证调查评价的独立性主要依靠调查评价机制的设计，例如要求由高一级政府组织评价，或者引入第三方评价的方式，当然，对于评价者的选择也至关重要。

（2）客观性原则。独立性原则的目的之一在于客观性，要求调查评价主体在既有知识、信息、技术和方法等客观条件下，尽量维持调查评价活动和结果的客观性。调查评价活动更多是一个辅助性环节，而非决策性环节，其目的是发现整理信息，并在此基础上进行符合逻辑和有限度的推理，应尽量避免掺杂评价者主观性的论断。

（3）科学性原则。实现客观性原则的关键是在调查评价过程中坚持科学性，采用科学的工具和方法调查并获取突发事件和应急物流管理的相关信息，杜绝主观、武断、缺乏证据的判断。在客观事实、证据和结论之间要给予科学、符合逻辑的论证。

（4）规范性原则。为了达到独立性和客观性，调查评价活动必须遵循一定的规范，需要对评价主体、评价程序、评价原则、评价经费的使用、评价责任的追究以及评价结果的使用和公开等内容，都做出明确、详细的规定，以此保证评价的科学性、有效性，规范评价者的行为。

（5）经济性原则。调查评价活动获取信息是需要成本的，并且这种信息与成本的关系并非是线性的。为了获得更为详细、具体的信息，付出的成本可能会大大增加。此时，就需要考虑发现信息与付出成本之间的平衡，即经济性原则。评价者要把调查评价的范围、深度和精度控制在一个有效的、可接受的程度。

（6）发展性原则。调查评价不仅服务于调查评价设立的特殊性目标，还在一定程度上担负着探索、发现一般性知识和规律的任务。在此过程中，可以实现对调查评价对象更深层次的认知，从而为调查评价对象的改进和发展提供更大的可能性。因此，调查评价必须将改进和完善应急管理工作列作为核心目的，建设性地开展相关调查评价工作。

2）应急物流规划的调查评价流程

应急物流规划的调查评价工作，须在不影响突发事件应急处置的前提下尽快开展。理想状态下，调查评价工作组应在突发事件发生后就立即参与灾后应急物流管理全过程，以保证获取第一手资料。不过在现实情况下，应急物流规划调查评价工作常常在突发事件处置结束后才组织开展。大体上来看，应急物流规划调查评价的流程如图5-11所示。

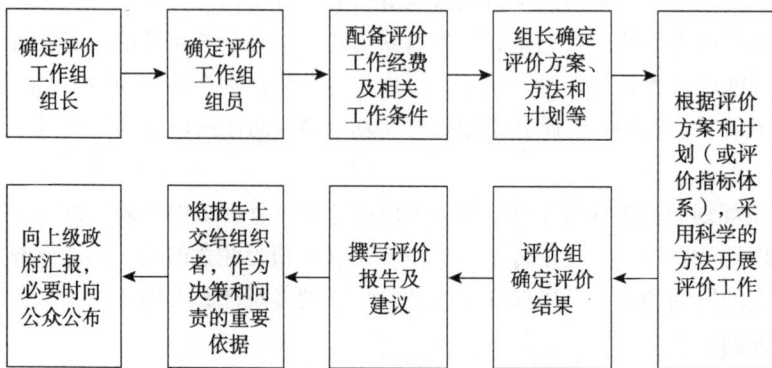

图5-11　应急物流规划调查评价的流程

首先，应急物流规划调查评价工作的组织者应根据突发事件的性质、规模等因素，确定合适人选担任评价工作组组长，并确定工作组的组员。其次，应根据评价工作组组长制定的调查评价工作方案、计划和经费预算，提供相关工作经费和其他工作条件。最后，由工作组组长确定评价方案、方法和评价计划，并依据已确定的评价方案和计划来指导组员采用科学的方法开展评价工作。

事实上，因突发事件的级别不同，相应的应急物流规划调查评价工作的周期也常不同：特别重大突发事件（Ⅰ级），评价工作周期在 4～6 个月；重大突发事件（Ⅱ级），评价工作周期在 2～4 个月；较大突发事件（Ⅲ级），评价工作周期在 1～2 个月；一般突发事件（Ⅳ级），评价工作周期在 1 个月以内。

经过全面而仔细的评价工作后，需由评价组来确定最终的评价结果，并撰写评价报告及建议。调查评价报告完成后，应提交给调查评价工作的组织者，以作为相关决策和问责的重要依据。需要注意的是，应急管理相关办事机构应把评价报告纳入奖惩考评等绩效考核体系中，并采取适当措施对评价报告提出的各项改进措施和工作建议给予回应，尤其对其中有参考价值部分适时开展后续的可行性研究和政策制定工作。当然，调查评价的组织者应当将最终的评价报告向上级人民政府汇报，如果受到社会公众广泛关注，可适时以适当的方式将评价报告向公众公布。

5.3.2 经典评价模型与方法

评价就是基于评价对象过去或当前一段时间内的相关信息，对其进行客观、公正、合理的全面考量。评价的目的是根据一些属性指标来综合判断确定这些被评价对象运行（或发展）状况的优劣，并按优劣对各评价对象进行排序或者分类。常用的评价方法有层次分析法、主成分分析法、灰色关联度分析法、熵权法，以及模糊综合评价法等。这里详细介绍灰色综合评价法。

灰色综合评价法是一种基于灰色关联度分析的综合性评估方法，它旨在深度剖析系统内各要素之间的内在联系，通过量化评估各因素对目标值影响的显著性，精准识别出关键驱动因子。这一过程不仅有助于深刻把握研究对象的主要特性与规律，而且能够为被评价对象的优化、调控及高效发展提供科学依据和导向作用。而灰色关联度分析是系统态势的量化比较分析，其实质是比较若干数列所构成的曲线与理想（标准）数列所构成的曲线几何形状的接近程度，几何形状越接近，其关联度越大。换言之，关联度反映的是各评价对象对理想（标准）对象的接近次序，以及评价对象的优劣次序，其中灰色关联最大的评价对象为最佳。同时，灰色关联分析对样本的数量要求不高，在系统数据资料较少和条件不满足统计要求的情况下更具有实用性，且其计算过程简单、计算量小、适用性较强。在此简要介绍基于灰色关联度分析的灰色综合评价法的模型与步骤。

1）确定比较序列

比较序列是各评价对象的观测数据序列，假设 m 为指标的个数，n 为数据序列的个数，记 $(X_1', X_2', \cdots, X_n') = \begin{bmatrix} x_1'(1) & x_2'(1) & \cdots & x_n'(1) \\ x_1'(2) & x_2'(2) & \cdots & x_n'(2) \\ \vdots & \vdots & \vdots & \vdots \\ x'(m) & x_2'(m) & \cdots & x_n'(m) \end{bmatrix}$。

2）确定参考序列

参考序列是由各指标的最优值（或最劣值）组成，例如，第 j 项指标是数值越大越好，那么 $x_0(j)$ 即为 n 个被评价对象第 j 项指标实际值的最大值；若第 j 项指标是数值越小越好，那么 $x_0(j)$ 即为 n 个被评价对象第 j 项指标实际值的最小值。也可根据评价目的来选择其他参照值，记 $X_0' = (X_0'(1), X_0'(2), \cdots, X_0'(m))$。

3）对参考序列和比较序列进行无量纲化处理

因为各项评价指标代表的意义不同，很难进行直接比较，故需对原始数据进行无量纲化处理，常用的无量纲化处理方式有极值化、标准化以及均值化等。对数据进行无量纲化处理之后的数据序列会形成如下矩阵：

$$(X_0, X_1, \cdots, X_n) = \begin{bmatrix} x_0(1) & x_1(1) & \dots & x_n(1) \\ x_0(2) & x_1(2) & \dots & x_n(2) \\ \vdots & \vdots & \vdots & \vdots \\ x_0(m) & x_1(m) & \cdots & x_n(m) \end{bmatrix}$$

4）计算极差

计算各评价对象比较序列和参考序列的对应指标和元素的绝对差值，表达式为 $\Delta_i(k) = |x_0(k) - x_i(k)|$。

5）求两级最大差和两级最小差

将两级最大差和两级最小差分别记为 $M_1 = \max_{i=1}^{n} \max_{k=1}^{m} \Delta_i(k)$ 和 $M_2 = \min_{i=1}^{n} \min_{k=1}^{m} \Delta_i(k)$。

6）计算灰色关联系数

灰色关联系数用于量化评价对象（即比较序列）与参考序列之间各对应指标和元素的关联程度，可用以下式子逐个计算灰色关联系数：

$$\delta_i(k) = \frac{\rho \max_{i=1}^{n} \max_{k=1}^{m} H_i(k) + \min_{i=1}^{n} \min_{k=1}^{m} \Delta_i(k)}{\Delta_i(k) + \rho \max_{i=1}^{n} \max_{k=1}^{m} \Delta_i(k)}$$

其中，$\Delta_i(k)$ 表示第 i 个评价对象在第 k 个指标上与参考序列的差异量；ρ 为分辨系数，$\rho \in (0,1)$，通常取 $\rho = 0.5$ 以平衡关联度的敏感性与稳定性。值得注意的是，$\delta_i(k)$ 的值越小，反映了该评价对象在特定指标上与参考序列的相似度越低，即关联度越弱；相反，较大的 $\delta_i(k)$ 值则显示出较强的关联度。

7）计算灰色关联度

在计算灰色关联度之前，可采用层次分析法等方法确定各指标对应的权重，可记为 W_k，基于 W_k 构建灰色加权关联度的表达式为

$$\gamma_i = \frac{1}{n} \sum_{k=1}^{n} W_k \delta_i(k)$$

式中，用 γ_i 代表第 i 个评价对象的灰色加权关联度；$\delta_i(k)$ 体现第 i 个评价对象在第 k 个指标上的关联紧密程度；W_k 是第 k 个指标的权重，反映了各指标在综合评价中的重要程度。

如此，通过计算各评价对象的灰色加权关联度，能较为系统、客观地反映它们与理想

状态或参考序列之间的接近程度。具体而言，根据 γ_i 值的大小，对评价对象进行排序，关联度值越大，表明该对象与理想状态或评价标准的一致性越高，故对其评价的结果越优。

综上所述，层次分析法与灰色综合评价法作为主流的评价方法，均强调定量与定性分析的结合，且都具有较广的适用性。不过，这两种方法也均在一定程度上受到评价者主观偏好的影响，可能致使评价结果存在一定偏差。须强调的是，层次分析法以其高度的系统性著称，擅长应对多目标、多准则且量化难度大的复杂决策情境，但一致性检验的严苛性有时也大大限制了其应用，如遇到同层次指标过多时常常无法顺利通过检验。相比之下，灰色综合评价法在处理模糊和不确定性环境时展现出更高的精确性，且对样本量需求较低是其显著优势，然而面对大规模数据或复杂系统，灰色综合评价模型的复杂度与计算量可能明显增加。因此，在实际评价过程中，须基于问题的具体特性灵活选择适用的评价方法。

5.3.3　应急物流规划评价模型与方法

相较于一般系统，面对突发灾害事件的应急物流规划体系具有一些独有的特征，包括高度的不确定性、多元化的影响因素、复杂的相互联系，以及多元化的目标追求。因此，在介绍了经典的层次分析法与灰色综合评价法的基本原理与关键步骤后，为了更精准、更高效地评估应急物流规划体系，本节拟聚焦于三种更复杂的评价模型与方法，分别是：网络层次分析法（analytic network process，ANP）、熵权-TOPSIS（entropy-weighted technique for order preference by similarity to ideal solution）综合评价法，以及数据包络分析（data envelopment analysis，DEA）-模糊综合评价法。

1. 网络层次分析法

如前述，层次分析法的一个显著局限性在于其未能充分纳入元素间潜在的相互作用与影响机制。而面对一些复杂的系统结构，尤其是同一层级内的元素，往往展现出不同程度的相互依赖与反馈效应。以应急物流规划为例，若将应急物流规划过程中涉及的要素大致分为基础要素（应急物流中心、运输网络、物流装备、应急物资、应急资金、人力资源等）、技术要素（物流技术、信息处理等）和管理要素（应急响应、政府协调、成本控制、社会动员等），那么应急物流管理要素需要在技术要素的帮助下，组织基础要素才能发挥其作用，才能承担起救灾指挥、组织协调、应急决策等职能。由此可见，层次分析法在解析此类包含复杂元素间相互作用与影响的系统时，其准确性存在明显不足。基于此，Saaty 教授于 1996 年提出了一种适应非独立的递阶层次结构的决策方法，即网络层次分析法，它能够更准确地描述客观事物之间的联系，可以说是一种由层次分析法延伸发展得到的适用范围更广、准确性和真实性更高的评价方法。

1）网络层次分析法的基本概念

（1）网络层次分析法的结构。网络层次分析法将系统元素划分为两大部分（见图 5-12），控制因素层与网络层，以体现更清晰的逻辑分析和决策过程。

第一部分为控制因素层：该层核心由问题目标及若干决策准则构成。每个决策准则均被视为独立于其他准则，并直接服务于目标元素，即所有准则均直接受目标元素单一支配。值得注意的是，尽管决策准则是构建此层的关键部分，但在某些情况下，控制因素层中可能不包含具体的决策准则，但至少要有一个明确的目标存在，以指导后续分析。

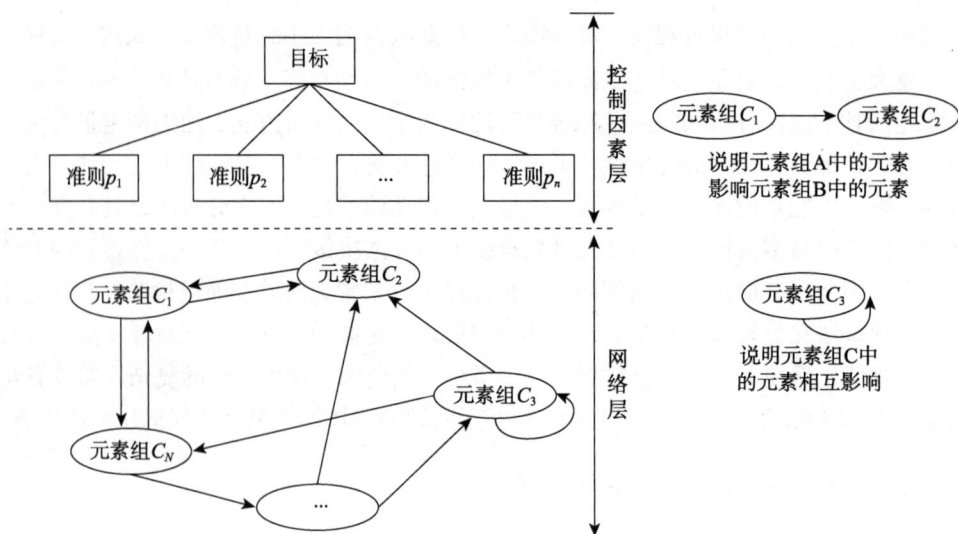

图 5-12　网络层次分析法的结构

第二部分是网络层：作为第二层，网络层聚集了所有受控制因素层影响的元素。这一层内各元素之间形成了一个错综复杂的相互影响网络，这种网络结构反映了各元素间的相互作用与依赖关系，直观地展现了它们之间的复杂联系。

通过如图 5-12 所示的划分，网络层次分析法能在一定程度上增强决策过程的透明度和准确性。在构造网络层次结构的过程中，核心步骤在于清晰界定并归类每一元素集合，随后深入剖析这些元素之间的网络架构及相互影响关系，可采用以下三种策略来分析元素间的关联：①层次分明的独立递阶结构：此方法中，各层次之间保持独立，层级间元素通过明确的上下级关系相连，形成清晰的递阶体系。②内部独立但元素间循环的网络结构：在此结构中，每个元素虽在自身所在层级内保持独立，但不同元素间却通过复杂的循环关系相互交织，形成一个紧密联系的网络。③内部依存且元素间循环的网络结构：此类型网络不仅元素间存在循环依赖关系，而且元素内部也可能包含自我循环或相互依存的子结构，使得整个网络层次更为复杂且相互依赖性强。通过上述三种方法的灵活运用，可更系统地理解和构建合适的网络层次结构。

（2）优势度。在网络层次分析法中，优势度是个重要的概念，优势度又被细分为直接优势度与间接优势度，以更精准地评估元素间的相对重要性。直接优势度是指给定一个准则，两元素对于该准则的重要程度进行比较，此方法比较适合于元素间相互独立的情形，它通过直接对比来明确各元素在给定准则下的优先级或贡献度。而间接优势度则采用了一种更为间接的评估方式，它是指给出一个准则，两个元素在该准则下对第三个元素的影响程度进行比较。例如，要比较两个运动员在团体比赛中发挥的作用时，可以通过分析他们与其他对手交锋的胜负记录来间接推断出其各自在团队中的贡献。间接优势度评估特别适用于元素间存在复杂依存关系的场景，能够更全面地揭示元素间的相互影响及在整体网络结构中的位置与角色。

（3）超矩阵和加权矩阵。在网络层次分析法中，超矩阵和加权矩阵也是两个核心概念，它们在量化各元素之间的相互影响和计算最优决策方案中起着关键作用。超矩阵是网络层次分析法中用于表示各元素之间相互影响关系的矩阵。在网络层次分析法中的决策问题被转化为一个有向网络，网络中的节点代表决策元素，边代表元素间的相互影响关系。超矩阵通过量化这些关系，提供了一个全面的描述决策元素间相互作用的框架。

设网络层次分析法的控制层中有准则 $p_1, p_2, \cdots, p_n$，这些准则用于衡量相对于总目标的相对重要性。网络层中有元素集 $C_1, C_2, \cdots, C_N$，其中 C_i 有元素 $e_{i1}, e_{i2}, \cdots, e_{ini}$，类似地，$C_j$ 有元素 $e_{j1}, e_{j2}, \cdots, e_{jnj}$。为了量化这些元素在网络中的相互影响，特别是元素集 C_j 中的元素 e_{jl} 对其他元素或元素集的影响，特别采用两两比较的方法进行评估，如表 5-11 所示。这种方法确保了每个元素在网络中的相对重要性都能被准确地反映出来，进而为后续的决策分析提供坚实的基础。

表 5-11　基于两两比较的元素 e_{jl} 及相应的特征向量

e_{jl}	e_{i1}	e_{i2}	...	e_{ini}	归一化特征向量
e_{i1}					$w_{i1}^{(jl)}$
e_{i2}					$w_{i2}^{(jl)}$
...					...
e_{ini}					$w_{ini}^{(jl)}$

由特征根法及排序向量 $(w_{i1}^{(j1)}, w_{i2}^{(j2)}, \cdots, w_{ini}^{(jnj)})^T$ 可得到 w_{ij}，记为

$$w_{ij} = \begin{bmatrix} w_{i1}^{(j1)} & w_{i1}^{(j2)} & \cdots & w_{i1}^{(jnj)} \\ w_{i2}^{(j1)} & w_{i2}^{(j2)} & \cdots & w_{i2}^{(jnj)} \\ \vdots & \vdots & \vdots & \vdots \\ w_{ini}^{(j1)} & w_{ini}^{(j2)} & \cdots & w_{ini}^{(jnj)} \end{bmatrix}$$

如表 5-11 所示，w_{ij} 的列向量就是 C_i 中元素 $e_{i1}, e_{i2}, \cdots, e_{ini}$ 对 C_j 中元素影响程度的排列向量，体现相对重要性排序。若 C_j 中元素完全不受集合 C_i 中元素的影响，则 $w_{ij} = 0$。基于这些排列向量，最终可获得在准则 p_s 下的超矩阵 $\boldsymbol{W}$，该矩阵全面反映了不同集合间元素的相互影响关系：

$$\boldsymbol{W} = \begin{bmatrix} w_{11} & w_{12} & \cdots & w_{1N} \\ w_{21} & w_{22} & \cdots & w_{2N} \\ \vdots & \vdots & \vdots & \vdots \\ w_{N1} & w_{N2} & \cdots & w_{NN} \end{bmatrix}$$

超矩阵的子块 w_{ij} 是归一化的，但是 $\boldsymbol{W}$ 并未进行归一化。故在准则 p_s 下对元素集 $C_1, C_2, \cdots, C_N$ 的重要程度进行比较，将其列于表 5-12。

表 5-12　不同元素集间的相对重要性

C_j	C_1	C_2	$\cdots$	C_N	归一化特征向量
C_1					a_{1j}
C_2					a_{2j}
$\cdots$					$\cdots$
C_N					a_{Nj}

由表 5-12 中各归一化特征向量，可得出权重矩阵 A：

$$A = \begin{bmatrix} a_{11} & a_{12} & \cdots & a_{1N} \\ a_{21} & a_{22} & \cdots & a_{2N} \\ \vdots & \vdots & \vdots & \vdots \\ a_{N1} & a_{N2} & \cdots & a_{NN} \end{bmatrix}$$

需要注意的是，与 C_j 完全无关的元素集对应的排序向量分量为零。

令 $\overline{w}_{ij} = a_{ij} w_{ij}$，这实际意味着对超矩阵 W 元素进行加权，得到如下加权超矩阵 $\overline{w}$：

$$\overline{w} = \begin{bmatrix} \overline{w}_{11} & \overline{w}_{12} & \cdots & \overline{w}_{1N} \\ \overline{w}_{21} & \overline{w}_{22} & \cdots & \overline{w}_{2N} \\ \vdots & \vdots & \vdots & \vdots \\ \overline{w}_{N1} & \overline{w}_{N2} & \cdots & \overline{w}_{NN} \end{bmatrix}$$

考虑到权重的定义与性质，该加权超矩阵被设计为列随机矩阵，即其每一列的元素之和严格等于 1。这一特性确保了矩阵在加权处理过程中保持了列向量的归一化，从而便于在复杂系统中进行元素间重要性的相对评估。

（4）极限相对排序向量。在网络层次分析法中，还有一个关键概念是极限相对排序向量，它是指当超矩阵 W 经过无限次幂运算后（即 $W^{\infty} = \lim\limits_{n \to \infty} W^n$），所得到的稳定状态下，网络层中各元素对于控制层中某一特定准则或元素集的极限相对重要性排序。

超矩阵 W 的元素为 w_{ij}，w_{ij} 数值的大小直接体现了元素集 C_i 对元素集 C_j 的一步优势度。进一步地，元素集 C_i 对 C_j 的优势度可以通过计算 $\sum\limits_{k=1}^{N} w_{ik} w_{kj}$ 得到，这被称为二步优势度，它实际可视为矩阵 W^2 的元素，且 W^2 仍然保持了列归一化的特性。当 $W^{\infty} = \lim\limits_{n \to \infty} W^n$ 存在时，W^{∞} 的第 j 列代表的是在准则 p_s 下网络层中各元素对于元素集 C_j 的极限相对排序量。极限相对排序量提供了对复杂网络层次结构中元素间相互影响和依赖关系的深入洞察，它不仅仅考虑了元素之间的直接作用，还通过无限次幂运算间接考虑了所有可能的间接作用路径。

2）网络层次分析法的基本步骤

网络层次分析法的实施过程一般分为以下三个核心步骤：

（1）问题解构与元素分析：首先，深入分析待决策的问题，明确其构成要素（元素）及元素集合。其次，分析判断各元素层次间的内部独立性、相互依存关系及潜在的反馈机制，同时界定哪些元素作为评判准则，哪些为具体评估对象。

（2）构建网络层次法的典型结构：此步骤涉及构建网络层次分析法的核心架构，该架构灵活多变，既可以是纯粹的元素集组成的网状结构，也可以是递阶层次结构与网状结构的结合体，甚至可以是递阶层次结构。

（3）权重计算与超矩阵构建：在此阶段，首先通过两两比较法构建各相关组的判断矩阵，并计算其权重。其次对组内及组间元素进行进一步的两两比较，以获取每个判断矩阵的相对权重。最后基于所计算的权重有序地构建初始超矩阵，并进一步通过计算得出极限超矩阵，以此量化并准确反映各元素之间复杂的相互关系和影响程度，从而得出最终的排序结果。整个计算流程如图 5-13 所示。

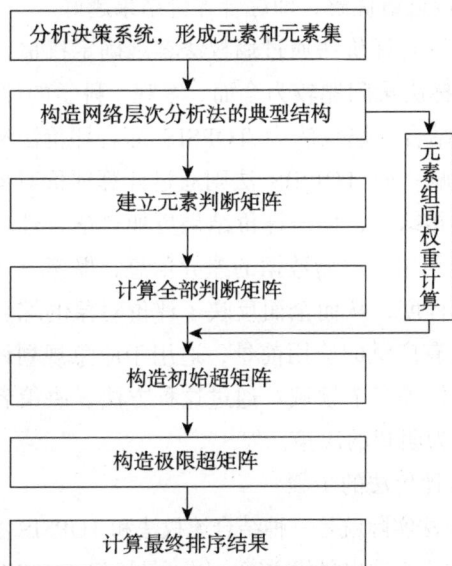

图 5-13　网络层次分析法的整个计算流程

网络层次分析法被认为是较适用于评价应急物流规划的重要方法之一，是因为它能够有效处理复杂系统中多层次、多因素间既相互独立又高度依存，甚至存在反馈关系的特性。而在应急物流规划中，快速响应、资源调配的优先级、运输路径的灵活性以及各环节间的紧密协同均至关重要。网络层次分析法通过构建灵活的网络状结构模型，能够全面考虑并量化这些相互关联的因素，包括应急物流节点的选择、运输方式的优化、资源分配的效率等，同时允许决策者根据实际情况调整权重，以反映不同应急情境下的优先级变化。此外，网络层次分析法中递阶层次结构与控制层的合理设置，使整个应急决策过程既具系统性又不失灵活性，有助于在紧急情况下迅速做出科学、合理的物流规划评价，从而提升应急响应的速度与效率。

2. 熵权-TOPSIS 综合评价法

熵权-TOPSIS 综合评价法也是一种可用于应急物流规划综合评价的决策方法，它结合了熵权法和 TOPSIS 方法的优点，适合用于处理多指标决策分析问题。

1）熵权-TOPSIS 综合评价法的核心理念

熵权-TOPSIS 综合评价法的核心理念主要体现在两个方面：熵权法的客观赋权与TOPSIS 法的综合评价排序。

（1）该方法通过熵权法较为客观地确定各评价指标的权重。具体地，熵权法是基于信息熵理论，认为某个指标的信息熵越小，其提供的信息量越大，其在综合评价中所起的作用也越大，应赋予该指标较大的权重；反之，则赋予该指标较小的权重。运用熵权法能够较客观、科学地反映各评价指标在决策过程中的重要程度。

（2）利用 TOPSIS 法构建评价模型。TOPSIS 法通过定义正理想解（即所有指标都达到最优的状态）和负理想解（即所有指标都达到最差的状态），计算各评价对象与这两个理想解之间的欧氏距离，进而得到各评价对象与正理想解之间的相对接近度。相对接近度越大，表示该评价对象越接近最优解，即综合评价结果越好。

如此，熵权-TOPSIS 综合评价法通过熵权法客观确定权重，再结合 TOPSIS 法构建评价模型，实现了对多指标决策问题较为全面、客观、科学的评价，其优势可总结如下：①客观赋权与综合评价相结合：熵权法为 TOPSIS 综合评价法提供了客观的权重分配方式，避免了主观因素的影响；而 TOPSIS 法则通过计算评价对象与理想解的接近程度来进行综合评价排序。两者相结合，使得评价结果更加科学合理。②全面反映信息：熵权-TOPSIS 综合评价法充分利用了原始数据的差异信息，既考虑了各指标的权重也考虑了评价对象与理想解的接近程度，从而全面反映了评价对象的综合性能。③适用性强：熵权-TOPSIS 综合评价法具有广泛的应用前景，适用于应急规划评估、医疗保健决策、环境影响评价、金融投资评估等多个领域。通过这种方法，决策者可以更加科学、合理地评估各备选方案并做出较为明智的决策。

2）熵权-TOPSIS 综合评价法的步骤

熵权-TOPSIS 综合评价法实际就是一种结合熵权法和 TOPSIS 法的多属性决策分析方法，旨在通过客观赋权和综合评价来选出最优方案。以下是熵权-TOPSIS 综合评价法的主要步骤：

（1）数据预处理。首先需要收集所有评价对象的各项评价指标的原始数据。由于各评价指标的量纲和量级可能不同，为了消除这种影响，需要对原始数据进行标准化处理。标准化处理的方法有多种，如极差法、Z-score 法等。以极差标准化法为例，对于正向指标（即数值越大越好的指标），通常采用公式 $\frac{x-\min}{\max-\min}$ 进行标准化；对于逆向指标（即数值越小越好的指标），则采用公式 $\frac{\max-x}{\max-\min}$ 进行标准化。

假设有 n 个评价对象、m 个评价指标，将已经完成正向化的矩阵 X 记为

$$X = \begin{bmatrix} x_{11} & x_{12} & \cdots & x_{1m} \\ x_{21} & x_{22} & \cdots & x_{2m} \\ \vdots & \vdots & \ddots & \vdots \\ x_{n1} & x_{n1} & \cdots & x_{nm} \end{bmatrix}$$

利用上述极差标准化公式，可得到标准化矩阵 Z：$Z = \begin{bmatrix} z_{11} & z_{12} & \cdots & z_{1m} \\ z_{21} & z_{22} & \cdots & z_{2m} \\ \vdots & \vdots & \ddots & \vdots \\ z_{n1} & z_{n1} & \cdots & z_{nm} \end{bmatrix}$。

（2）运用熵权法确定权重。首先，计算第 j 项指标下第 i 个评价对象的值占该项指标

的比重 $p_{ij} = z_{ij} / \sum_{i=1}^{n} z_{ij}, (j = 1, 2, \cdots, m)$，注意要使用标准化后的数据来计算每个样本在每个指标下的比重。

其次，根据信息熵的定义和计算公式，计算每个指标的信息熵。如面对有限样本时，计算第 j 项指标的信息熵为 $e_j = -\frac{1}{\ln n} \sum_{i=1}^{n} p_{ij} \ln(p_{ij}), (j = 1, 2, \cdots, m)$，信息熵越小，说明该指标的离散程度越大，包含的信息量也越大，对综合评价的影响也越大。

再次，计算信息效用值，一般而言，信息效用值可表达为 $d_j = 1 - e_j$。信息效用值越大，表示该指标在综合评价中的重要性越高。

最后，计算各指标的权重，如第 j 项指标的权重 ω_j 为：$\omega_j = \dfrac{1 - e_j}{m - \sum_{j=1}^{m} e_j}, (j = 1, 2, \cdots, m)$。

权重的大小反映了该指标在综合评价中的相对重要性。

（3）TOPSIS 法综合评价。

①构建加权决策矩阵，将标准化后的数据与通过熵权法计算得到的权重相乘，得到加权决策矩阵。

②确定正理想解 Z^+ 和负理想解 Z^-。正理想解是加权决策矩阵中每列的最大值构成的向量，表示所有评价对象在每个指标上的最优值，即有：

$$Z^+ = (Z_1^+, Z_2^+, \cdots, Z_m^+) = (\max\{z_{11}, z_{21}, \cdots, z_{n1}\}, \max\{z_{12}, z_{223}, \cdots, z_{n2}\}, \cdots, \max\{z_{1m}, z_{2m}, \cdots, z_{nm}\})$$

而负理想解则是每列的最小值构成的向量，表示所有评价对象在每个指标上的最差值，即有：$Z^- = (Z_1^-, Z_2^-, \cdots, Z_m^-) = \{\min\{z_{11}, z_{21}, \cdots, z_{n1}\}, \min\{z_{12}, z_{22}, \cdots, z_{n2}\}, \cdots, \min\{z_{1m}, z_{2m}, \cdots, z_{nm}\}\}$。

③结合熵权法得到的指标权重，计算每个评价对象到正理想解和负理想解的距离，距离的计算方法通常采用欧氏距离或曼哈顿距离等。如使用欧氏距离计算各指标值与正理想解和负理想解的距离，有：

$$D_i^+ = \sqrt{\sum_{j=1}^{m} w_j (Z_j^+ - z_{ij})^2}$$

$$D_i^- = \sqrt{\sum_{j=1}^{m} w_j (Z_j^- - z_{ij})^2}$$

④计算各评价对象与理想解的贴近度 γ_i，即

$$\gamma_i = \frac{D_i^-}{D_i^+ + D_i^-}$$

其中，$0 \leq \gamma_i \leq 1$，且 γ_i 越大越接近 1 时，表明综合评价分越好，这意味着评价结果越接近理想化目标。

⑤排序与决策：根据各评价对象的接近度 γ_i 值进行排序，γ_i 值最大的评价对象即为最优方案。

综上，熵权-TOPSIS 综合评价法之所以是常用于应急物流规划评价的重要方法之一，

主要是因为其能够通过熵权法来客观赋权以及利用 TOPSIS 法来全面综合评价的双重优势。①在实际应急物流规划中，各项评价指标（如物资储备量、运输效率、信息处理能力等）的权重确定至关重要，而这些权重往往难以主观准确判定。熵权法通过信息熵的概念，能够较为客观地计算出各指标的权重，使得权重分配更加科学合理，一定程度上避免了人为因素的干扰。②应急物流规划评价的确是个复杂的系统工程，需要综合考虑多方面因素来综合判断规划方案的优劣。而 TOPSIS 法则能够充分利用原始数据信息，并基于归一化后的数据通过计算各方案与理想解和负理想解的距离，来评价各方案与最优方案的接近程度，从而得出综合评价结果。由此可见，熵权-TOPSIS 综合评价法通过其客观赋权和全面综合评价的特点，能够较为有效解决应急物流规划评价中的复杂问题，提升评价结果的准确性和科学性，为应急物流规划提供有力支持。

3. DEA-模糊综合评价法

DEA-模糊综合评价法是一种结合数据包络分析与模糊综合评价方法的综合性评价技术。该方法旨在通过 DEA 模型评估决策单元（如项目、部门、企业等）的相对效率，并利用模糊综合评价来处理评价过程中存在的不确定性和模糊性因素。具体而言，DEA 首先通过构建包含多个投入与产出指标的线性规划模型，比较各决策单元在相同条件下的效率表现，从而识别出相对有效和无效的单元。然而，由于实际评价中往往涉及难以精确量化的模糊信息，如客户满意度、政策影响等，此时就需要引入模糊综合评价来对这些模糊因素进行量化处理。

DEA-模糊综合评价法凭借其综合性评估的显著优势，在效率与模糊因素的双重考量下，既能较好地确保评价的科学性与合理性，又可展现较高的灵活性与适应性。这种方法能为决策者提供较为全面、准确且可靠的综合评价结果，具备广泛的适用性，尤其在应急物流规划评价等复杂领域中也有着较多应用。DEA-模糊综合评价法主要包括以下两大步骤：

1）数据包络分析

数据包络分析方法的实施过程主要涉及下面三个核心环节：

（1）确定评价目标：明确评价的具体目的和范围，例如评估应急物流规划的效率。

（2）选择投入与产出指标：根据评价目标，选择能够反映决策单元效率的关键投入和产出指标。其中，投入指标是指决策单元在经济和管理活动中需要耗费的经济量；产出指标则是衡量决策单元在这些投入要素组合下展开经济管理活动所产生成效的经济量。这些投入、产出指标应具有可衡量性和代表性。

（3）构建 DEA 模型：运用线性规划方法，构建包含多个投入与产出指标的 DEA 模型，该模型旨在通过比较不同决策单元在相同条件下的效率表现，进而识别出相对有效和无效的单元。具体而言，DEA 模型可对具有相同类型研究对象或者同一研究对象不同时期的相对效率进行评价，其核心在于依据实际观测的投入与产出数据，通过对比分析这些指标数据，来客观衡量各决策单元之间的相对有效性，以实现效率评估的精准化。需要明确的是，在针对各决策单元选定投入与产出指标后的实际数据收集过程中，必须执行一系列必要的预处理步骤，如数据清洗、标准化等操作。下面详细介绍如何构建 DEA 模型。

设有 n 个决策单元，每个决策单元都有 p 种投入和 q 种产出，分别用不同的指标表示。故由 n 个决策单元构成的多指标投入和多指标产出的评价系统，如图 5-14 所示。

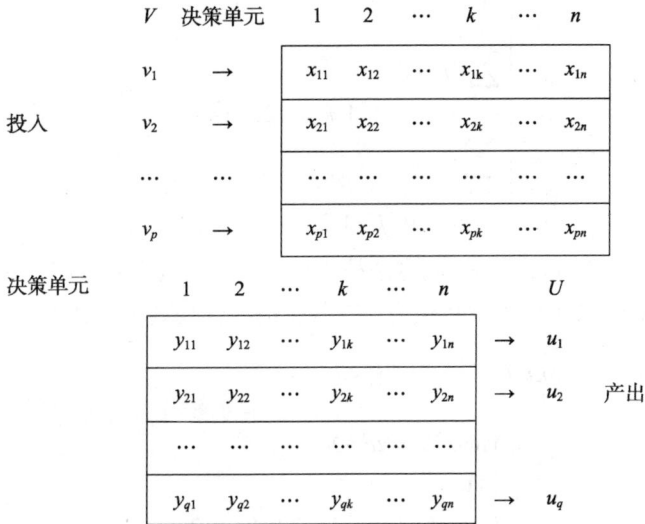

图 5-14　DEA 评价模型

其中，x_{ik} 表示第 k 个决策单元第 i 种投入指标的投入量，此为已知数据；v_i 表示第 i 种投入指标的权系数，此为变权数。y_{jk} 表示第 k 个决策单元第 j 种产出指标的产出量，也是已知数据；u_j 表示第 j 种产出指标的权系数，也为变权数。

将投入指标和产出指标的权系数向量分别记作为：

$$V = (v_1, v_2, \cdots, v_p)^T, U = (u_1, u_2, \cdots, u_q)^T$$

对每一个决策单元 k，定义一个效率评价指标如下：

$$h_k = \frac{u_1 \cdot y_{1k} + \ldots + u_q \cdot y_{qk}}{v_1 \cdot x_{1k} + \ldots + v_p \cdot x_{pk}} = \frac{\sum_{j=1}^{q} u_j \cdot y_{jk}}{\sum_{i=1}^{p} v_i \cdot x_{ik}}, k = 1, 2, \cdots, n$$

即采用产出加权之和与投入加权之和的比值 h_k 作为效率指标，来反映第 k 个决策单元多指标投入和多指标产出所取得的效率。其中，可以选择合适的权系数 U、V，以使 $h_k \leqslant 1$。

接着，可建立评价第 k_0 个决策单元相对有效性的 CCR 模型。令 $X_0 = (x_{1k_0}, x_{2k_0}, \cdots, x_{pk_0})^T$，$Y_0 = (y_{1k_0}, y_{2k_0}, \cdots, y_{qk_0})^T$，记效率指标 $h_0 = h_{k_0}$。可构造出如下优化模型（5.112），即在效率评价指标 $h_k \leqslant 1(k = 1, 2, \cdots, n)$ 的约束条件下，选择一组最优权系数 U 和 V，以使 h_0 达到最大值，这是一个分式规划。

$$\begin{cases} \max h_0 = \dfrac{\sum\limits_{j=1}^{q} u_j \cdot y_{jk_0}}{\sum\limits_{i=1}^{p} v_i \cdot x_{ik_0}} \\ \text{s.t.} \\ \dfrac{\sum\limits_{j=1}^{q} u_j \cdot y_{jk}}{\sum\limits_{i=1}^{p} v_i \cdot x_{ik}} \leqslant 1, k = 1, 2, \cdots, n \\ u_j, v_i \geqslant 0, j = 1, 2,, \cdots, q; i = 1, 2, \cdots, p \end{cases} \tag{5.112}$$

可采用 Charnes-Cooper 变换，此方法核心思想是引入两个变量将分式规划转换为线性规划。由此，式（5.112）便可被转化为一个等价的线性规划模型如下。

令 $t = \dfrac{1}{V^T \cdot X_0}, t \cdot V = \omega, t \cdot U = \mu$，则有：

$$\begin{cases} \max V_p = \mu^T \cdot Y_0 \\ \text{s.t.} \\ \omega^T \cdot X_k - \mu^T \cdot Y_k \geqslant 0, k = 1, 2, \cdots, n \\ \omega^T \cdot X_0 = 1 \\ \omega, \mu \geqslant 0 \end{cases} \tag{5.113}$$

将 n 个决策单元的输入输出数据代式（5.113），求线性规划模型的最优解，从而得出各个决策单元的效率评价指数 h_{k_0}，对这些效率值进行分析与比较，以全面完成对各决策单元的效率评估。

2）模糊综合评价

模糊综合评价方法的实施过程主要涉及下面几个核心环节：

（1）确定评价因素集：明确影响评价对象（如应急物流规划）的各个因素，构建因素集，这些因素往往具有不同程度的模糊性，难以用精确数值衡量。

（2）建立评语集：确定评价者对评价对象可能做出的各种评价结果的集合，即建立评语集，评语集通常包括多个等级或类别，用于描述评价对象的不同状态或表现。

（3）构建模糊评价矩阵：根据评价因素集和评语集，通过专家咨询、问卷调查等方式来收集评价数据，构建模糊评价矩阵，该矩阵中的元素是各评价因素对评语集的隶属度。

（4）确定权重向量：采用合适的方法（如层次分析法、熵值法等）来确定各评价因素的权重向量，权重向量反映的是各因素在评价过程中的相对重要性。

（5）进行模糊综合运算：将模糊评价矩阵与权重向量进行模糊运算（如模糊乘法、加权平均等），得到综合评价结果。综合评价结果通常是一个模糊子集，表示的是评价对象对评语集的隶属度分布。

（6）解模糊化：根据需要对综合评价结果进行解模糊化处理，即将其转化为一个具体的评价值或等级。解模糊化的方法有多种，如最大隶属度法、加权平均法等。这里以最大隶属度法为例，展示如何将前述 DEA 分析结果实施模糊化处理。

基于前述分析，数据包络分析中通过 CCR 模型求出的相对效率是单一数值，无法对各指标进行模糊化评价，为了更全面地反映出各指标的绩效水平，有必要引入隶属度函数将 DEA 效率指数进行模糊化处理，从而计算出各指标的隶属度向量。这一过程可构建出一个完整的隶属度矩阵，该矩阵能够较好地展示整个评价体系中各指标的模糊评价结果。

现将 n_{ij} 用于表示被评价对象在特定评价元素 i 或变量 i 下来对不同评价等级 j 的归属程度，而由 n_{ij} 组成的向量 r_j 是对应于评价等级 j 的隶属度向量。模糊关系矩阵 R，亦称隶属度矩阵，可用于全面刻画不同评价因素和各个评价等级之间的隶属关系。在此采用等分原则将隶属度区间 $[0,1]$ 划分成若干份，如可将 $[0,1]$ 划分为：$[0,0.2]$、$(0.2,0.4]$、$(0.4,0.6]$、$(0.6,0.8]$、$(0.8,1]$，相对应的评价等级分别记为：好、较好、一般、较差、差。在本例中，r_j 表达如下：

$$r_j = \begin{cases} (0,0,0,0,1), x \in [0,0.2] \\ \left(0,0,0,1-\dfrac{0.4-x}{0.2},\dfrac{0.4-x}{0.2}\right), x \in (0.2,0.4] \\ \left(0,0,1-\dfrac{0.6-x}{0.2},\dfrac{0.6-x}{0.2},0\right), x \in (0.4,0.6] \\ \left(0,1-\dfrac{0.8-x}{0.2},\dfrac{0.8-x}{0.2},0,0\right), x \in (0.6,0.8] \\ \left(1-\dfrac{1-x}{0.2},\dfrac{1-x}{0.2},0,0,0\right), x \in (0.8,1] \end{cases}$$

综合评价结果可通过权重向量 W 与隶属度矩阵 R 的乘积计算得出，即 $B = W \cdot R$。这里，W 代表各评价因素的权重向量；R 则是由多个隶属度向量构成的隶属度矩阵，每个隶属度向量对应于一个评价等级，描述了被评价对象在不同评价因素下对各评价等级的隶属程度。基于此综合评价结果 B，可按照最大隶属度原则，确定各级指标的决策单元向量所归属的优劣等级。

（7）结果分析与决策：对解模糊化后的评价结果（所得优劣等级）进行分析解释，为决策者提供科学合理的决策依据。根据评价结果，决策者能制定相应的改进措施或决策方案。

综上，DEA-模糊综合评价法因其综合性评估、效率与模糊因素的双重考量、兼顾科学性与合理性以及灵活性与适应性等方面的优势，可为决策者提供更加全面、准确、可靠的综合评价结果，也常被用于应急物流规划评价的过程中。通过整合 DEA 的效率分析精度与模糊综合评价的模糊处理能力，该评价方法能够更准确地捕捉评价对象的多维度特性，为应急物流规划的科学决策提供强有力的支持。

本章小结

灾后应急物流规划的科学化、合理化和规范化，是迅速响应突发事件、有效实施应急救援并最大限度减少灾害损失的关键保障。本章集中探讨灾后应急物流规划中的核心议题：应急资源库存管理规划、应急资源调配规划以及恢复重建中的应急物流规划问题。

首先，本章介绍了应急资源库存管理的基础理论，包括库存管理的基本要素、目标和成本构成，以及应急库存管理的目标与影响因素，接着列举了相关的经典库存管理方法，并重点介绍了三种应急库存管理模型，即模糊需求下的应急库存控制模型、考虑中断情景与防御的应急选址—库存模型和基于期权采购的应急物资政企联合储备模型。其次，全面阐述了应急资源调配目标、特点、决策系统与决策过程，其中特别介绍了数智时代下的应急资源调配运作问题，总结了资源调配的经典和基础模型（包括最短路问题、最小费用流问题、TSP问题以及VRP问题），并进而介绍了四种针对性的应急资源调配模型与方法。最后，聚焦于恢复重建阶段的应急物流规划问题，从恢复重建基础理论入手，深入剖析了在恢复重建过程中对应急物流规划进行科学评价的重要性，详细介绍了包括层次分析法、灰色综合评价法等在内的经典评价模型与方法，以及尤其适用于应急物流规划评价的网络层次分析法、熵权-TOPSIS综合评价法和DEA-模糊综合评价法等。这些模型与方法为灾后应急物流规划的高效实施提供了理论支持与实践指导。

思考题

【中等】应急物资库存管理的最终效果受多种因素影响，请简要分析。

【中等】谈一谈你对库存结构控制方法中的ABC分析法的理解并举例说明。

【中等】根据西蒙的四阶段决策理论，分析应急资源调配的决策过程。

【容易】应急资源调配的特点是什么？

【容易】简要分析网络层次分析法运用的基本步骤。

【中等】简要分析恢复重建的任务和过程。

【容易】简述应急物流规划调查评价的整个流程。

即测即练

参考文献

[1] 孟参. 基于模糊评判及灰色神经网络的应急物资库存管理研究[D]. 武汉：武汉理工大学，2007.

[2] 张霞. 基于平急结合的救灾物资联合库存管理研究[D]. 北京：北京交通大学，2016.

[3] 吴承建. 运输与仓储技术[M]. 北京：中国物资出版社，2009.

[4] 王亮，等. 应急物资系统规划与运作优化模型研究[M]. 北京：经济科学出版社，2018.

[5] 汪晓彤. 基于DIT的连锁超市生鲜果蔬产品库存控制策略研究[D]. 南京：东南大学，2020.

[6] 左小德，梁云，张蕾. 应急物流管理[M]. 广州：暨南大学出版社，2011.

[7] 张浩. 采购管理与库存控制（第2版）[M]. 北京：北京大学出版社，2018.

[8] 李晖. 供应链企业间的库存控制系统分析与研究[D]. 昆明：昆明理工大学，2004.

[9]　何云，田宇. 顾客导向的物流服务质量模型及其应用[J]. 物流技术，2004，2：11-33.

[10]　宋立冲. 供应链中多级库存控制模型研究[D]. 沈阳：东北大学，2012.

[11]　周曙光，田征. 多级库存控制策略的分析[J]. 大连海事大学学报，2003，29（2）：106-112.

[12]　曾艳. 需求确定的多级库存系统的库存策略[J]. 集美大学学报（自然科学版），2004，9（1）：106-112.

[13]　伍建军. 6σ 物流质量管理初探[J]. 标准科学，2003，5：18-20

[14]　郭子雪，齐美然. 模糊需求下的应急物资动态库存控制模型[J]. 中国管理科学，2016，24（S1）：276-280.

[15]　刘宝碇，赵瑞清，王纲. 不确定规划及应用[M]. 北京：清华大学出版社，2003.

[16]　李志，李政祥，周愉峰，等. 考虑中断情景与防御的应急物资储备库 LIP 模型[J]. 中国安全科学学报，2018，28（03）：90-95.

[17]　Yao Z, Lee L H, Jaruphongsa W, et al. Multi-source facility location–allocation and inventory problem[J]. European Journal of Operational Research, 2010, 207(2): 750-762.

[18]　扈衷权，田军，冯耕中. 基于期权采购的政企联合储备应急物资模型[J]. 系统工程理论与实践，2018，38（08）：2032-2044.

[19]　Xu J, Feng G, Jiang W, et al. Optimal procurement of long-term contracts in the presence of imperfect spot market[J]. Omega, 2015, 52: 42-52.

[20]　中华人民共和国应急管理部. "十四五"应急物资保障规划[EB/OL]. 2022-10-11. https://www.mem.gov.cn/gk/zfxxgkpt/fdzdgknr/202302/t20230202_441506.shtml.

[21]　庞海云. 突发性灾害事件下应急物资分配决策理论和方法[M]. 杭州：浙江大学出版社，2015.

[22]　蔡序鸿. 带时间窗的动态车辆物流配送路径规划算法研究[D]. 哈尔滨：哈尔滨工业大学，2021.

[23]　杨倩，王飞跃，卢佳节，等. 基于需求紧迫度的约束性应急物资车辆路径模型[J]. 清华大学学报（自然科学版），2024，64（06）：1082-1088.

[24]　薛星群，王旭坪，韩涛，等. 考虑通行约束和运力限制的灾后应急物资联合调度优化研究[J]. 中国管理科学，2020，28（03）：21-30.

[25]　朱莉. 考虑效率和公平的跨区域协同应急救援路径选择[J]. 控制与决策，2021，36（02）：483-490.

[26]　Holguín-Veras J, Pérez N, Jaller M, et al. On the appropriate objective function for post-disaster humanitarian logistics models[J]. Journal of Operations Management, 2013, 31(5): 262-280.

[27]　Pérez N, Holguín-Veras J. Inventory-Allocation distribution models for post disaster humanitarian logistics with explicit consideration of deprivation cost[J]. Transportation Science, 2015, 50(4): 1261-1285.

[28]　Itani M N. Dynamics of deprivation cost in last mile distribution: the integrated resource allocation and vehicle routing problem[D]. Fargo: North Dakota State University, 2014.

[29]　曹杰，朱莉. 现代应急管理（第二版）[M]. 北京：科学出版社，2024.

[30]　闪淳昌，薛澜. 应急管理概论：理论与实践（第二版）[M]. 北京：高等教育出版社，2020.

[31]　周华任，张晟，穆松，等. 综合评价方法及其军事应用[M]. 北京：清华大学出版社，2015.

[32]　杨佳. 基于 ANP 的突发事件应急物流保障能力评价研究[D]. 大连：大连交通大学，2012.

[33]　柯秀云. 基于 DEA-模糊综合方法的应急物流综合能力评价[D]. 南京：南华大学，2015.

教师服务

感谢您选用清华大学出版社的教材！为了更好地服务教学，我们为授课教师提供本书的教学辅助资源，以及本学科重点教材信息。请您扫码获取。

≫ 教辅获取

本书教辅资源，授课教师扫码获取

≫ 样书赠送

管理科学与工程类重点教材，教师扫码获取样书

清华大学出版社

E-mail: tupfuwu@163.com
电话: 010-83470332 / 83470142
地址: 北京市海淀区双清路学研大厦 B 座 509

网址: https://www.tup.com.cn/
传真: 8610-83470107
邮编: 100084